Wir ungläubigen Christen

Und die Treue, sie ist doch kein leerer Wahn,
So nehmet auch mich zum Genossen an,
Ich sei, gewährt mir die Bitte,
In eurem Bunde der Dritte.

Friedrich Schiller, Die Bürgschaft

Wir ungläubigen Christen

Eine Bittschrift

von Pitt

Ein Projekt der Agentur am Aspersort
August-Krogmann-Straße 174, 22159 Hamburg
Telefon 040-64551454, E-Mail: peter-aspersort@t-online.de
www.agentur-aspersort.hamburg

© Armin Peter, 2019

Gestaltung und Satz:
Christian Wöhrl, Hoisdorf, feingedrucktes.de

Bibliografische Information der Deutschen Nationalbibliothek:
Die Deutsche Nationalbibliothek verzeichnet diese Publikation
in der Deutschen Nationalbibliografie; detaillierte bibliografische
Daten sind im Internet über dnb.dnb.de abrufbar.

Herstellung und Verlag:
BoD – Books on Demand, Norderstedt.
ISBN: 9783750415096

Inhaltsverzeichnis

Glaubenslos in der christlichen Gemeinde

Wir ungläubigen Christen sind Mitglieder der christlichen Gemeinde, aber wir glauben nicht. Wir sind eine Minderheit, von der niemand weiß, wie groß sie ist. Ob wir uns „Christen" nennen dürfen, können wir nicht entscheiden.

Wir ungläubigen Christen sind getauft, firmiert oder konfirmiert, aber wir können nicht das Glaubensbekenntnis sprechen und die Sakramente feiern. „Kirche" steht uns auch für einen Konflikt. Wir wollen uns in der Kirche nicht als Zaungäste hinter den Säulen verstecken.

Wir ungläubigen Christen stehen vor offenen Türen, doch vielleicht wären sie verschlossen, wenn ein Torwächter in unser Herz schauen könnte.

Wenn alle das Glaubensbekenntnis sprechen, bewegen wir ungläubigen Christen nicht einmal stumm die Lippen. Wir singen die Lieder nur mit unserem Ohr, das Brot und/oder den Wein lassen wir unberührt. Wir haben Respekt vor dem Glauben, den wir nicht haben, und oft ist dieser Respekt nicht frei von Neid. Wir begegnen einem Gott, den nur andere kennen. Wir sind Bürger eines Vaterlandes, dessen Sprache wir nicht sprechen.

Wir, die ungläubigen Christen, zahlen unsere Steuern, wie es loyale Kirchenbürger tun. Wir tarnen uns, um nicht als Fremde im eigenen Land entdeckt zu werden. Wenn wir von freundlichen Menschen eingeladen werden, sind wir Zeuge christlicher Gelöbnisse, tragen wir Kinder zur Taufe, führen Töchter zum Traualtar, feiern die Feste des Gedächtnisses, wie sie fallen, werfen wir geweihte Erde in Gräber. Sind wir falsche Kirchenbürger?

Wir ungläubigen Christen wollen unsere Kirche nicht verlassen. Werden wir ausgestoßen oder stoßen wir uns selber aus, wenn wir uns zu unserer Glaubenslosigkeit bekennen? Auf das Warum des Nichtglaubens haben wir keine Antwort; wir wollen es uns auch nicht so bequem machen, von uns als „unberufenen Christen" zu sprechen. Wir bitten um ein Heimatrecht nach kirchenbürgerlichen Regeln oder den Mut, uns zu verbannen.

1

Der Tropfen, der eine Tonne wiegt

Wäre Pitt der Pastor von St. Gabriel, würde er das Erste bitten, ein „Wort zum Sonntag" sprechen zu dürfen. Er würde den Millionen der berufenen und ungläubigen Christen zwischen den Welt- und Traumgeschichten des Tages die kleine Begebenheit erzählen, die sich an einem Sommermorgen in einer kleinen Kirche ereignet hatte.

„Stellen Sie sich einen Mann und eine Frau vor, die von Freunden eingeladen worden sind, sie in meinen Gottesdienst zu begleiten. Ich begrüßte die mir wohlbekannten Gemeindemitglieder und freute mich, neue Gesichter in meinem Kirchlein zu sehen, spürte aber schon an einer gewissen Hast und Scheu des Händedrucks, dass es wohl nicht der Glaubenseifer sei, der die Fremden in unseren Gemeindegottesdienst führte.

Nun haben wir in St. Gabriel – aus der Not der kleinen Gemeinde eine schöne Tugend machend – das Einvernehmen, gelegentlich den Gottesdienst nach einer Weile bei einem Frühstücks- und Morgenmahl im lichterfüllten Seitenraum unserer Kirche fortzusetzen. Dort hört die Gemeinde meine Predigt bei Saft und Tee, Käsebrot, Kuchen und Keksen, und das Hantieren mit Flaschen und Kannen und die vollen Münder stören mich nicht, wenn Ohren und Augen offen sind, auch nicht das Plappern der Kinder, denn Gottes Wort braucht nicht immer Andacht und Stille in einer fröhlichen und bunten Welt. Die Tische stehen in einem großen Geviert. Aus der ziemlich leeren Kirche wird ein voll besetzter Tisch, und Predigt und Schmaus beginnen.

Ich bemerkte eine gewisse Ratlosigkeit im Blick und Tuscheln des fremden Paares. Über den Tisch hinweg sprach ich es an und erfuhr, dass es zu einer benachbarten Gemeinde gehöre. Die Regie des Vierecks und des Zufalls hatte es gefügt, dass ich den Fremden gerade gegenübersaß. Wir feierten das Abendmahl, wie Jesus Christus es tat, zu Tische sitzend. Ich sandte zur Linken und zur Rechten die Schalen mit dem Brot, die Kelche mit dem Saft nach beiden Seiten um den Tisch herum, und sie wanderten in der Ordnung des Vierecks zu dem Paar, das ich mit besonderer Aufmerksamkeit im Auge hatte. Gleichzeitig wurden die Schalen und die Kelche dem Mann und der Frau von ihren Tischgenossen zugereicht: ‚Christi Leib, für dich gegeben.‘ Zögernd hielten sie ihre Schale in der Hand. Sie nahmen das Brot nicht. Hilfesuchend blickten sie sich an, dann stellten sie die Schalen, die ja ihren Endpunkt erreicht hatten, neben den Kuchenteller. ‚Christi Blut, für dich vergossen‘ – die Kelche erreichten das Paar, und ich spürte, wie sich Hand und Kelch in einer Spannung berührten.

Meine Gemeinde schaute auf ihre Gäste. Der Mann und die Frau stellten die Kelche neben die Kaffeekanne. Als sie so hinter den Kelchen und den Schalen saßen, war es, als verwalteten sie für einen Moment das allen Christen zukommende Priesteramt. Die Helfer kamen und brachten die Gefäße zurück. Gabriel war durch den Raum geschwebt. Lukas sagt: Er ist ein Bote Gottes. Er kündigte die Geburt des Täufers und Jesu an. Er, der Erzengel des Alten Testaments, der Daniel die Schrift auslegte, zeichnete im jüdischen Talmud Gottes Urteil auf, und er ist einer der sieben Engel der Offenbarung, die Mohammed zur Niederschrift des Korans inspirierten. Und so frage ich denn Sie, meine Zuschauerinnen und Zuhörer, was wohl wollte Gabriel uns in seiner Kirche in der Stunde unseres Morgen- und Abendmahls sagen?"

Als Pastor von St. Gabriel hätte Pitt sein Wort zum Sonntag, mit Gabriels Hilfe, gewiss in eindringlich-klugen Gedanken zu einem guten telegenen Ende gebracht. Er ist aber nicht St. Gabriels theologischer Mitarbeiter. Er ist ein Mann, der sich am Ende eines mittlerweile achtzigjährigen Lebens an eine ihm peinvolle Szene aus der Lebensmitte erinnert.

Wenn die Gemeindemitglieder an den Tisch des Herrn geladen werden, gehen die einen zum Altar, und die anderen bleiben in ihren Bänken sitzen. Die, die nach vorn gehen, legen sichtbar vor allen ein Zeugnis ihres christlichen Glaubens ab, und die, die sitzenbleiben, werden nicht beachtet und bleiben hinter den Milchglasscheiben ihrer Privatheit. Ganz anders die Intimität der Tischgemeinschaft in der unkonventionellen Feier eines Abendmahls. Hat der Pastor von St. Gabriel sich vielleicht ohne Absicht einer Nötigung oder Indiskretion schuldig gemacht? Wurden die Gemeindemitglieder im Weiterreichen von Kelch und Schale in ihrer gläubigen Hingabe an den sakralen Moment, auch wenn er sehr alltäglich daherkam, durch eine Abweisung verschreckt, als das von ihnen gesprochene „für dich" auf leere, irritierte Blicke traf? Wird nicht jeder Gast einer Gemeinschaft aus ihr für immer und ewig vertrieben oder verlässt er sie nicht panisch, wenn er sich – aus welchen Gründen auch immer – genötigt oder isoliert sieht? Natürlich ist jeder Gemeinschaft das Recht unbestritten, gemäß dem Binde- und Scheidewort der Offenbarung zu sagen: weil du aber lau bist, will ich dich ausspeien aus meinem Mund.

Am Tisch der Gemeinschaft speist man nicht à la carte. Das glaubenslose Paar in der Kirche von St. Gabriel hat sich in formaler Berechtigung in eine Gemeinschaft begeben, deren Sprache es nicht spricht und für die es in Kopf und Herz keinen Dolmetscher hat – vielleicht noch einen Mittler im Lied, das die Melodie einer Gemeinschaft ist. Aber da sind auch zwei Menschen, die sich guten Willens auf die Gemeinschaft eingelassen haben, und da ist eine Gemeinschaft, die guten Willens die ihnen fremden Menschen empfängt. Da ist die Sprache jenseits aller Sprachen: die Gemeinschaft, die selber eine Sprache und ein Gedanke ist. Im Anfang war das Wort, und das ist seit Jahrtausenden das Gesetz einer Gemeinschaft.

Die Gemeinschaft von St. Gabriel sitzt bei einem Gedächtnismahl. Das ist keine private, familiäre Zusammenkunft in der Gemütlichkeit warmer Stuben, man gesellt sich zu ihr nicht spontan in verschwisternder Sympathie. Aber ein öffentlicher Raum ist der Kirchensaal von St. Gabriel nicht. Unter einem Kruzifix verbinden sich das private Glaubensbekenntnis und – um mit Ferdinand Tönnies[1] zu sprechen – das Feld gesellschaftlicher Satzung. St. Gabriel ist die Zelle einer Organisation, die gesellschaftlich bedeutend ist. Als gesellschaftlich relevante Gruppe steht ihr im Fernsehen, dem audiovisuellen Substrat der Gesellschaft, eine Wort zum Sonntag zu.

Die Kirche steht in der Konkurrenz. Das Wort zum Sonntag konkurriert mit der Neujahrsansprache des Kanzlers (ja, er war ein Mann damals), mit der Maiansprache des Gewerkschaftsvorsitzenden, mit den Statements der Parteien, dem Stimmenkonzert der Verbandschefs, mit den Sprechern all der illustren Versammlungen, in denen organisierte Gruppen (die sich heute oft in gleichstellend-abgrenzender Selbstüberschätzung „Nicht-Regierungsorganisationen" nennen) im Amalgam von Leidenschaft, Dogma und Satzung „gesellschaftlich relevant" werden.

Wenn der Pastor von St. Gabriel das „Wort zum Sonntag" spräche, hätte er seine Gemeinde, Kanzel und Altar, verlassen, um über die berühmten „magischen Kanäle" Marshal McLuhans, die über große Entfernung Intimität begründen, zu einer fremden Gemeinde, zur Öffentlichkeit ohne Gesicht und Namen, zu sprechen. Warum bliebe er nicht in seiner Gemeinde? Er wolle sie zu Menschenfischern machen, hat Jesus zu den Fischern Petrus und Andreas gesagt (Matth. 4,19).

Vor den Kameras und Mikrophonen werfen ihre Nachfahren wie die Caprifischer „im weiten Bogen" ihre Netze auf das Gewimmel unbekannter Wesen – als Meister des Worts, Magier der Mimik, Genies der Gestikulation, Virtuosen jener kalkulierten Spontaneität, die den Puls, den lebhaften wie den trägen, eine Spur höher schlagen lassen sollen. Der geistliche Prediger wird zum säkularen Öffentlichkeitsarbeiter.

Ein Rundfunkrat passt auf, dass alle gesellschaftlich relevanten Gruppen ihre Funkstimme haben und ihren medialen Charme in Verträglichkeit entfalten können. Auch der Pastor von St. Gabriel hat dort seinen Vertreter, wie die Gewerkschaften und die Bauern, die Frauen und die Vertriebenen, die Ökologen und die Ökonomen, die Parteien und die Sportler. Im vielköpfigen Gremium, das über die Spielregeln der Meinungs- und Bekenntniskonkurrenz wacht, haben Jesu Menschenfischer nur eine dünne, in konfessioneller Brechung verdoppelte Stimme, um die Singularität ihrer Botschaft in der Pluralität des säkularen Meinens zu behaupten.

Wenn die Geistlichen, diagonal, in ihrer charismatischen Enthobenheit auf schwebenden Kanzeln (die selten geworden und häufig durch moderne Ambos auf Augenhöhe ersetzt sind) auf ihre Gemeinden schauen, erblicken sie einige Dutzend Gesichter. Steigen sie herab in das Fernsehstudio, um sich dort an ein Millionenpublikum zu wenden, dann gehen sie einen langen Weg von dreitausend Jahren. Auf dem Weg von der Kirche zur Kamera begleitet sie ihr Gott auf seinem langen Weg herab vom Weltenthron zu Menschen, die ihn mit einem Tastendruck oder einem Wischer abschalten können, vom Berg Sinai in die Massenarena.

Gabriel, der Engel der Offenbarung, hat sich elektronisch verfügbar gemacht. Wir lauschen seinem Wort, wenn es spannend ist. Wir fallen ihm ins Wort, wenn wir über die gerade gehörten Abendnachrichten diskutieren. Wir schauen auf die Uhr, weil wir auf die wunderbare Meryl Streep warten. Das Licht des Schirms leuchtet in Millionen Stubengemeinden, die viel kleiner sind als die von St. Gabriel. Zur Gemeinde im Garten Gethsemane gehörten dreizehn, und die Worte, die dort gesprochen wurden, haben die Welt bewegt. Jesus in unserer Fernseh- und Smartphonewelt: sein Wort wäre längst vergessen. Jesus vor Pilatus: er gehörte nicht zu einer gesellschaftlich relevanten Gruppe, zumal im römischen Staatsfernsehen. Jesus am Kreuz: vielleicht eine kleine Sensation im palästinensischen Regionalfernsehen. Das leere Grab: wo nichts ist, hat die Kamera ihr Recht verloren. Die Auferstehung: wie kriegt man die ins Bild?

August Klostermeier, Pitts Großvater, ein kluger Gärtner, sprengte die Beete seines Gartens mit dem Wasser der Regentonnen. An zwei Ecken des Häuschens standen Stahlbehälter aus der Maschinenfabrik, mit einem Volumen von exakt einem Kubikmeter. „Eine Tonne fasst eine Tonne", sagte er. Einmal war eine solche Tonne unter der Last ihres Gewichts auf die schiefe Ebene geraten, und der Großvater, nicht frei von pedantischen Neigungen, hatte die Tonne zurück in die Waagerechte gezwungen, indem er einen Keil unter den Boden hieb. Mit der Gießkanne füllte er die Tonne, bis das Wasser sich an den Rändern zu wölben schien. Ein letzter Tropfen – und das Wasser floss in einem Rinnsal über den Rand. „Das war der Tropfen, der das Fass zum Überlaufen bringt. Jetzt fasst die Tonne wieder genau eine Tonne." Es gibt einen Tropfen, der die Tonne vollmacht. Dieser Tropfen, hatte der neunjährige Pitt halb geschlossen, halb beschlossen, wiegt eine Tonne.

Jede Entscheidung hat viele Gründe und einen Grund. Wir sind frei, den Gründen zu folgen. Es ist der Grund, der uns in die Unfreiheit der Entscheidung zwingt. Er legt uns mit Arthur Schopenhauer[2] an die Kausalkette des einzig „zureichenden Grundes", gegenüber dem alle zufällig am Wege liegenden, uns narrenden Gründe ohne Gewicht sind. Es gibt den Grund, der, wie der Klostermeiersche Tropfen, eine Tonne wiegt. Je freier wir uns in unserer Entscheidung zwischen allen alternativen Motiven fühlen, desto unscheinbarer ist das Motiv, das unser Handeln leitet. Fragen wir nach dem Grund unserer Entscheidung, so schauen wir nach dem Tropfen, der eine Tonne wiegt. Wir stehen und gehen auf Sand, aber ein Sandkorn wächst zu einem Felsen, auf dem wir sicher stehen können wie Petrus auf dem seinen.

Das Ich: ein ängstliches, mutiges, gieriges, listiges Entscheidungsknäuel, auf sein Wohl und Wehe bedacht, Schmerz meidend, Befriedigung suchend, rational in der Irrationalität seines Strebens, dumpfer, aber gescheit reflektierender Wille, hungrig, expansiv, in vitaler

Ewigkeitssehnsucht – warum ist es nicht heilfroh, die Gemeinschaft der in Gottes- und Nächstenliebe wurzelnden gläubigen Gemeinde, der er im Innersten nicht verbunden ist, hinter sich gelassen zu haben? Warum verharrt es in einer kirchlichen Institution, wissend, dass der Preis dieser gewollten Gemeinschaft eine Unwahrhaftigkeit ist? Oder banal: warum zahlt Pitt, einer von gewiss nicht seltenen ungläubigen Christen und paradoxen Steuerzahler, eine Prämie für eine Leistung, die er gar nicht in Anspruch nimmt? Rainer, Pitts jüngerer verstorbener Bruder, verhielt sich noch merkwürdiger als der ältere: er war infolge der Kriegsereignisse nie getauft worden, wurde nicht konfirmiert und hatte doch Zeit seines Lebens Kirchensteuer bezahlt.[3]

Können wir den Tropfen dingfest machen, der das Entscheidungsgewicht einer Tonne hat, das marginale Leichtgewicht, das die Macht hat, ein lenkendes Motiv zu sein? Warum gehören ungläubige Christen einer Gemeinschaft an, die sie an ein Motiv bindet, das sie gar nicht kennen? Und wenn die Gemeinschaft selber das Motiv wäre, ergäbe es dann einen Sinn, nach anderen Gründen für die Mitgliedschaft zu fragen?

Und wenn Gemeinschaft ein Motiv ist: fragt das Ich nicht lieber nach den Gründen für die Mitgliedschaft in einer Gemeinschaft, die es steigert und seine Macht potenziert, als in einer christlichen Gemeinschaft, die dem gefräßigen, immer auf Sieg und Erfolg erpichten Ich die Zähne abschleift?

Unser liebes Ich, das uns so glücklich und so traurig macht, lebt in der Spannung, Unrast und Ungemütlichkeit der „Katze auf dem heißen Blechdach". Wenn sich im Film zwei Stars, Elisabeth Taylor und Paul Newman, nach herzzerreißenden Kämpfen im Wir gefunden haben, haben wir uns zwei Sätze gemerkt. Den ersten von Big Daddy, dem Millionär, den nach der Entdeckung seines Magenkrebses die Ahnung beschleicht, der Sinn seines Lebens könne darin gelegen haben, Rechnungen zu bezahlen: „Der Mensch ist eine selbstsüchtige Bestie, die weiß, dass sie sterben muss." Der zweite von Brigg, den die Chimäre einer Freundschaft fast zum Säufer gemacht hat: „Wir leben in der Lüge und müssen uns damit abfinden."[4]

2

Ein vierfacher Bürger

Pitt, Volkswirt, zurückschauend auf die Mitte des Lebens: gutes Einkommen, komfortable Wohnung in hübscher Lage, der normale Egoist, der in aller manischen Unschuld der Ich-Leidenschaft verfallen ist, die man intellektuell überhöht Individualismus nennt.

Er wollte immer sein: möglichst unabhängig in seiner Abhängigkeit von Arbeitgebern und vom Markt, ein selbstbewusster Solitär auf der von nagenden Fluten umspülten Warft seiner ökonomischen und geistigen Existenz, ein Verteidiger seines angeblich originellen Lebensentwurfs. Deshalb hat er sich partiell kollektivieren lassen, sich auf sichernde solidarische Gemeinschaften eingelassen. Als Mitglied vielfältiger genossenschaftlicher Veranstaltungen ist er sich tagtäglich der Tatsache bewusst, dass sein Ich dem Wir Tribut leisten muss, damit seine Existenz verankert ist.

Als Staatsbürger genießt er das große Glücksgefühl – das der Blick auf die Lebenslage aller seiner Ahnen noch steigert –, in einem Rechts- und Verfassungsstaat zu leben, der seine persönliche Freiheit sichert und in dessen Wohlstands- und Wohlfahrtssystem auf kluger markt- und wettbewerbsorientierter Basis auch seine relative ökonomische Freiheit gut aufgehoben ist. Dieses Gefühl unverdienten Glücks kann auch von einer ziemlich unbarmherzigen Steuerschraube nicht erdrückt werden. Steuern zahlen wir zwar nicht für Leistungen, sondern für unsere Zugehörigkeit zu einer sichernden Gemeinschaft, aber die Qualität dieser Gemeinschaft kann so prägnant sein, dass wir sie als Leistung verstehen, die wir freudigen Herzens bezahlen. Jeder, der in die weite Welt reist, sollte zurückkehren mit dem Drang, seine Steuern freiwillig zu erhöhen.

Der Parteibürger Pitt zahlt auch einen nicht knappen Obolus an eine politische Partei, der er als junger Mann beigetreten ist, weil er sich seine eigene Zukunft in einer Gesellschaft des demokratischen sozialen Ausgleichs freundlicher vorstellte. Die Partei tut zwar nicht, was er möchte, aber er zahlt gern die Prämie für die Leistung, ihm ein lebendiges bürgerliches Engagement zu ermöglichen und die Demokratie zu sichern.

Da Pitt Arbeitnehmer ist, ist er auch Arbeitsweltbürger und zahlt eine Prämie zur solidarischen Sicherung seiner beruflichen Interessen (die er als außertariflich Beschäftigter allerdings weitgehend allein vertreten musste). Der Gewerkschaftsbeitrag ist ihm eine symbolische Kontribution zum säkularen sozial-humanen Fortschritt, dessen positive Effekte nicht bezahlbar sind. Er ist auch Nutznießer des immer schwer erkämpften tarifpolitischen Erfolgs, weil der sein Einkommensniveau und seine Rente sichert. Er zahlt auch Prämien an spezielle Berufsverbände, die manch nützlichen Tipp für die persönliche Entwicklung liefern. Pünktlich zahlt er seine recht hohen Prämien für diverse Sozialsysteme zum Schutz des Auskommens in Krankheit, Alter, Erwerbslosigkeit und –unfähigkeit, eigener Zerstörungswut, gegen Verluste nach Einbruch, Feuer, Wasser, Sturm und Tod.

Als Kirchenbürger zahlt Pitt eine Prämie für eine Institution, in die seine Eltern ihn hineingetauft und im Verein mit Paten und Gemeinde hineinkonfirmiert haben. Auch für die diversen Klingelbeutel öffnet er gelegentlich den eigenen Beutel.

Der Schritt vom Ich zum Wir wird von vielen Gründen bestimmt, die Gegenstand der soziologischen oder psychologischen Analyse sein mögen. Sie haben einen Generalnenner, den der Ethiker wie der Ökonom herausstellt, wenn er realistisch ist: den Nutzen. Naserümpfend wird nur der das Nutzenkalkül betrachten, der im Nutzen nur den messbaren, in der Regel geldwerten Vorteil sieht und sich nicht klar macht, dass dem lieben Ich auch Stimmungen, Gefühle, Passionen, Ideen,

Phantasien nützlich sein können. Die Seifenblase ist manchmal nützlicher als ein Goldklumpen.

Aristoteles hat in der „Nikomachischen Ethik"[5] festgestellt: „Die Partner ziehen zu gemeinsamer Unternehmung aus, indem sie auf einen bestimmten Nutzen rechnen." Das gilt auch für Liebende, gilt auch für Autoren und Leser, gilt für Krieg und Caritas und Kommanditgesellschaft. Weiter: „Und so hat sich um des Nutzens willen bekanntlich einst auch die Gemeinschaft der Polis zusammengeschlossen." Es gilt, die gemeinsamen Interessen der Mitglieder einer Gemeinschaft überzeugend zu fördern. Ich & Co. wollen gemeinsam mehr erreichen als jeder für sich allein es kann.

Die Sprache der Ökonomen drückt das abstrakt aus. Es ist die Funktion vieler Organisationen, öffentliche Güter oder Leistungen, die über einen privaten Nutzen hinaus auch einen öffentlichen Nutzen haben, bereitzustellen. Die Frage ist erlaubt und geboten, ob das öffentliche Gut seine Prämie wert ist. Sie folgt der „Logik des kollektiven Handelns"[6], in dem das Nutzenkalkül formuliert ist. In einer Gruppe mit freiwilliger Mitgliedschaft wird ein Mitglied, dessen Beitrag („anteilige Grenzkosten") zur Produktion des öffentlichen Gutes seinen Anteil am zusätzlichen Nutzen übersteigt, aufhören, zur Versorgung mit diesem Gut beizutragen. Pitt sollte seine Prämie sparen, wenn er merkt, dass durch sie sein Ich-Interesse – das auch eine altruistische Motivation nicht ausschließt – nicht mehr gefördert wird.

Das große zivilisatorische Geschenk der Human- und Sozialentwicklung ist die Freiheit. Und so hat diese kulturschöpferische Entwicklung für immer mehr Menschen dazu geführt, dass sie nur noch freiwilligen Gemeinschaften angehören. Das ist der Aspekt der Geschichte, der sich als „Fortschritt" bestimmen lässt. Die Barbarei der Neuzeit, die aus zwangskollektivem Irrwahn immer wieder hervorbricht, unterscheidet sich von der Barbarei des Mittelalters dadurch, dass man ihr durch Emigration entfliehen kann. Das macht die universelle Geltung des Asylrechts so wichtig.

Aus dem Kollektiv Staat kann jeder bei Überforderung seiner Bürger austreten, wenn es nicht gerade Mauern baut. Alle Solidargemeinschaften, die nicht durch Gesetze fesseln, lassen sich ohne die Gefahr sozialer Ächtung leichtfüßig verlassen, wenn auf der Waage die Prämienschale die Nutzenschale in die Höhe schnellen lässt. Vor jedem optionalen Austritt liegen Hemmungen, Schamschwellen, Rücksichtsregeln, Opfergeist (der aber auch einen Nutzen stiften kann). Es gibt den Geselligkeitstrieb an sich, der sich dem zählenden Wägen versagt. Das sind aber nur Momente, die eine Entscheidung hinauszögern. Irgendwann wird die Diskrepanz zwischen Nutzen und Kosten schmerzhaft fühlbar, so dass die Ich-Verteidigung durch Prämienverweigerung zum Problem wird.

Die ehrliche Sprache der Ökonomen ist in Verruf geraten, seitdem man den Freiheitswunsch überall „Neoliberalismus" nennt. Denn immer mehr Menschen, die nicht zu den Armen gehören, schätzen Solidarität und Menschlichkeit als eine Garantie, sich ihre Freiheit von anderen Menschen bezahlen zu lassen. Sie sehen im erlebten Nutzen nicht den geldwerten Vorteil und erleiden die Kosten, die sie durch Prämien decken müssen. Jenseits des Nutzenkalküls tragen wir solidarisch zu gemeinschaftlichen Erfolgen bei, in dem wir uns „einbringen", uns engagieren, in welcher Form auch immer.

Im Steuerrecht gilt der Grundsatz, dass die Bürger nach ihrer persönlichen Leistungsfähigkeit mit Beiträgen zum öffentlichen Wohl belastet werden. Eine „Rechnung" im Sinne von Leistung und Gegenleistung geht für keinen Bürger auf. Ist es wirklich so, dass der Arme vom Saat stärker profitiert als der Reiche? Und wenn der Reiche mehr Steuern zahlt: vielleicht braucht er den Staat und seinen Schutz- und Sicherheitsapparat mehr als der Arme. Das geniale Prinzip der Steuerprogression wird nicht als räuberische Zwangsmaßnahme empfunden, weil es einem tief eingewurzelten Gerechtigkeitssinn entspricht. Wenn das Maximum beachtet wird! „Een Hand för di und een Hand för't Schipp" lautet die Maxime des Seemanns für die gefährliche

Arbeit in der Takelage. Protestieren muss er, wenn einer von ihm verlangen würde, seine persönliche Sicherheit nur drei Fingern anvertrauen zu sollen.

Offen bleibt die Frage der Ausgewogenheit von Prämie und Zweck. Zum Beispiel Pitt: er zahlt für die bürgerlich-staatliche Gesellschaft fast hundertmal so viel wie für eine Partei, die mit den anderen zusammen überhaupt erst das repräsentativ-parlamentarische System als Basis eines vernünftigen Staates trägt. Ist das ein rationales Verhältnis? Als Arbeitnehmer weiß Pitt, dass die Gewerkschaften zur Sicherung der materiellen Existenz tausendmal mehr beitragen als ein alimentierender Staat (den ja die wenigsten wirklich brauchen), aber sie sind ihm nur ein Hundertstel seines Einkommens wert. Gegenüber den vielfältigen solidarischen Versicherungen ist das Nutzen-Leistungs-Kalkül vergeblich, weil wir unser Leidensschicksal nicht kennen.

Warum aber zahlt Pitt eine Kirchensteuer, die deutlich höher ist als seine Beiträge zur Partei und zur Gewerkschaft zusammen? Warum ist ihm die Kirche einen knappen zehnten Teil seiner Bürgerprämie wert? Die Kirchensteuer liegt bei der Hälfte seines Arbeitnehmeranteils zur Sozialversicherung, die ihm ein menschenwürdiges Dasein im Alter garantieren soll, und sie übersteigt ums Doppelte die Prämie für eine Lebensversicherung als Notnagel für später.

Auch als Rentner mit einem geringeren Steuersatz zahlt er eine Kirchensteuer, die in der Summe am Ende seiner statistischen Lebenszeit ausreichen würde, ihm eine Luxusbestattung finanzieren zu können. Jedes Jahr lesen wir vom Mitgliederverlust der beiden großen Kirchen, dem nur wegen der guten Einkommensentwicklung keine Minderung der Beitragseinnahmen in gleichem Tempo folgt. Schon in dem alarmierenden Rückgang des Gottesdienstbesuchs sieht Hans Küng[7] einen „Schrumpfprozess großen Stils" und konstatiert: weniger Taufen, weniger Firmungen, weniger Priesterweihen, weniger kirchliche Eheschließungen – doch die kirchliche Beerdigung wünsche man in jedem Fall, selbst unter völlig säkularisierten Protestanten. Sie sei für viele in unserem Land der einzige Grund, überhaupt noch Kirchensteuer zu zahlen. Wenn sich das Motiv der Mitgliedschaft auf den Segen an Katafalk und Grab reduziert, einen Heils- und Liebesdienst von wenigen Stunden, dann ist das Event für einem Gutverdiener in der Summe leicht bei fünfzigtausend Euro teuer, ohne Zins und Zinseszins. Auch ein Starpsychiater muss ganz schön arbeiten, um mit einem Patienten so viel zu verdienen. Allerdings: er zahlt damit auch den „service" für die Hälfte der Kirchenmitglieder, die ja überhaupt keine Steuer zahlen müssen.

Von einem Einkommensmillionär, der aus der Kirche ausgetreten war, erfuhr Pitt einen originellen Austrittsgrund: „Dann könnte ich mir ja einen eigenen Bischof leisten". Er hatte wohl noch nichts von der schonenden Kappung der Kirchensteuer für Mitglieder auf dem Goldgrund gehört, für die der Kirchensteuersatz von 8 oder 9 Prozent auf die Steuerschuld zwar auch gilt, die aber nicht mehr zahlen sollen als 2,75 oder 4 Prozent ihres zu versteuernden Einkommens.

„Selbst unter völlig säkularisierten Protestanten" – diesen Musterfällen der Kirchenferne – wird das Beerdigungsmotiv nicht weitverbreitet sein. Seit Max Webers Erkenntnissen über den Zusammenhang von protestantischer Ethik und Kapitalismus wissen wir doch, dass die Protestanten, nicht nur in ihrer calvinistischen Version, höchst rechenhafte Leute sind. Auch Helmut Thielicke[8] hat in seinen prachtvoll burschikosen Predigten, die nicht nur Pitt vom „Sitz lupfen" ließen, als er sie in Hamburg hörte, leicht mokant von der „Masse der Kirchensteuerzahler und Taufscheinbesitzer" gesprochen. Ob er auch die hohen Beerdigungssporteln im Auge gehabt hat? Theologen sind keine feinfühligen PR-Agenten für ihre Kirche, sind manchmal recht lutherische Grobiane.

Wenn in dieser säkularisierten Welt – nach dem Siegeszug der Naturwissenschaften, der rational-aufklärerischen Philosophie im 17. und 18. Jahrhundert, der Geburt der „freien Geister" (Nietzsche), in der Konkurrenz globaler Ideologien im 20. Jahrhundert – an der Schwelle zum 21. Jahrhundert jährlich nur eine runde Viertel Million die großen Kirchen verlassen, dann darf nicht gefragt werden, warum so viele Menschen, sondern warum so wenig Menschen die Kirche verlassen.

Allerdings: die Schrumpfung gewinnt an Fahrt. Bis zum Jahr 2060 soll sich die Zahl der Kirchenmitglieder in Deutschland von 53,4 Millionen in Jahr 2000 auf 22,7 Millionen fast halbieren – nach einer von den großen Kirchen in Auftrag gegebenen Studie des „Forschungszentrums Generationenverträge".[9] Unter dem Einfluss erratischer Ereignisse – wie der Diskussion über Missbräuche in den Kirchen und kirchlichen Einrichtungen – erreichen Austrittszahlen auch einmal Rekordwerte. So haben 216 Tausend Mitglieder die katholische Kirche 2018 verlassen, das war ein Anstieg gegenüber 2016 um 29 Prozent, einem Jahr, in dem nur 168 Tausend austraten. Auch die evangelische Kirche verlor 220 Tausend Mitglieder, gegenüber 2016 ebenfalls 11,6 Prozent.[10]

Es muss starke, nicht nur religiöse Gründe und festgefügte Motivbündel in den Köpfen und Herzen der Menschen geben, Christ zu sein und Christ zu bleiben, jenseits jedes Vorteilskalküls, ungeachtet der geistigen Großwetterlage der Zeit, gegen alle rapiden sozialen und familiären Verwerfungen einer Zeitgenossenschaft, die so wenig gemeinschaftshörig und so wenig zimperlich im Umgang mit Loyalitäten aller Art ist. Das ist der erste Satz in der „Autobiographie ohne Ereignisse" Fernando Pessoas (1888-1935): „Ich wurde zu einer Zeit geboren, in der die Mehrheit der jungen Leute den Glauben an Gott aus dem gleichen Grund verloren hatte, aus welchem ihre Vorfahren ihn hatten – ohne zu wissen warum."[11] Die relative Stabilität der christlichen Gemeinden ist das Wunder, fast so wunderbar wie das imperiale Geschick der frühchristlichen Gemeinden in der geistigen Eroberung des Römischen Reichs, das sein Kreuz schließlich dem so genannten Abendland eingepflanzt hat. Die Kirchen „schrumpfen" zwar in Deutschland stärker als die Bevölkerung (ohne Einwanderer), aber von Erosionen kann noch lange nicht die Rede sein.

Die christliche Gemeinde und die Kirche als Institution ereignen sich im Gottesdienst, in der Versammlung der Gläubigen. Hat Hans Küng Recht, wenn er von den wenig besuchten Gottesdiensten auf kirchliche Schrumpfungsprozesse schließt? Helmut Thielicke sah die Lage so: „Die berühmten fünf Prozent der Gottesdienstbesucher stellen keinen repräsentativen Querschnitt der Christen dar, geschweige, dass sie die einzigen und letzten Christentumsrelikte in unserem Lande wären. Der Großteil auch der sogenannten lebendigen Christen lebt außerhalb der Gottesdienste – Gott sei's geklagt". Die modernen Kirchen machen die Erfahrung aller Massenorganisationen, wie der Parteien und der Gewerkschaften. Der aktive Kern ist selten größer als fünf Prozent. In den bevölkerungsreichen Ballungsgebieten hat sich die Kirche längst auf diese Realität eingestellt: die Kirchenhäuser könnten eine große Zahl aktiver Christen gar nicht fassen. Selbst Kathedralen wären zu klein; die römische Erlöserbasilika fasste zur Zeit Konstantins 10.000 Menschen, also fast alle Christen Roms.[12] Stadien werden nur für Fußballer gebaut.

Angeregt durch Thielickes Charakteristika „Taufscheinbesitzer" und „Kirchensteuerzahler" will Pitt, der sich im tatsächlichen und pejorativen Sinn dieser Worte gemeint weiß, eine Skala der Kirchennähe entwerfen, wobei ihm das Bild einer Spirale vorschwebt, in der sich Kreise nach oben erweiternd öffnen, vom Glutkern bis hin zu einer im kalten Ungefähr verlaufenden Linie.

Erster Kreis: Die sich im regelmäßigen Gottesdienst um Pastor oder Pastorin, die wirklich Hirten sind, vereinigenden Gläubigen, die sich von Gott bei ihrem Namen gerufen wissen und hören.

Zweiter Kreis: Die gläubigen Christen, die sich ihren kirchlichen Feiertag und Gottesdienst wählen. Wie im ersten Kreis, liegt auf ihnen ein persönlicher Segen (wobei Pitt als Mithörer von Funk-Gottesdiensten auffällt, dass die Pastorinnen und Pastoren bei den Protestanten das Antlitz des Herrn oft über „dir", bei den Katholiken über „euch" leuchten lassen).

Dritter Kreis: Die gläubigen, der Gemeinde aus vielerlei Gründen entfremdeten Christen. Sie bestätigen ihre Mitgliedschaft durch ihre Teilnahme an kirchlichen oder sakramentalen Handlungen als Paten oder Zeugen oft in familiärer oder gesellschaftlicher Fremdbestimmung, an Taufen, Hochzeiten, Konfirmationen und Firmungen. Das Taufritual kann rituell-mechanisch sein, wie zum Beispiel bei einer Taufe, vor der das katholische Elternpaar feststellt, dass die in Aussicht genommenen Paten nicht katholisch sind und daher einen General im Bundesverteidigungsministerium bitten, gleich für fünf Kinder die Rolle des richtigen Paten zu übernehmen – der dem hochbezahlten, für ihn tätigen Unternehmensberater gern diesen für die Zusammenarbeit förderlichen Gefallen tut.[13]

Vierter Kreis: Die getauften Christen, die ihre Kirchenmitgliedschaft gleichsam vergessen haben. Viele von ihnen sind passive Traditionalisten, die ihre Mitgliedschaft unter einem gewissen familiären oder gesellschaftlichen Druck aufrechterhalten, manchmal sogar – durch Heirat, im Alter, in der Not – reaktivieren.

Fünfter Kreis: Die ungläubigen Christen, die an ihrer durch die Taufe besiegelten Kirchenmitgliedschaft trotz dieses eklatanten Widerspruchs im Adjektiv festhalten. Theologisch anspruchsvoller könnte man sie die unberufenen Christen nennen.

Sechster Kreis: Die gläubigen Christen, die in erklärter Distanz oder in Opposition zur Kirche stehen und vielleicht sogar schon den Austritt vollzogen haben, der manchmal auch nur eine Kündigung gegenüber dem Steuerzahlerbund ist. In einer Feierstunde zum Volkstrauertag am grünen Rand des Farmsener Kupferteichs hörte Pitt den Diakon Stephan Klinkhamels aus der von Pallotinern geleiteten Gemeinde Heilig-Geist sagen, er habe oft von Christen gehört, sie benötigten keine Kirche, denn sie könnten auch im Wald beten, er habe aber noch nie einen Christen im Wald beten gesehen.

Siebenter Kreis: Die privatistischen Gläubigen, die sich außerhalb oder in Nischen der Kirche ihren eigenen Gott, ihre eigene synkretistische

– vielleicht irgendwie christliche oder philosophisch grundierte – Religion gemacht haben, eine Religion ohne Gott oder einen Gott ohne Religion.

Achter Kreis: Die Andersgläubigen, die christliche Kirchen in Nathanischer Weisheit respektieren und tolerieren.

Neunter Kreis: Die „magischen" Christen, die ihre Kirchenmitgliedschaft als Rückversicherungspolice für die existentiellen Unwägbarkeiten hienieden und in Ewigkeit erhalten; unter ihnen dürften sich auch viele der Küng'schen Beerdigungschristen befinden.

Zehnter Kreis: Die säkularisierten „Neuheiden" (Thielicke), für die Kirchen nur als Gebäude interessant sind.

Elfter Kreis: Die politischen Christen innerhalb der Kirche, die Christen und Kirchen ohne ein Mandat für ihre Ziele benutzen (vielleicht war Konstantin der Große, den dem Christentum das Tor zur Weltgeltung aufstieß, der historische Prototyp[14]).

Zwölfter Kreis: Die atheistischen Eiferer gegen das Christentum und seine Kirchen. Die vielzitierten Agnostiker schwanken irgendwo zwischen dem vierten und dem fünften Kreis, kirchenfeindlich sind sie selten.

Pitt interessiert sich nur für den fünften Kreis: die ungläubigen Christen. Er wagt die Prognose: Sie werden, so man sie lässt, den kirchlichen Schrumpfungsprozess nicht beschleunigen. Sie sind treue Christen. Das Salz der Erde sind sie nicht, vielleicht aber ein Gewürz in homöopathischer Wirkung.

3   Begegnung im Untergrund

Im ältesten Raum der Stadt ist Stille. Der Raum bedarf keines Schmucks, seine Zierde ist die reine klare Linie, seine Festlichkeit das geordnete bergende Rund der frühen statischen Romanik. Geschmückt nur die vier Säulen in ihren Kapitellen, die das Altargeviert umgrenzen. Die Midgard-Schlange, der drohende Fenriswolf, heidnisch-germanische Sinnbilder, neben der achtblättrigen Blüte, aus der das christliche Heil gegen die Finsternis strahlt. Die Ostkrypta unter dem Marienaltar auf dem Hochchor trägt den St. Petri-Dom in Bremen, Cord Poppelkens farbenfrohe, lichtvolle hochgotische Hallenkirche, die auf den frühromanischen Pfeilerarkaden schwebt.

Auf dem Altar, im Herzraum des Fundaments, das Kreuz, das Kruzifix. Wie reißen die von den Nägeln gestreckten Arme den kleinen mageren Körper auseinander. Die Tortur hat den Körper verdreht, nach rechts den rippigen Brustkorb, die Hüfte eingeknickt, das rechte Bein krümmt sich über das gestreckte linke, das der Nagel zuerst traf. Der Kopf, zu groß für den von Schmerz verzehrten Körper, ruht nach rechts geneigt, das Gesicht ist frei von Spuren des Schmerzes.

Was ist das Unbegreifliche in diesem Raum? Nicht der Gequälte und Gemordete, das 20. Jahrhundert hat Millionen gemarterter Toter gesehen. Das Unbegreifliche ist, dass sich über diesem Kreuz, über dem Martermonument der Krypta, der große Dom wölbt. Das Rätsel heißt: warum ist das Kreuz, warum ist der Gekreuzigte ein Mittelpunkt? Ein Mittelpunkt, ein Rom des Nordens, sollte Bremen[15] werden, als Ansgar den Sitz seines Erzbistums im 9. Jahrhundert von Hamburg nach Bremen verlegte. Jedes Jahrhundert fügte dem Dom neue Räume und neue Elemente hinzu, als Zeichen des nachhaltigen Siegs, den der gemarterte

Mann am Kreuz über die Geister gewonnen hatte. An der Jahrtausendwende – auch wir haben eine erlebt – hatten die romanischen Plastiker den thronenden Christus der Westkrypta geschaffen. Dort sitzt der Herr, der König der Völker, der die Philosophie des mächtigen Bauwerks in der siegesgewissen Missionsstrategie verkündet: geht hin in alle Welt und lehret alle Völker (Matth. 28, 18-20). Zu Füßen der sitzenden Majestät kauern klein und unscheinbar der Apostel Petrus, der die Mission begründete, und Paulus, dessen Organisationsgenie Jesus und den nachfolgenden Männern auf dem Stuhle Petri die Herrschaft über die Völker der Welt im Wartesaal zum Heil sicherte. Pitt sieht den Doppelschlüssel, das Zeichen der Gewalt über Himmel und Erde, und die aufgeschlagene Bibel: die Lehre, die im Wort geronnene Autorität.

In der Bibel haben sie alle gelesen, die oben in der Halle in den Jahrhunderten kamen und gingen. Immer wieder wussten sie besser Bescheid als Petrus, der das Wort gehört, und Paulus, der das Wort bewahrt und verbreitet hat. Der Dom wurde zur Burg, zum Zentrum der christlichen Kolonialisierung mit dem ritterlichen Schwert, mit der Knute, die auf die Bauernschaften niederfuhr, als sie versuchten, sich ihrer Zinspflicht zu verweigern. Der Dom wurde zum Rahmen repräsentativen Machtwillens für die nachgeborenen Fürstensöhne, die sich's als Bischöfe mit dem Domkapitel in der geistlichen Pfründe standesgemäß wohl sein ließen. Was ging das Treiben oben den Jesus der Ostkrypta, den Christus der Westkrypta unten an? Es kamen Neue, die in der Bibel lasen. Auch der erste evangelische Domprediger, vom reformierten Domkapitel gewählt, hatte in der Bibel gelesen: er wurde von der erbosten Kirchenbürgerschaft ausgewiesen, als offenkundig wurde, das sein Herz nicht Luther, sondern Zwingli und letzten Endes wohl nur ihm selbst gehorchte.

Die reformatorische Inquisition brach aus – gegen die „Philippisten" (die Anhänger Philipp Melanchthons) und gegen die „Krypto-Calvinisten", und der bremische Streit fand in Deutschland lauten Widerhall. Nur in die beiden Krypten, nach unten, drang er nicht; dort herrschte die Stille im Auge des emotional-dogmatischen Orkans. Auch die hugenottisch-calvinistischen Glaubensflüchtlinge, die aus den Niederlanden, Belgien und Frankreich hinzuströmten, hatten in der Bibel gelesen. Die bremischen Bürger wurden reformiert, der Dom blieb lutherisch, und er zerfiel zur Ruine, weil der verwirrte Geist immer nur Trümmer zurücklässt. Die Mauern und Säulen der Krypten blieben fest.

Es kamen die Dänen, es kamen die Schweden, es kamen wieder Dänen, es kamen die Hannoveraner, für die Adolf Freiherr Knigge die Aufsicht führte, ein weltkluger Mann, der den taktvoll-taktischen „Umgang mit Menschen" lehrte und deshalb wohl zu Recht seine Grabstätte im Dom gefunden hat. Es kamen die Franzosen, ordneten das Reich neu und stellten den Dombezirk unter den Senat der Freien Reichsstadt Bremen. Auch der Senat als neuer Souverän hatte in der Bibel gelesen und schikanierte mit seinen neugewonnenen episkopalen Rechten die Domgemeinde in empörend schulmeisterlicher und geldgieriger Weise.

Was ging das Jesus Christus in der Krypta an, dass oben immer neue kluge Köpfe über der aufgeschlagenen Bibel die Spaltung des Engelshaars – und Teilung der Pfründen – betrieben. Es kamen im 19. Jahrhundert die positiven, die liberalen, die radikalen Theologen und predigten aus der Bibel, wie die Bremer Stadtmusikanten gesungen haben mochten. Es kamen schließlich die nationalsozialistischen Deutschen Christen, die auch in der Bibel gelesen hatten, und kürten ihren braunen Bischof. Gott sei Dank gab es mutige Protestanten, die sich widersetzten, weil sie wussten, dass der Mann in der Krypta universeller als ein bremischer Deutscher war.

Jetzt sitzt Pitt auf dem Baststuhl in der Ostkrypta und schaut auf den Schmerzensmann. Oben leuchtet der Dom. Auf dem Platz zwischen Rathaus, Parlament und Dom geschäftiges Leben. Was hat dieser Mann am Kreuz, dieser schwächste und in zwei Jahrtausenden mächtigste, mit dem Leben draußen, mit dem Dom zu tun? Er, in einem Stall geboren, hat diesen Dom gebaut. Wo ist das Geheimnis seines Sieges, seiner Macht? Was ließ die Menschen zwei Jahrtausende lang unter seinem Wort hoffen, siegen, streiten, lieben? Für Pitt ereignet sich in der Ostkrypta von St. Petri das Unbegreifliche. Auf dem herabgeneigten Gesicht des Mannes, der noch kein Christ ist, scheint ein Lächeln zu liegen. Was geht den Mann am Kreuz Pitts Verwunderung und Begriffsstutzigkeit an?

Was sein Staunen? Wie hat sich der Geist eines Mannes mit Hilfe einer kleinen apostolischen Schar und der frühen verstreuten Gemeinden über das Römische Imperium und die Kontinente einer Hemisphäre verbreitet, wie hat sich der Geist einer Verschwörung gegen die Welt in dieser Welt, aus den Katakomben und Krypten, zur trutzigen Gestalt lichter Kathedralen erheben können? Das Staunen ist die Weisheit der Unwissenden.

Pitt weiß nicht, wer Jesus Christus ist. Wer er ist, woher er kommt, wohin er geht, was er lehrt und was er lebt, wissen die Gläubigen. Pitt, getaufter und konfirmierter, in Schulen notdürftig informierter Christ, kennt natürlich die historische Person, die plakativen Elemente ihrer Lehre und ihre Rolle in der Weltgeschichte. Aber das Wissen, das ohnehin nur fragmentarisch sein kann, führt nicht zu Jesus Christus, auch nicht die Verwunderung. Vor dem Kreuz ist alles Wissen blind. Es ist nur der Glaube, der aus dem Geheimnis eine Wahrheit macht und aus der Botschaft ein Gebot zur Gefolgschaft. „Wer an mich glaubt" – vor das Wissen über sich hat Jesus eine ungeheure Bedingung gestellt, ohne Wenn, ohne Aber, ohne Ausflucht oder listige Umgehungen, eine absolute Exklusivität: Ich, nur ich, bin der Weg, die Wahrheit und das Leben (Joh. 14,6). Er duldet keine Trampelpfade um das Kreuz herum: sie führen nicht zu Gott, nur zu den Privatgottheiten und zum „Gott der Philosophen"[16]. Karl Jaspers, der große Lehrer der Philosophie, sieht in Jesus einen der maßgebenden Menschen, neben Sokrates, Buddha und Konfuzius. Er hat den Schlüssel des Glaubens nicht; vielleicht hat er, im nachbarlichen Oldenburg geboren und aufgewachsen, einmal in Bremen staunend in der Ostkrypta von St. Petri gesessen. Die „maßgebenden

Menschen", sagt Jaspers, haben „durch ihr Dasein und Wesen das Menschsein wie keine anderen Menschen geschichtlich bestimmt.“[17] Sie haben eine durch Jahrtausende bis heute fortdauernde Wirkung. Menschen gleicher „historischer Mächtigkeit" haben nie wieder gelebt. Sie stehen vor und außerhalb jeder Philosophie.

Vor diesem Kruzifix in der Krypta begegnet Pitt einem Bild von Schwäche und Stärke. Der Mann wurde ermordet, und er hat über alle Mörder im zeitlosen Sieg triumphiert. Wie aus dem Dunkel der Geburtskrypta in Bethlehem steigt aus allen Krypten das Licht, das die Kathedralen erleuchtet. Kirchen als Gebäude und Gemäuer sind Burgen und Wälle, die das Licht der Krypten hüten und beschützen, Das ist wohl ihre Aufgabe als Institution.

Es war die Kirche, die aus der Ohnmacht eines Menschen und seiner Heilshoffnung eine Geschichtsmacht entstehen gelassen hat. Ohne sie hätte sich das Christentum nicht durch zwei Jahrtausende behaupten können. Die Gläubigen allein, die sich als Zeuge der Lehre, des Sterbens und der – sicher nicht nur für den ungläubigen Thomas schwer zu verstehenden – Auferstehung erlebt haben, hätten ihr wunderbares Wissen mit ins Grab genommen, wenn sie es nicht institutionell verfestigt und in Schrift und Stein und geregelter Nachfolge in fremde Welten getragen hätten. Die Historiker hätten den Mann aus Nazareth, der in dem großen Geschichtsbuch des Zeitgenossen Flavius Josephus nur eine Fußnote war, vergessen oder in ihre eigenen Fußnoten verbannt. Die Theologen und Philosophen, hätten sie denn ein überkommenes Wissen über die „maßgebenden" Menschen besessen, hätten ihn irgendwo in die Galerie obskurer Gestalten oder sektiererisch-ephemerer Querdenker eingeordnet.

Pitt ist ein Teil dieser Kirche, ein Mit-Glied in einer Kette, die eine Institution an einen Himmel geschmiedet hat. Auch er hat – auf irgendeine Weise – dazu beigetragen, als ein Korpuskel in einem Licht, in dem achtzig Generationen gestanden haben. Soll er das Glied, das in einer Kette verbunden ist, mit einem Meißel zerschlagen?

„Auf irgendeine Weise" – wie sympathisch ist unser Philosoph in seiner Ratlosigkeit. Das abendländische Christentum sei die biblische Religion, „welche alle christlichen Bekenntnisse und die Juden und den Geist der unkirchlich Glaubenden und sogar noch der ausgesprochen Ungläubigen auf irgendeine Weise in sich schließt." Ganz gewiss auch Pitt, einen kirchlich Ungläubigen.

Wenn er Jesus in der Krypta von St. Petri hören könnte, würde er zwei Worte vernehmen. Das eine hat Matthäus überliefert (12,30): „Wer nicht mit mir ist, der ist wider mich." Das andere Markus (9, 40): „Wer nicht wider uns ist, der ist für uns." Pitt meint, einen Widerspruch zu erkennen, da er aber kein Theologe ist, sondern ein Manager auf der Durchreise, nimmt er ihn mit in das Flugzeug nach Frankfurt, wo er im schwirrenden Labyrinth des Flughafens an der Kapelle – Kathedralen würden dort den Flugverkehr behindern – vorbeiläuft und an das verpatzte Frühstücksmahl in St. Gabriel denkt.

Die Kirchengebäude verkörpern einen Geist. „Geist" ist eine siegreiche Potenz, wenn sie es auch schwer hat, sich aus der Schwerkraft des Materiellen zu erheben. Er ist die „Macht, die früher oder später den Widerstand der stumpfen Welt besiegt", wie Goethe es in seinem „Epilog auf Schillers Glocke" sieht. Aber wohl eher später.

Was erwarten wir vom Geist in praktischer Hinsicht (wobei „praktisch" im Sinne Kants auch „moralisch" bedeutet)? Er ist das Fundament unseres verständigen Denkens, unserer Erkenntnis, des richtigen Urteilens, unseres Geschmacks, unseres Wollens und Tuns im Grundsätzlichen, unseres Charakters. Das sind alles sehr handfeste Bestimmungen, die Pitt zu verstehen glaubt: Geist, wie Goethe in der lyrischen Endgültigkeit in den Versen Suleikas im West-östlichen Divan sagt, ist des „Lebens Leben".

Der Geist, der die Krypten und Kathedralen beherrscht, der sie gebaut und umgebaut und wiederaufgebaut hat, so oft der Mahlstrom der Zeit sie beschädigt hat, folgt nicht der poetischen Wahrheit und den Regeln der Logik oder der psychischen Mechanik unseres Alltags. Der unsichtbare, der unbegreifliche, der unbegriffliche Geist ist listig: er triumphiert in seiner Sichtbarkeit. Der Dom, die Kathedrale, das Münster, die Kirche am Marktplatz in ihrer suburbanen Unscheinbarkeit: sichtbarer Geist, Zeugnisse und Zeichen der gläubigen Geistigkeit, die alle menschlichen Bauten überdauern (wenn Kirchen neuerdings auch nicht selten entweiht und umgewidmet oder an erfolgreiche religiöse Konkurrenten verkauft werden).

Die Welt ist voll von den Denkmälern der Sieger. Aber sie alle landen auf den Schuttplätzen der Geschichte, oder, wenn sie rar und fragmentarisch groß sind, im Museum. Das Denkmal des Geschundenen, das Kruzifix in der Krypta, hat sich vieltausendfach zu allen Zeiten, an vielen Orten erhalten und vervielfältigt. Der unbegreifliche Geist ist sichtbar. Leute wie Pitt begreifen nichts, aber sie haben auch in ihrer Blickverengung das Sehen nicht verlernt.

Pitt hat den U-Bahn-Schacht am Theaterplatz verlassen. Abendlicht auf den Spiegelfassaden der Türme, sie leuchten wie glühende Goldbarren. Auch hier Glanz und sakraler Schimmer. Die modernen Zweckbauten der Wirtschaft sind die Konkurrenten der Kathedralen, weil ihr Fundament auch ein Glaube ist, nämlich der an die Gestaltbarkeit der Welt, an Erfolg und seinen Beweis, das Geld. Sichtbarer Geist auch hier, Zeugnisse und Zeichen des diesseitigen Geistes, in dessen Endlichkeit sich Pitt gut aufgehoben fühlt. Aber er weiß, dass die Türme in zweihundert Jahren nicht mehr stehen werden, und er hofft allenfalls, dass man aus ihren Trümmern auch einige Reste der Monumente Goethes und Schillers, die zu Füßen der Türme stehen, für die Museen bergen wird, – wie die beiden aus der Ruine von Goethes Elternhaus am Großen Hirschgraben geborgenen (und gestohlenen) Mauersteine, die Pitt auf seinen Regalen als Buchstützen stehen hat.

In diesem Jahr war die Mutter gestorben. Die Trauer ihrer Söhne war still, weil die Mutter das Alter des Psalters (90,10) – „wenn's hoch kommt" – in tapfer-vorbildlicher Lebensführung überschritten hatte. Die Brüder warteten auf den Pastor. Sie warteten in unbeholfenem Respekt vor der ehrwürdigen Kirche auf ihren Vertreter, den sie nicht kannten. Sie hatten sich fein und feierlich gekleidet, denn, so meinten sie, ein bisschen Förmlichkeit gehört zur Kirche dazu. Sie dachten an die reinlich-strenge Talarfeierlichkeit des Pastors, der sie konfirmiert hatte. Sie wollten dem Pastor das Wesentliche und Gute aus dem Leben der Mutter erzählen, und das tut man nicht in Pullover und offenem Hemd.

Das Schmuddelpaar, das vor der Tür stand und erst hereingebeten wurde, als der Mann sich als der Pastor und die Frau sich als die Pastorin vorgestellt hatten, hatte sich wohl auf den Feierabend der Werktätigen eingestellt und schien den feierlichen Aufzug der Klientel nachsichtig amüsiert zu betrachten. „Wir haben uns die Stelle geteilt", sagte der Pastor, „meine Frau macht in diesem Monat die Beisetzungen" – also die Conditio sine qua non, auf die nach Professor Küng auch die Kirchenfernen Wert legen. Die zuständige Pastorin lächelte aufmunternd, ja, das Pummelchen in den geblümten Pluderhosen, auf die aus strähnigem Haar der violett-lila Shawl fiel, wirkte sympathisch, irgendwie freundlicher als der Pastorgatte, dessen Barthaar den offenen Kragen, aus dem ein knitteriges Shirt lugte, verbergen zu wollen schien. Die Brüder waren gut beraten, ihre Vorbehalte gegen die überraschende Erscheinung des arbeitsteiligen Pastorenpaars zu vergessen. Die Pastorin – sie lehnte die Anrede „Frau Pastorin" mit lächelnder Bestimmtheit ab – erwies sich als überzeugende Trägerin des Charisma, als sie ihren Dienst in kluger menschlicher Hingabe versah.

Die Brüder hatten sich etwas ratlos angesehen, als das amtliche Paar nach einem langen Gespräch die Wohnung verlassen hatte. Jesus, sagte einer, während er sich den Sakko auszog und die Krawatte lockerte, habe ja auch nicht „so'n Ding" getragen, und die „Jesuslatschen" seien schließlich sprichwörtlich, und auf allen Bildern trage Jesus langes Haar. Ein anderer meinte, er fände das job sharing gut, es beweise doch, dass die evangelische Kirche der katholischen in praktisch-organisatorischer Hinsicht überlegen sei. Der Dritte spöttelte über eine „show". Pitt musste hartnäckig an das ingeniös gebastelte Transparent denken, das Studenten in der Hamburger Universität den bei einem Festakt ins Auditorium Maximum einmarschierenden Professoren, für sie unlesbar, vorangetragen hatten: „Unter den Talaren der Muff von tausend Jahren" (er hat es kürzlich, zur 50-Jahr-Feier, im Hamburger Staatsarchiv in Wandsbek in Gegenwart eines der beiden studentischen Demonstranten, des früheren Hamburger Staatsrates Gert Hinnerk Behlmer, mit einer gewissen Andacht bestaunen können).

Die beiden Pastor*innen wollten wohl zeigen, dass sie anders seien, offener, menschlicher, spontaner, ehrlicher als ihre Amtsvorgänger. Sie sahen sich vielleicht in einer Nachfolge, in einem radikaleren Engagement, wollten in der Gleichgültigkeit gegenüber Äußerlichkeiten die Ärmlichkeit wandernder Hirten gegen die Wohlhabenheit des beamteten Mittelstandes demonstrieren, wer weiß. Auch sie wollten sich nicht gesellschaftlich anpassen, wie es ja auch ihr von den Römern als störender Rebell hingerichtetes Vorbild nicht tun konnte, ein bisschen Wüstenaskese, ein bisschen Staub und Strapaze sollten auf ihrer Erscheinung liegen. Ein Mensch wie du, aber bescheidener und demütiger, dienstbar wie einer, der anderen nicht nur zeremoniell die Füße wäscht. Pitt fand diese Haltung sympathisch. Aber doch: dieses Shirt! Es muss ja in einem persönlichen Gespräch nicht das Beffchen sein. Und tragen die Yuppies in den Werbeagenturen nicht auch diese sichtbaren, den Schweiß der Hingabe verratenden Unterhemden? Nicht doch vielleicht auch beim Pastor ein bisschen Schick in dieser gewollten Anspruchslosigkeit, dieser stilisierten Verwahrlosung?

Der nackte, mit dem Lendenschurz gekleidete Mann am Kreuz in der Krypta von St. Petri ist der Träger des gewaltigen Kirchenbaus. Was hat er selbst mit dieser Kirche zu tun, mit der sichtbaren Mächtigkeit ihrer äußeren Erscheinungsform, mit ihrem Kanon und ihrem Dogma, ihren Ämtern und Hierarchien, ihren Regeln, Riten und Repräsentationsformen? Hat Jesus doch, wie Karl Jaspers verwundert anmerkt, keinen Kult gestiftet, nicht getauft, keine Gemeinde und selbst keine Kirche organisiert. Hätte er nicht gelächelt über die Beffchen-Artigkeit und Kragenreinheit seiner Assistenten?

Die Krypta in St. Petri ist die Fassung einer Quelle, und die Kirche ist der mächtige Strom, der von ihr seinen Ausgang nimmt. Wenn wir einen Strom sehen, fragen wir nach der Quelle, obwohl wir wissen, dass der Strom, den wir betrachten, mit ihr nicht viel zu tun hat. Wir fahren stromaufwärts zu der Quelle, weil wir mit eigenen Augen den Ursprung und die elementare Kraft sehen wollen, deren Botschafter der große Fluss ist, und wenn wir sie erblicken, sagen wir, oh, wie klein und schwach. Krypta und Kathedrale, Quelle und Fluss sind sich in totaler Verschiedenheit gleich. Ein Ursprung und ein Ziel werden auf einem unendlich langen Weg mit einander verbunden, und was sich auf diesem Weg gestaltet, ist in Wesen und Erscheinung gleich weit entfernt vom Ursprung wie vom Ziel. Ohne ein Flussbett, das die Quellwasser aufnimmt, würde die Quelle im Irgendwo versickern. Ohne die ursprüngliche Quelle wäre der Strom ein zufälliges Ergebnis aus dem Zusammenfließen von bedeutungslosen Rinnsalen.

Form: aus einem Ursprung lebend, Fassung, auf ein Ziel hin geprägt. Form und Fassung sind die Überlebensregeln des Geistes, der sich im Irdischen, auf langen und beschwerlichen Wegen, behaupten will. Aus der Krypta muss die Kirche werden, soll sie nicht verschüttet werden, aus dem Wort beim letzten Mahl ein Dogma, soll es nicht vergessen werden, aus den grauslichen Bildern einer politischen Hinrichtung ein ewiges Leidensmal, soll das Opfer nicht umsonst gewesen sein, aus dem wankelmütigen, anfechtbaren Fischer Simon ein Bischof und strenger Hirte, der die Schafe in Sturm und Dunkelheit zusammenhält. „Ohne die Kirche hätte das Christentum sich nicht durch Jahrtausende entfalten können", sagt Karl Jaspers über das Selbstverständliche.

Der Geist muss sichtbar werden, in Form und Fassung. Die Institution ist die Dauer des Impulses, und man könnte nur darüber streiten, ob die Institution so mächtig und ursprungsfern, großartig und selbstgesetzlich sein muss, weil der Impuls so schwach oder zu stark gewesen ist.

Sie kommen wohl immer wieder, die Quellenwanderer, mit ihren Ursprungssehnsüchten. Sie gebärden sich als Mitglieder der ins mythische Halbdunkel abgesunken Urgemeinden, die aus erinnerter Anschauung lebten, sie haben mit den Zeugen gesprochen. Form und Fassung sind ihnen ein lästiger Zwang, die Kirche selbst ein beschwerliches Konstrukt, dass sie durch Lässigkeit und ironische Distanz überspielen. Sie duzen Jesus: wie könnten sie da einen Fischerring küssen? Sie spekulieren auf spontane Zustimmung und Sympathie, wenn sie das Menschliche gegen das Über-Menschliche stellen. Sie fühlen sich nicht als Träger einer Institution, sondern als Mitglied einer Bewegung. Aber alle Bewegungen lösen die Institution und damit die Fassung des Bewegenden auf. Ohne Form gibt es keine Dauer, und der stärkste Geist braucht die stärkste Form wie der heißeste Dampf den stärksten Kessel. Geist ist immer sichtbarer Geist, ohne Gestalt und Form ist er ein Fluidum, ein flüchtiges vergängliches Nichts, eine versickernde Quelle, ein Aperçu, das der Wind verweht, ein Pneuma, das keinen Sturm aushält, sondern von ihm aufgesogen wird.

Gewiss sagen sichtbare Dessous nichts über den Geist. Doch Formgesetze gelten auch für das Akzidentelle und fürs Dekor, für Äußerlichkeit und Etikette. Dennoch will Pitt den abstrakten Formbegriff nicht gegen die sympathische, menschlich reizvolle Formlosigkeit des Pastorenpaars ins Feld führen. Deshalb äußert er nur den bescheidenen Wunsch: etwas Förmlichkeit, bitte. Aber was geht es ihn an? Was sorgt er sich um Form und Dauer des christlichen Geistes, nimmt er doch an der Heilserwartung nicht teil. Mischt sich der Zaungast in ein Spiel im Garten des Nachbarn? Er erfährt aus Kunst und Wissenschaft, Gesellschaft und Politik, dass die menschliche Kreativität nach Formen strebt. Und die größte, die erstaunlichste, die sichtbarste Form ist die Kirche: als Haus und als Institution ist sie ein Symbol des menschlichen Geistes und ein Beispiel, zu dessen Erhaltung jeder denkende Mensch aufgerufen ist.

4

Die verlorenen Söhne

„Individualisierung" – auf diese Kurzformel bringen Soziologen, Kulturphilosophen und Marktpsychologen den Trend moderner Zeit. Das Stichwort ist mit einem anderen verbunden, dem von der Ungebundenheit.

Auch in gemeinschaftsstarken Kulturepochen hat es das Individuum in seiner gemeinschaftssprengenden Originalität und Ichliebe gegeben. Man musste aber wohlhabend oder sehr, möglichst klassisch, gebildet sein, um sich den Ich-Luxus leisten zu können. Die Renaissance- und Barockfürsten, die Bischöfe eingeschlossen, haben schon hervorragend den zivilisatorischen Phänotyp, der differenzierten und differenzierenden Ichgenuss liebt, verkörpert, in aller unschuldigen Gemeinschaftsvergessenheit. Aber das war die exklusive, elitäre Haltung der Privilegierten. Vergleichen wir den materiellen Komfort oder den kulturellen Rahmen der individuellen Glücksmöglichkeiten im 16. und 21. Jahrhundert, so war ein Borgia ärmer dran als ein mittlerer Angestellter heute. Der hat oft mit 30 Jahren mehr gesehen, mehr erfahren, mehr gelernt, ist weiter in der Welt herumgekommen, hat mehr Komfort, Luxus und Lebensfreude genossen, als eine Fürstlichkeit in der Pracht und Herrlichkeit der Renaissance in seinem ganzen, oft bedauerlich kurzen Leben.

Auf dem langen Weg der Individualisierung von Mensch und Kultur ist die Irreligiosität schleichend herangewachsen. Sie ist aus den politisch einflussreichen und bürgerlich oder akademisch (sogar theologisch) gebildeten Führungskreisen langsam und stetig wie in

Tropfsteinhöhlen in die „tieferen" und oft tief religiösen Gesellschaftsschichten herab- und eingedrungen, und die „freien Geister" (Nietzsche[18]) haben den Boden durchsäuert, aus dem sich immer mehr Geister nährten. Gott war der Herrscher über eine Gemeinschaft, der oberste in der Hierarchie der natürlichen Autoritäten. Das Individuum entläuft der Gemeinschaft und entläuft auch – oder zuerst? – dem Herrn. Nur manchmal kommt es zurück – deshalb auch die große biblische Freude über die Rückkehr des verlorenen Sohns. Es läuft einfach weg und vergisst seinen Vater. Gehorsam ist unteilbar: Das außerhalb der Gemeinschaft auf sich gestellte, um seine Selbstbehauptung kämpfende Individuum kann nur sich selbst gehorchen (nach Kant: „sich seines eigenen Verstandes bedienen"), allenfalls den zu seinem Schutz geschaffenen kollektiven Regeln und ihren Repräsentanten, aber nicht mehr einem Herrn, einem irdischen oder himmlischen. Seine Heilserwartung ist auf sich selbst und seinen zeitlichen Horizont begrenzt.

Die Wurzeln aller Bindungen und Rückbindungen (re-ligio) gehen weit zurück ins Mythisch-Vorzivilisatorische. In der kulturellen Evolution der menschlichen Art und in den wenigen Jahrtausenden ihrer zivilisatorischen Entwicklung hat sich die Loslösung von Wurzeln und aus Bindungen sehr langsam vollzogen. Ihr Tempo hat sich seit dreihundert Jahren stark beschleunigt. „Das wahrhafte Objekt der Religion", sagt Ernst Cassirer[19], „das einzige und ursprüngliche, auf das sich alle religiösen Gebilde und alle religiösen Äußerungen zurückführen lassen, ist der soziale Verband, dem der Einzelne unlöslich angehört, der sein Sein und sein Bewusstsein vollständig und durchgängig bedingt." Er hält alle kreativen Erscheinungen im frühen Menschenreich der symbolischen Formen für Produkte nicht des individuellen, sondern des sozialen Denkens. Der Mensch von heute habe eine „religiös-soziale Vorgeschichte".

Es spielt keine Rolle, ob der Ausbruch aus der Gemeinschaft von wissenschaftlicher Rationalität, vom philosophischen Aufbruch, vom künstlerischen Selbstentwurf oder vom Erwerbsstreben geleitet wird oder ob sich das Individuum Ersatzgemeinschaften mit eifersüchtig streitbaren Ideologien sucht, die neue Götter an die Stelle der alten setzen. Das Ergebnis ist das gleiche: der Verlust und das Vergessen des alten Gottes und der alten Gemeinschaft und des „Bundes" zwischen beiden und der innigen Sprache, die sie verbindet. Viele, ja die meisten Menschen leben noch in ihm, aber sie sind unabhängig von ihm. Bei fortgeschrittener Loslösung empfindet der Mensch ihm gegenüber noch den „ehrfürchtig vollen Ernst" oder ein Gefühl der Dankbarkeit, doch bei „praktischer Gleichgültigkeit" (Nietzsche), die sich in scheue Pietät kleidet. Wenn's schlimm kommt, verdrängt Abneigung, ja Hass die Gefühle positiven Erinnerns.

Der aggressive Atheismus schließlich ist so verstiegen wie der neurotische Vaterhass. Freundlich bleibt der so genannte Deist, der das Grab des Vaters, der alles einmal in Gang gesetzt hat und von dessen Erbe er lebt, wenigstens mit einem prächtigen Stein als Ausdruck des Respekts vor einer schöpferischen Leistung und mit schönen rhetorischen Blumen schmückt. Sympathisch sind auch die intellektuellen und poetischen Weltenschöpfer, die ihrer Gottheit faszinierende abstrakte Namen – regulative Idee, Ich, Weltgeist, Proletariat, Wille, Macht – geben. Sie tun es mit Phantasie, dem Mut zum Märchen, Witz, Scharfsinn, Passion, und ihre Unfähigkeit zum Glauben schenkt wenigstens Generationen von Akademikern und „freien Geistern" Amt, Brot und Ruhm und stiftet in der Dürftigkeit des Alltags die erhebende metaphysische Begeisterung, die ihrem aufs Individuelle und seine Idiosynkrasien gestellten Leben ohne Bindung fehlt.

An die Stelle der Gemeinschaft ist die Solidarität von Individuen getreten. Christus hat gewusst, warum er die Gemeinschaft, die Gemeinde – „wo zwei oder drei in meinem Namen versammelt sind" (Matth. 18,20) – als Gefäß des Glaubens braucht. Ein einzelner kann nicht glauben, gläubig ist der Mensch in der Gemeinschaft, und wo der Glaube ist, kann die Gemeinschaft wachsen. Die solidarischen und in ihren solidarischen Gruppen konkurrierenden Individuen können nur gewählten Göttern Altäre errichten und pseudoreligiöse Riten feiern, mit all den revolutionären, aufklärerischen, humanistischen oder „spirituellen" Tabernakeln selbstsüchtiger Heilserwartung. Hinter der äußersten Selbstgewissheit steht irgendwo noch ein existentielles Fragezeichen, oder oft machen sie Menschen zu Göttern.

Jesus hat den seinen Himmel suchenden reichen Jüngling, den er auf den Dornenpfad der Armut verwiesen hat, ja nicht mit der Plattitüde belehrt, niemand brauche Geld im Reich des Vaters. Doch jeder, der Geld hat, ist unabhängig von allen Gemeinschaften und kann sich befreien von sozialen Kompromissen und dem integrativen Zwang des Dienens, kann sich sogar in aristokratischer Distinktion gefallen. Viele Jahrhunderte lang waren die allermeisten Menschen arm: Wohlhabenheit war nichts anderes als das erhörte Gebet um's tägliche Brot. Wo es einen bescheidenen, wohl auch behäbigen Wohlstand gab, wirkte er noch nicht gemeinschaftssprengend, weil sein Erwerb in zünftlerische Reglements eingebunden war. Dass ausgerechnet im Schoß der gläubigen Gemeinschaft der Samen des Erwerbsstrebens und der kapitalistischen Akkumulation aufgegangen ist und ausgerechnet die puritanische „innerweltlich-asketische Lebensmethodik" (Max Weber[20]) das Phänomen des reichen Jünglings massenhaft erneuert und im explosiven Geist des Kapitalismus multipliziert hat, ist Ironie der Geschichte (oder die Strafe dafür, dass Luther selbst mit Hilfe seiner tüchtigen Frau, des „Herrn Käthe", das Priesteramt verbürgerlicht hat).

Das Geld und das Gewinnstreben in Konkurrenz sind trennende, individualisierende und differenzierende Mächte. Das Geld und der „Handelsgeist" machen „ungesellig", wie Immanuel Kant[21] bemerkt hat, und sperren den individuellen Geist in eine „Burg". Der Siegeszug des Kapitalismus hat seit dem 19. Jahrhundert auch das Individuum mit seiner schwächer werdenden Glaubensbereitschaft hochgepäppelt. Das feudalistische und das kapitalistische Individualprinzip wurden ergänzt durch das intellektualistische, das sich durch den ideellen Service für das Individuum rechtfertigte. Die Professoren und die mäzenatisch oder durch väterliches Erbe oder Pensionen alimentierten Intellektuellen (wie

Kant, Voltaire, Schopenhauer, Nietzsche) haben von den Herrensitzen des Geistes aus der Glaubensbereitschaft schwere Prüfungen beschert.

Als sich im 20. Jahrhundert die Annahme als Chimäre erwies, das Kapital schaufele den unüberbrückbaren Graben zwischen den antagonistischen Klassen, vielmehr in desaströsem Scheitern deutlich wurde, dass auch das sozialistische Armutsparadies munter und exzessiv mittels Macht, Privileg und Prämie differenziert, hat das „abendländische" Gemeinschaftsleben seine letzte Bastion verloren. Die gemeinschaftssprengende Individualisierung, die den Glauben und die Glaubensbegabung schwächt, scheint ein globales Phänomen zu sein, wenn auch die Ethnologen immer wieder auf irgendwelchen Inseln oder hinter Urwaldhecken eine Diaspora des lebendigen Gemeinschaftsgeistes neu entdecken.

Das Sakrament der erinnerten Gemeinschaft, das Abendmahl, in St. Gabriel und anderswo und überall, der Ruf in die Gemeinschaft, die Glaube ermöglicht – ist das ein Ruf zurück oder ein Ruf in die Zukunft oder ein Memento der Gegenwart, das inspiriert, eine Glaubensgenossenschaft zu etablieren, die Religion und Säkulares verbindet?

Jeder Glaubensverlust ist ein individuelles und gesellschaftliches Ereignis zugleich, ist beeinflusst durch überpersönliche Determinanten, durch Zufälle, durch Figurationen in den Gespinsten, die Ich und Welt verknüpfen. Die Literatur kennt viele Geschichten von Glaubenserweckungen. Der Glaubensverlust dagegen ist in der Regel kein grandios zu schilderndes Erlebnis, eher eine Sache melancholisch verblasster Erinnerungen. Natürlich gibt es persönliche Trennungsgeschichten von einiger Dramatik, so wie es viele Liebesgeschichten gibt, die in Enttäuschung enden. Aber niemand kann Geschichten erzählen von einem, den er vergessen hat. Vergessen? Man kann auch nichts und niemand vergessen, das oder den man nicht erlebt hat.

Vom spekulativen zum empirischen Befund: „Großer Gott", fragte die Illustrierte „Stern" im April 1987, „warum sind Deine Häuser leer?" Und sie schickte die Meinungsforscher des Instituts für

Demoskopie Allensbach durchs Land, die über 2000 Menschen nach ihrer Glaubenshaltung fragten. Es gibt viele andere und neuere Befragungen, die mit unterschiedlichen Fragen Unterschiedliches in die zwielichtige Helle der statistischen Gewissheit fördern. Aber der Befund ist immer klar: die privaten Gottheiten mit ihren individualistischen Altären und eine wachsende Gleichgültigkeit gegenüber Religiösem haben den „Herrn, dein Gott" und seine „heilige Kirche" zurückgedrängt.

Schon die Meinungsforscher, mit deren Hilfe die Akzeptanz einer Marke oder das Profil politischer Parteien erkundet werden soll, haben es schwer, die richtigen, verständlichen Fragen zu formulieren, die geeignet sind, dem „Mann auf der Straße" einigermaßen passgenaue Antworten zu entlocken (Pitt jedenfalls ist immer ein unzuverlässiger Helfer der Demoskopen, denn er weiß nie, wie er auf die grobschlächtige Neugier reagieren soll). Wie groß mag die Gefahr des Überfragens erst bei Fragen voller theologischer und katechetischer Subtilitäten sein? „Was ist das?" wird man mit Luther fragen, aber man kann sich darauf verlassen, dass die Methodik der Meinungsforscher sogar mit Fausts Ratlosigkeit gegenüber der basisfrommen Gretchenfrage fertig wird.

Können wir aus dem Meinungsspektrum eine Ahnung dafür entwickeln, wie groß die Zahl der „ungläubigen Christen" in den Kirchen sein könnte? Wenn sich laut Allensbach 55 Prozent der „Stern"-Befragten für einen „religiösen Menschen" halten, jedoch 66 Prozent an Gott glauben, könnte man argwöhnen, dass 11 Prozent ihren Gottesglauben nicht als ein religiöses Phänomen ansehen. Das ist nur eine Fußnote zu den terminologischen Problem jeder Befragung. Nur 3 Prozent outen sich trutzig als „überzeugte Atheisten", 15 Prozent glauben nicht an Gott und eine Gruppe von 19 Prozent – von der sich gewiss nicht alle als Agnostiker bezeichnen würden – stehen Gott „unentschieden" gegenüber. Allensbach[22] hatte Anfang der 1990er Jahre festgestellt, dass 72 Prozent der Deutschen in West und Ost einer der beiden großen Konfessionen angehörten, wobei der Osten mit weniger als 40 Prozent dabei war. Addieren wir die Zahl der bestimmt oder diffus gottesfernen Menschen auf 37 Prozent, könnten wir schließen, dass auch für etwa ein Drittel der Kirchenmitglieder Gott ein fremd gewordenes Wesen ist. Ist die Schlussfolgerung erlaubt?

Die 5. EKD-Erhebung über Kirchenmitgliedschaft von 2015 hat als Antworten auf die Gottesfrage ermittelt: 5,4 Prozent der befragten Kirchenmitglieder „glauben nicht, dass es einen Gott, irgendein höheres Wesen oder eine geistige Macht gibt", und 10,2 Prozent wissen „nicht genau", was sie glauben sollen. 61,1 Prozent haben eine klare Vorstellung von Gott und Sohnschaft und darüber hinaus vertrauen 23,3 Prozent auf „irgendein höheres Wesen oder eine geistige Macht." Den Glauben an ein Leben nach dem Tod (den man gewiss nicht mit dem Osterglauben verwechseln darf) haben 15,8 Prozent nicht und weitere 18,7 Prozent schwanken im Weder-Noch.[23]

Die empirischen Erhebungen scheinen aufgrund der Unbestimmtheit der Fragen und der Beliebigkeit ihrer Interpretation durch die Befragten in ihren Befunden allesamt fragwürdig zu sein. Nach einer für den „Spiegel" für seine Titelgeschichte „Wer glaubt denn sowas – Warum selbst Christen keinen Gott mehr brauchen"[24] in Auftrag gegebenen Befragung des Instituts Kantar Public glauben 75 Prozent der Katholiken „an einen Gott" (2005: 85) und 67 Prozent der Protestanten ((2005:79). Ähnliche beträchtliche Glaubenslücken zeigen sich danach bei anderen zentralen Glaubensinhalten. Waren die Befragten alle Kirchenmitglieder?

Um die künftige Statik der Kirche zu erforschen, sind 1992 die Religiosität und Spiritualität der Jugend in Alter von 12 bis 24 Jahren ausgeforscht worden[25]. Noch 93 Prozent der unter 20jährigen gehörten einer der beiden Konfessionen an. Von den befragten Schülern und Schülerinnen glauben in den „alten" Bundesländern 56 Prozent, in den „neuen" 16 Prozent an Gott. In der evangelischen Gruppe hat sich der Anteil derjenigen, die sich skeptisch gegenüber Jesus verhalten, von 1967 bis 1979 auf 49 Prozent verdoppelt, in der katholischen nur auf

38 Prozent. Von den Erwachsenen glaubten in den „alten" Bundesländern 61 Prozent an Gott, in den „neuen" nur 21 Prozent.

Nach der Allensbach-Untersuchung von 2017 gehörten 55 Prozent der Deutschen der evangelischen und katholischen Kirche an. Die immer fragwürdige Ausleuchtung des Glaubenshintergrunds zeigt, dass zentrale Glaubenskerne geschrumpft sind: So wird die Sohnschaft Jesu nur noch von 41 Prozent der Westdeutschen angenommen, die Auferstehung und das Reich Gottes von 28 Prozent und die Dreifaltigkeit von 25 Prozent, sogar von den Katholiken nur von 34 Prozent[26]. Diese Wertfragen waren nicht mit der Kirchenmitgliedschaft verknüpft. Halten wir sie jedoch an den immer noch sehr hohen Sockel der Kirchenmitglieder, müssen wir doch annehmen, dass von knapp einem Fünftel der Kirchenchristen das Glaubensbekenntnis nicht aus vollem (oder sollte Pitt sagen: ehrlichem) Herzen gesprochen werden kann. Das heißt: Sollten „ungläubige Christen" eines Tages auf die Idee kommen, sich von der Traditionskirche als eine Sekte der „ungläubigen" Christen abzuspalten, könnte sie zehn Millionen Mitglieder haben, wobei ihnen das Recht, das Prädikat „christlich" im Namen zu führen, nicht bestritten werden könnte, wie es ja auch bei politischen Parteien geduldet wird.

Renate Köcher[27] hat das Phänomen, das Pitt mit dem Begriff „ungläubige Christen" umreißt, aufgrund der Allensbacher Bekenntnisforschung vorsichtig zu beschreiben versucht. So wie der konfessionslose Religiöse „eine ziemlich seltene Art" sei, sei es auch der „überzeugte Atheist", der trotzdem Mitglied einer Kirche sei. Weitverbreitet sei jedoch zumindest in Westdeutschland nach wie vor die Konfessionsmitgliedschaft ohne starke religiöse Bindung. 43 Prozent der Bevölkerung Deutschlands stuften sich als religiös ein, im Westen 47 Prozent, im Osten 25 Prozent. Damit liege der Anteil der Konfessionsangehörigen weit über dem Anteil derer, die sich als religiös beschrieben. Bei dieser Betrachtung waren zwei Drittel der Bevölkerung in den Großkirchen organisiert. Von den Mitgliedern der protestantischen Konfession beschreiben sich 53 Prozent als religiös, von den Katholiken 64 Prozent.

Was immer die Zahlen sagen mögen: In beiden Kirchen gibt es ein deutliches Delta zwischen dem Soll des Kirchenideals und dem Ist der kirchlichen Praxis.

Insofern hatte der als konservativ bekannte Fuldaer Kardinal Johannes Dyba recht, wenn er sich von der Frage, ob ihm die Kirchenaustritte Sorge bereiteten, unbeeindruckt zeigte: „Es gibt sowieso viel zu viel Ungläubige innerhalb der Kirche".[28] Das klingt nur dann nicht zynisch, wenn er, echt johanneisch, hinzufügte, es gehe ihm nur um die Glaubenssubstanz. Sein Kardinalskollege Karl Lehmann machte sich als ein nicht „schlechter Hirte" Sorgen, war aber zuversichtlich, die in einem ungewissen Sinne Ungläubigen erreichen zu können, „solange noch ein kleiner Funke glüht."[29]

Natürlich schrumpfen die Kirchen: wie sollte es anders sein in einer Welt persönlicher Autonomie, die Kirchen den Charakter der faktischen sozialen Zwangsgemeinschaft genommen hat. Ihr Schrumpfen verwundert nicht, ihre relative Stabilität ist das Wunder. In den Jahren 1990-2013 traten 3,2 Millionen Menschen aus der römisch-katholischen Kirche aus, bei einer Mitgliederzahl 2013 von 24,2 Millionen. Die evangelische Kirche verlor 4,5 Millionen Menschen, bei einer Mitgliederzahl 2013 von 23,1 Millionen. Das ist eine durchschnittliche jährliche Verlustrate von 130 bis 180 Tausend. Allerdings: Von 2016 auf 2017 haben sich die Mitgliederzahlen um 268 Tausend (kath.) und 390 Tausend (ev.) vermindert (nicht gegengerechnet die Eintritte bei beiden Kirchen).[30] Die „Kirche im Sozialismus", die im ehemaligen DDR-Kirchenbund zusammengeschlossenen Landeskirchen, hatten von 1984 bis 1986 415 Tausend Mitglieder verloren, bei einer Mitgliederzahl von 6,4 Millionen.[31] Neben den Kirchenaustritten drücken die demografischen Tendenzen auf die Mitgliederzahlen.

Es ist die Sache der Kirchenleitungen, sich Gedanken über die Qualität der Kirchenmitgliedschaft zu machen. Pitt ist erstaunt über die Beharrlichkeit der Quantität. Gewiss wird sie von den Kirchenoberen, die auch gute Haushalter sein müssen, mit Erleichterung registriert, zumal die Einnahmen aus der Kirchensteuer trotz schrumpfender Zahl der Köpfe dank der anhaltenden Erhöhung der steuerpflichtigen Brutto-Einkommen vorläufig noch steigen. Sie werden die Radikalität des vom „Stern" zitierten Wilfried Pioch, des evangelischen Pastors an der Ahrensburger Schlosskirche, nicht teilen, dem der Gedanke, die Kirche lebe und arbeite auch mit den Steuern Ungläubiger, unerträglich ist: „Ich würde das abschaffen, wenn ich das könnte." Auf Einnahmen oder Mitglieder verzichten? Welcher Verein täte das und sagte mit Pastor Pioch: „Ich kann nicht wirklich traurig sein, wenn einer aus der Kirche austritt, der alle Bindungen an sie verloren hat. Mehr betrübt mich, dass wir ihm den Glauben nicht vermitteln konnten." Sympathisch, aber realitätsfern. Sogar die 5. EKD-Studie bekennt sich zu einem skeptischen Realismus und zweifelt, ob eine Kirche die „persönliche Frömmigkeit" ihrer Mitglieder als „Stabilisierung des je eigenen Glaubenslebens überhaupt fördern" könne.[32] Pastor Pioch jedenfalls hat sich sehr bemüht und eine „Neue Kinderbibel" geschrieben, „um mit Kindern von Gott reden" zu können.

Genossenschaften, die als solidarische Verbände mit ihrem Kopf-Stimmrecht und ihrer demokratischen Selbstverwaltung eine gewisse institutionelle Verwandtschaft mit Kirchen haben, können Mitglieder, die ihre Leistungen für eine längere Zeit nicht in Anspruch nehmen, ausschließen. Mitglied einer Genossenschaft wird man ja nicht, um eine gute Verzinsung auf den Genossenschaftsanteil zu haben, sondern um sich selbst und damit die Gemeinschaft im gemeinsamen Nutzenkonzept zu fördern. Die alten sozialistischen und christlichen Konsumgenossenschaften, die vor 1933, als sie von den Nationalsozialisten zerschlagen wurden, immerhin 4 Millionen Mitgliederhaushalte hatten, schlossen ihre Mitglieder rigoros aus, wenn sie zwei Jahre nicht in ihren Läden gekauft haben. Sie hatten die nichtkaufenden, also gewissermaßen illoyalen Mitglieder unter Kontrolle, weil die wegen der Beteiligung an den „Erübrigungen", der Rückvergütung, ihre Umsätze nachweisen mussten. Die Kirchen können ihren Mitgliedern nicht in die Seele schauen. Sollten sie etwa 57 Prozent ihrer Mitglieder, weil sie selten oder nie zur Kirche gehen, ausschließen, sollten sie die nur nominellen Christen oder die, die nie an den Tisch des Herrn treten, aus ihren Mauern drängen? Oder nur die Pitts, die als Kirchenmitglied bekennen: ich glaube nicht und nimmer.

Kirchenmitglieder, die ihre normale Christenpflicht nicht erfüllen, müssen einen Ausschluss nicht befürchten. Aber Sanktionen sind nicht ausgeschlossen. Der getaufte Christ bleibt in der kirchlichen Gemeinschaft, auch wenn er gegenüber staatlichen Behörden seinen Austritt erklärt: er zahlt dann keine Steuern mehr. Wer will ihm praktisch verwehren, von den kirchlichen Diensten zu profitieren? Der zeitweilige Ausschluss vom Abendmahl ist eine Sanktion, also eine versuchte Zwangsmaßnahme, um einen widerstrebenden oder fahrlässigen Christen zur Räson zu bringen (was in der katholischen Kirche für erneut heiratende Geschiedene sehr bitter sein kann). Die – neben der Hauptsache, der Verkündigung – zum Wesen der kirchlichen Mitgliedschaft gehörenden Gratifikationen oder „Leistungen" wie die Gelegenheit zu Gebet, Meditation oder Reflexion im bergenden Schutzraum von Kirchenschiffen und Kapellen, pastoraler Trost in schwierigen Lebenslagen, die Eheschließung mit priesterlichem Segen, die Aussegnung, die Sinngebung in Predigten, können prinzipiell bei einer krass-manifesten Fehlhaltung des Kirchenmitgliedes verweigert werden, doch in praktischer Hinsicht geschieht das nicht. Kirchen sind offene Gnaden-, Heils- und Trostorte; selbst der Mörder, der in schlimmster Weise gegen die Christenpflicht verstoßen hat, konnte sich des Beistandes an einem Schafott sicher sein. Diese Gratifikationen stellen in ökonomischer (nur in dieser!) Betrachtung die „selektiven Anreize" dar, die Menschen ohne innere Bindung bewegen, Mitglied zu sein und zu bleiben und mit ihrer Steuerleistung dazu beizutragen, die Produktion der Heilsgüter, die niemand verweigert werden sollen, zu sichern.

Wenn wir aus den verschiedenen Untersuchungen der letzten dreißig Jahre immer wieder erfahren, dass mal drei, mal zwei Prozent der

Kirchenmitglieder entschlossen waren, den Austritt endlich zu erklären, und wenn regelmäßig 25 oder 30 Prozent den Austritt erwogen und 69 Prozent der „religiös Indifferenten" schon einmal an einen Austritt gedacht haben und sogar 9 Prozent der Mitglieder, für die der Glaube eine große Rolle spielt, schon von dem Gedanken an einen Austritt beunruhigt waren – ja dann ist die institutionelle Treue der Christen doch nur als außerordentlich stark zu bezeichnen. Selbst schreckliche Vergehen des pastoralen Personals an Schutzbefohlenen, die am Anfang unseres Jahrhunderts alle Hirten und Bischöfe verurteilt haben, lassen den Zeiger auf der Skalentafel der Austrittsbereitschaft nur leicht zittern wie den auf dem Barometer bei drohendem Regenwetter.

Man kennt nicht die Motive der Bleibenden, man kennt nur die von Allensbach, „Stern" und Kirchenämtern erfragten Motive der Flüchtigen, die sich durch ihre Entscheidung aus der Kirche ausgeschlossen haben. Wahrscheinlich antworten am ehrlichsten die ökonomischen Rationalisten: 66 Prozent der Ausgetretenen wollen nicht länger Kirchensteuer zahlen. Fragt man einen Kirchenflüchtling Auge in Auge nach seinem Motiv, wird er den Geldgrund lebhaft bestreiten. Da Mehrfachnennungen möglich sind, vermischt sich das Hauptmotiv mit Nebenmotiven, die aber dominierend sein können: 54 Prozent sagt die Kirche nichts mehr, viele haben sich über das Personal geärgert, einigen ist die Kirche zu reich, anderen zu politisch, manchem passt die ganze Richtung nicht. Und einige demonstrieren die Hassliebe von Enttäuschten wie Heinrich Böll, der nach spektakulärem Austritt still wieder eingetreten ist, wie es Günter Grass in der Partei getan hat, für die er „gekräht" hat. Grobschlächtige Motive für subtile Entscheidungen.

Das Motiv der kleinsten Gruppe gibt Pitt besonders zu denken: 6 Prozent sind ausgetreten, „weil ich auf niemanden mehr Rücksicht zu nehmen brauchte, der wollte, dass ich in der Kirche bin". Die originellste und ontologisch klügste Antwort auf diese leidige und lästige Frage an einen, der nicht an den „lieben Gott" glaubt, gab der treue Katholik und frühere Außenminister Joschka Fischer: „Da ich nicht eingetreten bin in die Kirche, trete ich auch nicht aus."³³ Könnten diese Hinweise auf den zwangsgemeinschaftlichen Charakter der Kirche nicht vielleicht das Hauptmotiv für die vielen sein, trotz Gleichgültigkeit oder innerer Distanz in der Kirche zu bleiben, koste es was es wolle? Oder vielleicht die simplere Version dieses Motivs? Der Organisator einer Volksmission der Nordelbischen Kirche, die 1985 in den Hamburger Vororten St. Pauli, Hummelsbüttel, Langenhorn und Poppenbüttel fürs „praktiziertes Christentum" warb, hat seine Erfahrung an 100.000 Haustüren gemacht. Otto Diehn sagte: „Heute ist es einfach nicht mehr ‚in‘, auszutreten; man zahlt seine Kirchensteuer einfach aus Gewohnheit."³⁴ Und tatsächlich sind ein durchschnittlicher Kirchensteuerbeitrag von 16 € im Monat, wie der Hamburger Probst Karl-Heinrich Melzer mit dem Hinweis auf das Äquivalent eines Mittagessens oder zweier Kinokarten mitteilte³⁵, oder auch Monatsbeiträge von Gutverdienern von 60 oder 80 Euro kein überwältigender Grund, mit Gewohnheiten zu brechen.

Was ist Gewohnheit? Eine Hängematte der Seele, die instinktive Abwehrreaktion gegen Veränderungen, bequeme Rationalisierung von Entscheidungen und Tun, Gedankenlosigkeit, stillschweigende soziale Rücksichtnahme, unreflektiertes Arrangement mit Menschen und Regeln, Wohlsein im Wiederholungszwang oder nur ein banales Wort für eine sublime Sache: Tradition? In religiöser Hinsicht kann sie grundiert sein von der stillen Furcht vor den stirnrunzelnden Sanktionen und nachteiligen Repressalien der Familie und der Gesellschaft – der Großmutter, der Erbtante, der Frau? Der Vorgesetzten, der Kollegen? Da ist die Freundin, die für die Trauung eine Jungfer, der Neffe, der einen Paten braucht. Und Hans Küngs Beerdigungsmotiv nicht zu vergessen: Es ist nicht jedermanns Sache, am Katafalk den gemieteten Institutsredner und Verdis „Flieh, Gedanke, auf Flügeln der Sehnsucht" (was nichts gegen die herrliche Melodie sagt) zu hören. Wir dürfen die Macht unserer sichernden Gewohnheiten nicht unterschätzen. Wir lieben die Gewohnheit, weil wir in ihr nicht argumentieren müssen. Sie ist unser freundlicher Beistand im Beweisnotstand. Das Geld ist ein zu schwacher Hebel, um uns aus Gewohnheiten zu reißen.

Das Ritual ohne Glaubenshintergrund könnte das schwache Geräusch eines leer laufenden Motors sein. Es könnte auch die verdorrende, noch zäh haftende Wurzel eines Gemeinschaftslebens sein, aus dem Glaube und Religion entstanden sind, eine Waffe der sich gegen den triumphalen Individualismus verteidigenden Gemeinschaft. Vielleicht ist die Gemeinschaft die stammesgeschichtlich und kulturell stärkste aller „Gewohnheiten". Pitt erinnert – weil heute gerade der Ostersonnabend ist – an Goethes Faust. Gerade hat sich der Ausbund des unbändigsten Individualismus zum letalen Austritt, dem letzten Freiheitsbeweis des Individuums, entschlossen, da kommen die Chöre der Engel und der Weiber mit ihrem Ostergesang, der Faust an den alten „neuen Bund" erinnert, auch an seine gemeinschaftstrunkene Jugend, und er bleibt im Leben und in der Gemeinschaft, zurückgerufen durch des „Glockentones Fülle", an dessen Klang er „von Jugend an" gewöhnt ist.

Wenn die Mitgliedschaft in einer kirchlichen Gemeinde trotz einer in der Kette der Generationen schon verflogenen oder nur noch in Krümeln bewahrten Substanz des Glaubens formell aufrechterhalten wird, muss sie einen Nutzen, eine Bindewirkung haben, die über die Glaubensbindung hinausweist. Vielleicht – was zu betrachten ist – tritt das glaubenslose Individuum nicht aus der Gemeinschaft der Gläubigen aus, weil es seine Wurzeln nicht im Glauben, wohl aber in der gläubigen Gemeinschaft behalten will. Der Kirchenaustritt wäre dann mehr als das Weglaufen und Wegbleiben von einer Institution ohne Autorität und Attraktivität. Er wäre die Loslösung von einer Kraft, die eine soziale Entbindung und Separation des Individuums verhindert oder verlangsamt. Der Taufschein, der nicht zurückgegeben werden kann, verbrieft den Nutzen der Gemeinschaft wie eine Steuerkarte oder ein Pass. Aus einer Heimat tritt man nicht aus, selbst wenn sie längst verloren ist.

Und jetzt kommt auch wieder die „Logik des kollektiven Handelns" ins Spiel, die Mancur Olson analysiert hat. Jede Großorganisation, die zahlende Mitglieder hat, produziert ein „öffentliches Gut", dessen Nutzen für das Mitglied zwar wichtig ist, aber weit über den persönlichen Nutzen hinausgeht. Das Mitglied kann sich jetzt sagen: Mein Beitrag zur Produktion dieses Guts ist relativ so klein, so marginal bedeutungslos, dass sie auch dann erfolgreich fortgesetzt werden kann, wenn ich mich nicht an ihr beteilige und meinen Beitrag spare. Wer eine Partei verlässt, kann sich immer noch darauf verlassen, dass sie das öffentliche Gut „Mitwirkung an der politischen Willensbildung" (Artikel 21 des Grundgesetzes) weiter erfolgreich produziert. Auch das Gewerkschaftsmitglied, das den Beitrag sparen will, weiß, dass es auch künftig von den von der Gewerkschaft erstrittenen Tarifverträgen den Nutzen haben wird (wenn nicht alle austreten).

Vor diesen allgemeinen Problemen stehend, erfinden Organisationen oft Nebennutzen, die nicht „öffentlich" sind, so genannte „selektive Anreize" als exklusive Leistungen für Mitglieder, die mit dem Hauptzweck der Vereinigung wenig zu tun haben, wie z. B. eine prämienfreie Freizeitunfallversicherung für beitragstreue Gewerkschaftsmitglieder. Wenn Ehrenamtliche in den kirchlichen Gemeinden Kaffeefahrten, Pfadfinderklubs, Mütterkreise, Orchester u. ä. organisieren und betreuen, dann haben sie nicht nur eine zusätzliche Bindungswirkung im Auge, sondern auch die werbende Wirkung auf neue Mitglieder, und insofern werden sie auch diese Dienste nicht exklusiv für Mitglieder anbieten. Die Kirche ist vielleicht der größte und offenste Anbieter sozialer Veranstaltungen in unserer Gesellschaft.

Kommunion und Konfirmation, Taufe, Trauung, das christliche Begräbnis – das gibt es (in der Regel) nur für Mitglieder. Das höchste Sakrament, den Zutritt zum Tisch des Herrn, könnten sich zwar auch Trittbrettfahrer erschleichen, aber das tun gläubige Christen, sollten sie die Kirche verlassen haben, gewiss nicht. Organisationspolitisch ist die Kirche in einer stärkeren Position als andere Großorganisationen, solange die Kirchenmitglieder in der kirchlichen Amtshandlung einen Nutzen – oder Sinn – für sich erkennen.

Drinnen und draußen: natürlich ist die Diskussion über die formelle und die substantielle Mitgliedschaft in der Kirche oberflächlich. Die Kirche ist, wie Gott, für alle da. Die Kirche ist auch eine Werbegemeinschaft Gottes, ins Leben gerufen von seinem Sohn, gegründet von den inspirierten und begabten Organisatoren Petrus und Paulus. „Buten un binnen" – sagen die Bremer Kaufleute an ihrem „Schücking". In der Krypta ihrer Kathedrale ist das dem zweitausendjährigen Mann egal.

5

Die strafende Gemeinschaft

Je kleiner, je intimer, je exklusiver eine Vereinigung, desto stärker der innere Zusammenhalt, die soziale Kontrolle und der Zwang zur Loyalität. Wer in einen offenen Widerspruch zum Gruppenziel oder Gruppenwillen gerät, wird, wenn der stille Harmonieterror nicht mehr wirkt, hinausgedrängt. Die große Vereinigung, die in sich differenzierte, die binnenpluralistische, deren Ziele übergreifender und abstrakter sind, muss gegenüber Dissidenten toleranter sein. Einen Einzelnen ausschließen zu müssen, bedeutet in der Regel, ganze Gruppen ausschließen zu müssen, soll die Entscheidung nicht willkürlich sein, und das kann zur Spaltung der Organisation führen. Gemessen an der Zahl ihrer Mitglieder und den vielfältigen individualistisch-häretischen bis querulatorischen Zellen, die in jeder größeren Organisation verkapselte Geschwulste bilden, ist der förmliche Ausschluss ein seltenes Phänomen. Wenn eine „Volkspartei" ein Mitglied wegen einer Abweichung von der durch Beschlüsse festgestellten Mehrheitsmeinung ausschlösse, könnte sie gleich das „Volk" ausschließen.

Die größte Organisation, der Staat, die Organisation mit dem allgemeinsten Ziel, nämlich dem der friedlichen Regelung des menschlichen Zusammenlebens, darf überhaupt kein Mitglied ausschließen. Er muss sich mit den Mitgliedern arrangieren und kann sie höchstens als Gesetzesbrecher vorübergehend „einschließen". Der gröbste Verletzer des zivilisatorischen Grundgesetzes ist ein Staat, der sich das Recht anmaßt, missliebige Bürger „auszubürgern". Ein Staat darf sich nicht mit einer Schrebergartenkolonie verwechseln, wie das die Nationalsozialisten seit 1933 getan haben.

Die zweitgrößte Vereinigung ist die Kirche (oder die großen Volkskirchen). Sie hat grundsätzlich das Recht, ein Mitglied auszuschließen, hat sich aber im Laufe der letzten Jahrhunderte nach und nach dieses Rechtes begeben. So haben die Synoden der evangelischen Kirchen von Hessen-Nassau und des Rheinlands die „strafenden" Paragraphen ihrer Ordnungen schon seit langem gestrichen.[36] Ihr diesseitiges Organisationsziel ist nur etwas enger als ein Staatsziel. Fiele die Kirche, wie es die Urchristen erwarteten, dereinst mit dem Reich Gottes in eins, hätte sie auch das Recht verloren, ein Mitglied auszuschließen.

Alle Großorganisationen legen ihre eigenen, früher oft rigorosen Regeln immer laxer aus und brechen wie die Kirchen alle „Modernisteneide", die von Funktionären und Amtsträgern der katholischen Kirche einmal eingefordert worden waren, um sie daran zu hindern, Normen aufzuweichen und die Organisation durch ungeregelte eigene Initiative zu verändern. Es mutet paradox an, wenn der Vatikan gegenüber den deutschen Bischöfen feststellt, dass ein Katholik, der vor einer staatlichen Behörde seinen Austritt aus der kirchlichen Steuerzahlergemeinschaft erklärt, nicht aus der Kirche ausgeschlossen werde, was in früheren Jahrhunderten den gesellschaftlichen Tod bedeuten konnte. Er wird nicht einmal mit einer „Tatstrafe" belegt, einer Strafe, die der Tat auf dem Fuße folgt, weil das Urteil selbstverständlich ist. Er wird nur in einer leichten Form exkommuniziert, nämlich bis zur aufrichtigen Buße oder Umkehr aus der Sakramentsgemeinschaft ausgeschlossen[37], was ein Steuerflüchtiger nicht als Risiko empfinden wird. Vom großen und vom kleinen Bann, wie in früheren Zeiten, spricht man nicht mehr. Die katholische Kirche hat sich immer entschiedener gegen innere Widersacher geschützt als die evangelische. Die evangelische Kirche ist schließlich in einem Bann entstanden.

Pitt hat sich in der Kirche von St. Gabriel freiwillig einem kleinen Kirchenbann unterworfen. Wie Paulus an die Korinther schreibt (1. Kor.

14,24): „Wenn alle prophetisch reden, und es kommt dann ein Ungläubiger oder Uneingeweihter herein, dann wird er von allen überführt, von allen gerichtet. Die Geheimnisse seines Herzens werden offenbar. Er fällt auf sein Antlitz und betet Gott an und bekennt, dass in Wahrheit Gott in eurer Mitte ist." Ja, dort wurde Pitt durch die Regie des Mahls gezwungen, ein Geheimnis seines Herzens zu offenbaren. Zwar betete er Gott nicht an, aber er wusste, dass „in Wahrheit Gott in eurer Mitte ist". Der Glaube der anderen ist für ihn ein wahrer Glaube. Das hat er nicht „bekannt", aber erkannt. Ohne Gott in der Mitte gibt es keine Kirche. Pitt ist ein Mitglied dieser Kirche, und er will es bleiben. Gott ist nicht in seinem „Herzen", aber die Kirche ist es. Kann die Kirche Petri ihr Mitglied Pitt ausschließen? Der Sünde wider den Geist, der „Lästerung" – wie sie Matthäus (12,31) beschreibt – ist Pitt nicht schuldig. Er begeht nicht die Sünde, die nicht vergeben wird. Er ist ein Fürsprecher der Kirche, die ein Gefäß und eine Fassung des Geistes ist, den er aufrichtig bewundert. Er tut nichts, um den Sinn und die Stabilität der Institution zu gefährden, ja, er tut manches, um die Glaubensgemeinschaft in der Zeit zu sichern. Die Kirche braucht nicht Pitt. Sie kann gern auf seine reservierte Mitgliedschaft verzichten. Aber vielleicht braucht Pitt die Kirche. Wenn er sie nicht brauchte, würde er sie verlassen. Die Kirche wird ihn nicht los.

Eine Gemeinschaft, sei sie noch so menschenklug oder tolerant, kann auf „Zwangsmaßnahmen" gegenüber ihren in Geist und Tat regelwidrig lebenden oder agierenden Mitgliedern nicht verzichten. Sie muss ihren Geist, ihr Gesetz, ihre Regel in ihrem Gemeinschaftsleben immer wieder bestätigen, und dazu gehört auch die Missbilligung, die Sanktion. Was geahndet werden muss, unterliegt dem Meinungswandel der Zeit, und die Meinungen machen ihre Sprünge von Generation zu Generation. Und immer weniger wollen sich von Traditionen erdrücken lassen.

Noch an Pitts Lebensbeginn verweigerte die katholische Erzdiözese Baltimore dem Autor des „Großen Gatsby", Scott Fitzgerald, die Beisetzung in geweihter Erde neben seinen Eltern und Großeltern auf

„Saint Mary's" in Maryland. Er habe „seine österliche Pflicht nicht erfüllt" und sei länger als ein Jahr vor seinem Tod nicht zur Kommunion gegangen. Mag sein, dass dem Bischof der Lebenswandel und die „zerrütteten" Bücher zuwider waren, jedenfalls stieß die Gemeinschaft den Entlaufenen und Verlorenen – der ja auch als „romantischer Egoist" eigentlich nur das verirrte Schaf des Gleichnisses (Matth.18,12) war – posthum aus. Der Pfarrer William Silk, der eine Generation später, 1975, in Rocksville amtierte, kannte Fitzgeralds Bücher besser: ihm waren sie ein Spiegel der „menschlichen Unvollkommenheit". Und auch der Erzbischof, William Daum, hatte kein Verständnis mehr für das Anathema seiner Vorgänger, sah in den Werken des Verfemten den „Kampf zwischen Gnade und Tod" und in seinen Helden Unverstandene, die „in diesem großen Drama Gott und die Liebe gesucht" hätten. Scott Fitzgerald wurde wieder in die Gemeinschaft aufgenommen und mit der Grabrede des Pfarrers auf Saint Mary's umgebettet, zusammen mit seiner kapriziösen Frau Zelda.[38] Auf dem Grabstein steht der letzte Satz des „Great Gatsby": „So we beat on, boats against the current, borne back ceaselessly into the past."[39]

Ja, Fitzgerald hat eindeutig gegen die Regel der Gemeinschaft verstoßen. Nur eine gnädige Interpretation seines Verhaltens hat ihn verschont. Wer nimmt sich das Recht, Regeln zu interpretieren? Natürlich braucht der Individualist, der nur sich selbst verantwortlich ist, keine Regeln. Was im Schachspiel mit dem Computer nicht möglich ist, kann im Umgang mit dem größten Computer – als dessen Erfinder Gottfried Wilhelm Leibniz den Gott seiner „Theodizee" sah – nicht möglich sein: den regelbewussten Hüter und Schiedsrichter der Gemeinschaft regelwidrig zu überlisten.

Die Kirche ist die Gemeinschaft der Gläubigen, der „Heiligen", wie die Bekenntnisformel sagt. Der Glaube ist nach dem Konzil von Trient (1545-1563), dessen Beschlüsse endgültig die protestantische und die katholische Kirche trennten, für beide der Grund christlicher Existenz. Ohne den Glauben an die Gottessohnschaft des Mannes in der

Krypta von St. Petri würden von Bremen über Rom bis Yamoussoukro an der Elfenbeinküste alle Dome einstürzen.

Muss die Kirche um ihrer Stabilität willen nicht alle Ungläubigen ausschließen? Aus lebenspraktischen Gründen wäre sie natürlich nicht gut beraten, das zu tun. Die Kirche wird ihre Aufgabe auch darin sehen, die Menschen, die sie durch die Taufe gewonnen hat, zum Glauben hinzuführen und im Glauben zu festigen. Taufscheinchristen sind sie alle, aber wer will unterscheiden, ob sie Glaubens- oder Scheinchristen sind? Kann der Pfarrer doch nicht den Menschen in das Herz schauen. Es gibt einen Prüfstein, gewiss, im gesprochenen Glaubensbekenntnis, in der Teilnahme am Abendmahl. Doch der Taufscheinchrist, der das Bekenntnis spricht, kann ein liebedienerischer Opportunist, ein Taktiker oder gar ein heidnischer Magiker sein. Die Kirche ist gut beraten, die Glaubensfrage nicht inquisitorisch zu stellen, sondern sie offen zu lassen und den Schein für das Sein, das Verhalten für die Haltung zu nehmen und Glauben, Glaubensbereitschaft und Glaubensfähigkeit zu vermuten. Die Mission hört nicht mit der Taufe auf, und das Gemeinschaftsleben der Kirche selbst ist ein missionarisches Magnetfeld.

Aber da ist einer wie Pitt. Er ist Mitglied seiner Kirche seit achtzig Jahren, und er glaubt nicht (und hätte auch nur noch wenig Zeit, es zu lernen). Er hat ein paar Mal bei kirchlichen Zeremonien als Liebhaber großer Literatur das Bekenntnis wie ein schönes Gedicht gesprochen. In pflichtgemäßer Ernsthaftigkeit hat er es das letzte Mal vor seiner Konfirmation in St. Jakobi gesprochen, ja, als Solist vor der Gemeinde, und er hat es mit artistischem Eifer getan, denn es wäre ja niederschmetternd blamabel gewesen, im Text stecken zu bleiben. Seine roten Ohren hatten nichts mit dem Gefühl der Unwahrhaftigkeit zu tun. Es ging um den fehlerfreien Text, um das Schulpensum, um Perfektion im Unverstandenen, wie er sie ja auch demonstrieren musste, wenn's galt, Schillers „Ideal und das Leben" aufzusagen, Verse, deren Sinn sich ihm zwanzig Jahre später erschloss. Aber als Virtuose der Äußerlichkeit war der Konfirmand gut.

Nein, er meint nicht, dass er jemals glauben werde. Er ist unempfindlich gegen den werbenden Charme der gläubigen Gemeinde. Er sitzt in der Krypta vor dem Gekreuzigten und fühlt, dass der leidende Mann, der in seiner Schwäche mächtig wie kein zweiter die Welt bewegte, einen großen, einen überwältigenden Eindruck auf ihn macht. Mensch, Gott, Gottessohn, Menschensohn, Mensch? Der alte arianische Streit anno 325 interessiert ihn nicht. Er hat einmal als neugieriger Zaungast am Gottesdienst einer koptischen Gemeinde in Frankfurt a. M. teilgenommen, jener Altchristen und monophysitischen Schismatiker (oder waren es die anderen?), die die Konzilsentscheidung von Chalkedon (451) abgelehnt hatten. In der mitgelesenen Liturgie war ihm auf aufgefallen, dass die Gemeinde ihren Herrn als guten und gütigen „Freund des Menschengeschlechts"[40] anrief. Ja, er begegnete einem Genie der Freundschaft, das den allerhöchsten Preis für die Solidarität mit Freund und Feind, nah und fern, heut' und morgen, bezahlt hat. Als seinen Freund könnte er Jesus Christus auch sehen (zumal in seiner arianisch-menschlichen Gestalt). Aber einen Freund mögen wir, wir schätzen ihn – aber an ihn glauben? Doch wäre eine Freundschaft mit ihm in einer Gemeinschaft von Freunden nicht an den Glauben gebunden?

Die Kirche braucht den Glauben als ihren Fels. Sie kann das ungläubige, das „falsche" Mitglied ertragen, wie sie vieles in den Gefährdungen von zweitausend Jahren ertragen hat. Sie kann auch, der Toleranz ihres Gründers folgend, die irrenden, suchenden, zweifelnden, zagenden Mitglieder mit sich tragen, sich von Frömmlern, Heuchlern, Lauen und der bigotten „Andächtelei" (Kant)[41] nicht irritieren lassen, auch mit Profiteuren wird sie fertig. Aber kann sie zusehen, dass immer mehr ihrer Mitglieder beim Glaubensschwur „in die Nische treten", wie manche sagten, die einen politischen Eid auf eine falsche Person und Sache ablegen mussten?

Pitt sollte es seiner Kirche leicht machen und sie verlassen. Warum tut er es nicht? Selbst gläubige Christen verlassen die Kirche, wenn sich ihr Gewissen in einen unaufhebbaren Konflikt mit dem kirchlichen Lehrwort stellt.

Der heilige Thomas von Aquin hat gesagt, man sei von Gewissens wegen verpflichtet, aus der christlichen Gemeinschaft auszuscheiden, wenn man an die Gottheit Christi nicht mehr glauben könne.[42] Nicht mehr! Hundertmal stärker müsste das Gewissen dem schlagen, der „nicht" oder „nie" glaubt. Hat Pitt kein Gewissen?

Sagt uns nicht das Gewissen, die letzte Autorität jenseits von Gemeinschaft und Gesetz, wir sollten nichts tun, von dem wir nicht überzeugt seien, dass es mit unserem „privaten" Sittengesetz übereinstimme? Mitglied einer Partei oder eines Berufsverbandes können wir mit einem 51-Prozent-Konsens sein. Mit knappen positiven Salden von Lust und Frust einer Gemeinschaftszugehörigkeit sollten wir im Glauben nicht rechnen, da geht es ums Ganze, um „ja, ja" oder „nein, nein" (Matth. 5,37).

Immanuel Kant hat – als er über die „Religion innerhalb der Grenzen der bloßen Vernunft" nachdachte und dabei auch den „Leitfaden des Gewissens in Glaubenssachen"[43] spann, Pitts Fall, den des nicht-bekennenden Gemeindemitglieds, gar nicht bedacht. Er hat nur gefragt, ob der Christ den bekannten Glauben und seine Inhalte mit seinem Gewissen, seinem Wissen um seine private Wahrheit (die natürlich eine Vernunftwahrheit ist), vereinbaren könne. Ihm geht es um die „Unredlichkeit in Religionsbekenntnissen" in einer Zeit, in der konfessionelle Abstinenz die bürgerliche Existenz bedrohen konnte (erst 1873 kam das preußische Gesetz über die Grenzen des Rechts zum Gebrauch kirchlicher Straf- und Zuchtmittel, das ein nachteiliges Übergreifen des Kirchenbanns auf die bürgerliche Position wenigstens auf dem Papier verhinderte, eine Frage, die in gegenwärtigen arbeitsrechtlichen Prozessen noch eine Rolle gespielt hat).

Kant hat durch seine Philosophie dazu beigetragen, dass wir „säkularisierten Diesseitsmenschen" (Tankred Dorst)[44] uns um heuchlerische, wahrhaftige oder zweckmäßige Glaubensbekenntnisse keine Gedanken machen müssen, Wir wissen, wie jeder Christ, zwischen „Wahrheit" und „Glaube" zu unterscheiden, wissen, dass Glaube mächtiger als Wahrheit ist, weil in ihm „falsch" oder „richtig" keine Rolle spielen.

Pitt meint, dass seine bekenntnislose Mitgliedschaft für die Kirche nicht schädlich sei. Aber diese Meinung müsste die Gemeinschaft bestätigen. Er bekennt seinen Unglauben nicht aus Gewissensnot, nicht aus Übermut, nicht als Provokateur (als der sich mancher an den Kirchen abarbeitet) und nicht als Propagandist alternativer oder antiklerikaler Lehren. Er möchte ein nützliches, und sei es nur ein zahlendes, kein „heiliges" Mitglied der Gemeinde sein.

Wer einen fördernden Beitrag zum Gelingen einer Gemeinschaft leistet, muss kein schlechtes Gewissen haben, weder sich selbst noch der Gemeinschaft gegenüber. Sollte ihm die Gemeinde den Stuhl vor die Tür stellen, weil sie die bekenntnislose Mitgliedschaft grundsätzlich nicht akzeptieren kann, wird er seinen Taufschein zurückgeben müssen (was natürlich nicht möglich ist). Sicher wird ihm die Gemeinde von St. Petri in Bremen einen Aufenthalt in der Krypta auch ohne den Schein nicht verwehren, fragt doch auch die Gemeinde der Frankfurter Katharinenkirche, in der der Heide Goethe konfirmiert wurde, die Stadtstreicher nicht nach Scheinen, wenn sie sie im Winter zum Aufwärmen in die Kirche lädt.

Damit Pitt sich als nicht-gläubiger Christ nicht in einer ausgeprägten Sonderrolle oder gar als Sonderling[45] sehen muss, will er die Datenbasis etwas erweitern. Der amerikanische Soziologe José Casanova[46] nimmt die religiöse Lage Europas in den Blick. Er sieht Deutschland mit einem mittleren Wert von 65 Prozent Gottgläubiger im Mittelfeld von 24 Ländern (ohne den Sonderfall Ex-DDR mit 25 Prozent) im Ranking von 96 Prozent in Zypern und 46 Prozent in Tschechien. Die genauere Betrachtung zeigt jedoch, dass die Zahl derer, die an einen persönlichen Gott im Sinne der jüdisch-christlichen Tradition glauben, in jedem Land über 20 Prozent-Punkte niedriger ist. In Deutschland wären damit die im strengeren Sinne Gottgläubigen in einer Minderheit. Die

„Irgendwie-Gläubigen" (Pitt), die ihre sozusagen informelle Gottesvorstellung haben, nennt Casanova „Theisten".

Ein interessantes Phänomen sieht er darin, dass die Zahl derer, die monatlich beten (in Deutschland 41 Prozent) und sogar die Zahl derer, die an „religiöse Wunder" glauben (in Deutschland 39 Prozent), in vielen Ländern höher liegt als die Zahl derer, die an einen sich um die Menschen „kümmernden" Gott glauben (in Deutschland 37 Prozent). Der Zahl der „Atheisten" liegt bei Casanova höher als in den Allensbach-Befragungen: in Deutschland bei 11 Prozent, wobei Nachbarn wie Dänemark (15 Prozent) und Frankreich (17 Prozent) höher liegen. Spannend auch, dass Menschen, die ihr Erlebnis in der „Vielfalt religiöser Erfahrungen" (William James) gehabt haben, mit Frankreich (24 Prozent) und den Niederlanden (22 Prozent) gerade Länder vorn im Gefühlsranking liegen, die zu den am stärksten säkularisierten Ländern Europas gehören (Deutschland 16 Prozent). Italien ist hier mit 31 Prozent das Land mit der „religiös musikalischsten Bevölkerung in Europa" (Casanova formuliert hier im Geist Max Webers, der sich als „religiös unmusikalisch" bezeichnete, was nach Hans Joas, dem Weber-Kenner, nicht bedeuten sollte, er sei unreligiös gewesen.[47]).

Bemerkenswert auch die Feststellung, dass in den skandinavischen Ländern und Deutschland die Mitgliederzahlen der Kirchen noch relativ hoch sind, die Zahlen der Kirchenbesucher aber sehr niedrig. In den lutherischen Ländern Skandinaviens, aber auch in Deutschland, findet sich bei starker Konfessionsbindung die geringste Intensität des Glaubens und der Teilhabe. Danièle Hervieu-Léger[48] hat dafür das treffende Wort „Zugehörigkeit ohne Glauben" gefunden – eine Formulierung, die Pitt entzückt.

Es ist nicht nur für einen, der als Blinder von den Farben redet, erstaunlich, wie die Theologen in zwei Jahrtausenden Tausende von Büchern über einfache christliche Glaubenssätze schreiben konnten. Am Auferstehungsglauben, dem Osterglauben, dieser für Heutige allerdings ungeheuren Zumutung, hängt alles, wie Paulus sagt (1.Kor. 15,

12-14). Er darf wohl nicht gleichgesetzt werden mit dem „Leben nach dem Tode", einer Vorstellung, der nach Casanova gerade in stark säkularisierten Ländern vor allem jüngere Jahrgänge anhängen. Niemand muss wegen seines Zweifels an der unbefleckten Empfängnis die Lehre und die Kirche in talk shows lächerlich zu machen versuchen, wie es z. B. ausgerechnet die erste katholische Professorin[49], deren Berufung doch recht progressiv war, getan hat. Pitt verfolgt die Diskussionen der Theologen, die intra- und die interkonfessionellen, mit der verblüfften Verständnislosigkeit, mit der er ein Tennismatch verfolgt, in dem Leute in stöhnender Verbissenheit und übermenschlicher Kraftanstrengung den immergleichen Ball übers immergleiche Netz treiben. Das Glaubenstor steht offen, und es gibt keinen Wächter, mit dem man lange diskutieren muss. Die Theologen haben ihren babylonischen Turm, und es ist gut, dass es Laien gibt, sonst wäre es um die Kirche und die Gemeinschaft der schlicht Gläubigen wohl geschehen. Casanova sieht die Religion zurückgekehrt in die Öffentlichkeit der europäischen Gesellschaften, ja, sie sei wieder stärker zum Streitgegenstand geworden.

Als der witzige Helmut Thielicke, offenbar ein wenig angewidert von der „Pastorenkirche" mit ihren „theologischen Labor-Interna" oder auch vom „Monolog der Fachclique", sich auf die „Suche nach dem verlorenen Wort"[50] begab, zitierte er den Pitt aus professionellen Gründen sehr vertrauten Hans Domizlaff, einen Stammvater der weltlichen Kommunikationslehre, den „Papst" der Markenartikelwerbung, der sich um die Überzeugungskraft der Glaubensbotschaft sorgte: „Können Sie nicht mehr nachfühlen, was eigentlich die kleine Gruppe von Aposteln am Pfingsttage mit einer so ungeheuren Macht ausrüstete, dass sie ausreichte, das Gesicht des Abendland umzuformen?" Domizlaff fordert die „Influenzkraft des Glaubens" zurück. Kann der Glaube, der Berge versetzt, nicht einmal mehr Staub aufwirbeln? Die Macht kann nur aus einfachen Wahrheiten kommen, das lehren uns alle Missionare im Guten wie im Bösen.

Wenn Pitt in der Krypta von St. Petri sitzt, dann begegnet er der einfachen Wahrheit. Es ist nicht seine Wahrheit, aber er empfindet ihre Macht. Kann einer an den Glauben der anderen glauben? Ja, er kann es, wenn ihm der Glaube unmittelbar und stark begegnet. Er wird dadurch nicht gläubig und nicht ein Mitglied der Gemeinschaft der Gläubigen. Er kann nicht einmal als „Randsiedler" (Thielicke[51]) an der Glaubenssubstanz schmarotzen. Er kann die Wahrheit, die nicht begründbar, nicht rationalisierbar, nicht argumentativ zu vermitteln ist, akzeptieren: als eine Macht unleugbarer Faktizität und Wirksamkeit. Der gläubige Mensch hat eine existentielle Autorität, die der Ungläubige nicht zurückweisen kann, eine humane Kompetenz, die nicht bestritten werden kann. Der gläubige Mensch in der Kirche ist die größte geschichtliche Kraft, auch die einzige verlässliche Kraft in zweitausend Jahren historischer Aufgeregtheit im Gestaltwandel der Kathedrale über den Mauern der Krypta.

Zwischen den beiden großen Peterskirchen in Bremen und Rom liegt eine winzig kleine, bunt bemalte, an einer der schönsten Buchten der Côte d'Azur, in Villefranche-sur-Mer: die Chapelle de Saint-Pierre. Jean Cocteau hat sie 1957 für die Fischer von Villefranche, Beaulieu und Saint-Jean mit den Szenen aus dem Leben des Fischers – die peinliche Situation mit dem krähenden Hahn, die Engel als Fluchthelfer, Wanderung über die Wasser – ausgemalt, im eleganten Strich in zarter Farbe, konkret phantasiereich. Pitt weiß nicht, ob Jean Cocteau gläubig gewesen ist (er hatte ja „diese Schwierigkeit zu sein"), aber er weiß, dass er Chirico bewundert hat: „Er beweist mir die Existenz einer seelischen Wahrheit".[52] Es gibt seelische Wahrheiten, die beweisbar sind.

Pitt weiß, dass er sich durch Reflexionen dieser Art nicht in die gläubige Gemeinschaft hineinmogeln kann. Er will sich keine Privatreligion aus begreifbaren Teilwahrheiten zusammenbasteln. Die Welt des Glaubens ist ihm fremd, aber auch fremde Welten sind wahr und vertraut. Er gehört nicht zu den Suchenden oder „Schwergläubigen" (Erich

Maria Remarque[53]). Wer in der Krypta diskutiert, schließt sie zu, von innen oder von außen.

6

Die unberufenen Christen

Sind wir unberufenen Christen schlicht unbegabt für den Glauben? Oder sind wir so oberflächlich unbeschwert, dass wir nicht des metaphysischen Trostes bedürfen, in dem Jürgen Habermas, ein respektvoll gottloser Philosoph, den „harten Kern religiöser Praxis"[54] sieht. Oder sind wir so rationalistisch verdorrt, dass uns der Reiz des Numinosen nicht mehr berührt? Oder sind wir so abgehärtet in den Kälteschocks unserer nicht nach Sinn und Wert fragenden Erkenntnismethoden und pragmatischen Orientierung, dass wir die in der „Entzauberung der Welt" (Max Weber) gewachsene Nüchternheit klaglos ertragen? Oder sind wir philiströse Realisten, die sich mangels Kraft zu metaphysischem Wagemut mit ihrer skandalösen Sterblichkeit abgefunden haben? Oder fühlen wir uns so arrogant autonom, dass wir keinen Grund sehen, einer übermenschlichen Macht dankbar zu sein?

Was für die Quellen des Reichtums gilt, wird auch für die des Glaubens gelten: die einen empfangen ihn durch das Erbe, die anderen gewinnen ihn durch Begabung, die dritten müssen ihn sich erwerben. Und es gibt ihn als Geschenk. „Der Glaube ist ein Geschenk", sagt Papst Franziskus in seinem ersten Interview mit einer deutschen Zeitung in seiner Amtszeit.[55]

Das Arbeitsethos der bürgerlichen Welt hat sich auch unseres Gefühlslebens bemächtigt. Die aufklärerische Pädagogik und die Seelen- und Sozialtherapeutik glauben, alle Konflikte, Hemmungen und Spannungen durch Arbeit bewältigen zu können. Sozialarbeit systematisiert Zuwendung, Trauerarbeit strukturiert Gefühle, Öffentlichkeitsarbeit konturiert Politik. Warum sollte nicht auch Glaubensarbeit zum Glauben führen? Dass wir durch Arbeit, Anstrengung und Auseinandersetzung zum Glauben kommen können, meinte gewiss nicht nur der Pastor[56] der Frankfurter Epiphanias-Gemeinde, dem Pitt von seiner Wohnung im 4. Stock auf seinen Schreibtisch hinter mitternächtlich erhellten Fenstern der Dienstvilla schauen konnte: er betrieb mit seinem Konfirmationsunterricht für Erwachsene eine sympathische Mission.

Die Kirche hilft jedem, zum Glauben zu kommen, durch Unterricht, Gottesdienst, Predigt, Seelsorge, Sakrament, aber sie kann der Glaubensarbeit, die in und von jedem einzelnen geleistet werden muss, nur zuarbeiten. Dabei besteht die Gefahr, dass der ausbleibende Erfolg dem „Objekt" der Arbeit angelastet wird, dem Ungläubigen, der in seiner „Schwergläubigkeit" ein wenig als schwererziehbar angesehen wird. Die missionarische Strategie nimmt allzu schnell einen in trotzigen, an inneren Widerständen gehärteten Unglauben, der sich durch nichts zu besserer Überzeugung bringen lässt, ins Visier. Anders die Geduld des Josua, des „helfenden" Jesus, der noch am Kreuz für alle um Vergebung gebeten hat, die nicht wissen, was sie tun, erst recht für alle, die nicht wissen, was und wie sie glauben sollen. Pitt neigt dazu, nicht an die Möglichkeiten der Glaubensarbeit zu glauben und die Unfähigkeit zum Glauben nicht für Glaubensfaulheit zu halten.

„Glauben soll und glauben kann jedermann", sagt Karl Barth[57], der Radikalgläubige, der die bürgerlich-gemütliche Glaubensgewissheit erschüttert hat und dem der Eintritt in die christliche Glaubensgemeinschaft ein so abgrundtiefer Sturz ins Bewusstsein totaler Sündhaftigkeit ist, dass er vor ihm warnt: „Religion kann man niemand wünschen oder anpreisen oder zur Annahme empfehlen. Sie ist ein Unglück, das mit fataler Notwendigkeit über gewisse Menschen hereinbricht." Ein schlechter PR-Stratege, der nicht wirbt, oder ein besonders gewitzter: so kann man Menschen auf ein großes Abenteuer und Wagnis neugierig machen. Es ist unfair, Barth heute zu zitieren, denn die evangelische Kirche hält seine dialektische Theologie für „perdu"[58].

Wer sind diese „gewissen" Menschen? Es gibt das „Paradox des Glaubens": Glaube ist „allen möglich", ist „allen gleich unmöglich", ist ein Weg, den „alle gehen können", den „doch nicht alle gehen können". Glaube ist ein „radikales Wunder". Er ereignet sich: „Sofern das Wunder geschieht, sofern Gottes freie Gnade, Berufung und Wahl es so will, sofern Erkenntnis Gottes stattfindet." Er ist ein Gnadenerlebnis: „Gott erwählt uns und nicht wir ihn". Zum Glauben kommt der Christ „kraft seiner Berufenheit und Erwähltheit".

Karl Barth, der das Glaubenswunder stammelnd umkreist, fragt nicht nach den Methoden, die zur Glaubenserweckung führen. „Aber wer auch immer ihnen den Ruf des Christus gebracht haben mag: sie sind berufen." Fast ist ihm peinlich, dass Gott sich offenbar nur mit „gewissen" Menschen abgibt, und er spricht – rücksichtsvoll gegenüber unserem intellektuellen Gerechtigkeitssinn – vom „Skandalon der Prädestination". Glaube und Unglaube, Erwählung und Gleichgültigkeit (um nicht gar Ablehnung vermuten zu müssen), Ruf und Schweigen sind in Gott begründet, und Gott lässt sich nicht nach seinen Gründen befragen.

Pitt mag lange vor dem Gekreuzigten in der Krypta von St. Petri sitzen, er mag spüren, dass „seine Seele arbeitet", er hört nur den Ruf einer älteren Dame vom Eingang der Krypta: „Gott, ist das hier eine Stille!" Er gehört nicht zu den „durch Gottes Beschluss Berufenen". Vielleicht, wenn es hoch kommt, öffnet sich ihm hinter dem Kruzifixus der Raum für das Unbegreifliche, in dessen Zentrum ein unerkennbarer Wille steht, ein Ewigkeitscäsar, der den Daumen hebt oder senkt. „Auch der Unglaube stößt auf Gott; nur dass er nicht durchstößt zu der ihm verborgenen Wahrheit Gottes und darum an Gott zerschellt wie Pharao."

Pitt wird der Glaube nicht geschenkt. Braucht's die Disposition der Seele, um ein Geschenk zu empfangen, eine Erwartung, ein Verlangen, oder sind nicht die Geschenke, die wir auf unserer Wunschliste abhaken, schal, weil ihnen der Glanz der Überraschung und des unverdienten „Wohlgefallens" fehlt – trotz Hegemones Kinderglück: „Lieblich ist's, den Wunsch erlangen" (Faust II). Gnade kann doch nur ein Überraschungsgeschenk sein, eben die „unbegreifliche Tatsache, dass Gott an einem Menschen Wohlgefallen hat und dass ein Mensch sich in Gott freuen kann".

Katholische Theologen – bis hinauf zu Papst Benedikt XVI. – bestehen darauf, dass der Berufene den Ruf in einer rationalen Entscheidung annehme. Hans Küng[59] sagt: „Der Mensch soll sich entscheiden". Er spricht vom „rational verantworteten Wagnis des Gottesglaubens". Aber auch für Küng ist Glaube ein „Geschenk". Der Mensch wird aus einer Gottesbegegnung zum Glauben „disponiert".[60] Die Berufung und der Glaube kommen sich entgegen: „Der Ruf kommt nur dann zur vollen Geltung, wenn ihn der Glaube (nicht der Gläubige, Pt.) akzeptiert."

Dietrich Bonhoeffer, Karl Barth und gewiss viele andere Theologen und Denker, die sich Gottes Geschenk auf den philosophischen Schleichpfaden nähern, von Thomas von Aquin über Descartes bis Sören Kierkegaard: ohne Gottes Urheberschaft und Mitwirkung geht es nicht, ohne Ruf keine Berufung. Die katholische Kirche will nichts davon wissen, dass der Mensch zu klein sei, um von sich aus, ohne auf das Geschenk Gottes zu warten, eine Beziehung zu Gott herstellen zu können. Wo es um die Frage der Gotteserkenntnis geht, traute das Erste Vatikanische Konzil des Jahres 1870 der menschlichen Vernunft die Kraft zu, Gott durch das, was geschaffen ist, zu erkennen. Aber die Vernunft allein, die „natürliche Vernunft", finde nicht den Weg zu Gott, wenn ihr nicht die Kraft des Glaubens zur Hilfe komme. Als Präfekt der Glaubenskongregation hat Joseph Kardinal Ratzinger geschrieben: „Der Glaube ist ein Geschenk der Gnade", doch dem offenbarten Gott müsse sich der Mensch „mit Verstand und Willen" voll unterwerfen[61] Dagegen Dietrich Bonhoeffer: „Niemand kann aus eigener Vernunft, Kraft und Entscheidung sein Leben Jesu ausliefern."[62] Er hat es getan, bis zur Hinrichtung.

Kann es nicht auch bitter sein, ein Geschenk nicht zu erhalten? Ein prominentes Mitglied des Kirchenvorstandes in Hannover-

Kirchrode hatte Weihnachten 1947 wunderschönes Holzspielzeug aus amerikanischen Liebesgaben in der Nachbarschaft verteilt, und Pitt hatte nichts bekommen, weil er, so die Abwehr der kindlichen Beschwerde, den Kindergottesdienst nicht besucht habe. Da war die Bitterkeit verflogen. Der Entzug hatte einen Grund. Aber eine Strafe wird es nicht sein, wenn Gott den einen ruft und beschenkt und den anderen nicht.

Der Begriff „ungläubiger Christ" ist nicht eine Contradictio in adjecto, sondern der Ausdruck einer Spannung zwischen dem Glaubensideal und der Kirchenpraxis. Die glaubenslosen Christen sind einmal gerufen worden: in der Taufe. Sie sind durch die Taufe „Christus eingegliedert", also Mitglied geworden, und das gilt für die katholische wie für die evangelische und andere Kirchen[63] Die Taufe, sagt Bonhoeffer[64], sei ein „Erleiden des Rufes Christi" und ist, wie jede Berufung zum Glauben, eine „Gnadentat Gottes", die unwiederholbar, einzigartig und unwiderruflich sei. Dem Getauften sei die „Gewissheit der Erkenntnis Jesu" gegeben, und sie werde durch die Nähe der christlichen Gemeinschaft noch gestärkt und gefestigt. Hans Küng sagt, dass sogar Jesus seine eigene Berufung in der Taufe durch Johannes erfahren habe.[65]

Für Bonhoeffer gehört die Taufe, die Pitt offenbar erfahren hat, zur „billigen Gnade", nämlich einer „Taufe ohne Gemeindezucht". Er sagt nicht viel dazu: „Für die Kindertaufe heißt das, dass die Taufe nur dort erteilt werden kann, wo die erinnernde Wiederholung des Glaubens an die ein für allemal vollbrachte Heilstat gewährleistet werden kann, d. h. aber in einer lebendigen Gemeinde"[66]. Wo das nicht gegeben ist, haben wir es nach Küng mit einem „Christentum zu herabgesetzten Preisen"[67] zu tun, einer Art Schlussverkauf einer Kirche, die ihrer Stammkunden nicht mehr sicher sein kann. Da haben wir den „Taufschein-Christen", das Produkt eines „verwerflichen Leichtsinns" (Bonhoeffer) der Gemeinde. Das ist der Vorwurf an die Kirchenpraxis unter den Bedingungen des großkirchlichen Lebens. Sie wird auch von der EKD-Studie „Vernetzte Vielfalt" eingeräumt: Kaum eine oder einer der

Pfarrerinnen oder Pfarrer wagte es noch, ein Taufbegehren oder Trauergesuch aufgrund bedenklicher Einstellungen abzulehnen.[68]

Pitt macht niemand für sein Taufschicksal verantwortlich. Er beklagt sich nicht über eine billige Berufung in die faktische Nichtberufung. Gerufen, den Ruf vergessen, unberufen, gehören diese Christen, schweigend und unverdrossen zahlend, der Gemeinde an. Taufschein-Christen, ja, Scheinchristen, nein. Das Taufschein-Christentum und das Scheinchristentum sind durch die Ehrlichkeit des Bekenntnisses zum Unglauben und zur Glaubensunfähigkeit getrennt.

Wenn Paulus die Gottlosen in die christliche Gemeinde ruft und verspricht, auch sie „zu rechtfertigen", dann können die gott- und glaubenslosen Christen darin keine Hintertür in die Gemeinde sehen, denn er, der Konvertit, der Stratege des imperialen Glaubens, meint die Heiden, die zu taufen sind. Sie sind – wie das Zweite Vatikanische Konzil beschied – „ohne Schuld noch nicht zur ausdrücklichen Anerkennung Gottes gekommen". Der katholische Theologe Karl Rahner hat von den „anonymen Christen" gesprochen. Sie denken und handeln christlich, sind aber keine getauften Christen, ja, sie hängen gar keiner oder einer anderen Religion an. Aber wie handelt einer „christlich" oder „gut"? So, wie der „reiche", ich-verhaftete Jüngling, den Jesus „liebte" (Markus 10,21), der von Kind an die Gebote hält, nicht getötet, nicht die Ehe gebrochen, nicht gestohlen, nicht falsch Zeugnis geredet, Vater und Mutter geehrt und gar, wie Matthäus (19,19) hinzufügt, seinen Nächsten wie sich selbst geliebt hat?

Der im christen-armen Mecklenburg arbeitende und lehrende Rahner-Kenner und Caritas-Manager Rudolf Hubert[69] gibt die einfache Antwort: „Überall dort, wo Liebe gelebt wird, können wir von einer Annahme des göttlichen Heilsangebotes sprechen." Wo mildtätig und liebevoll gelebt wird, ist Christus im Spiel. Christsein mit einem gewissen Automatismus für die Edlen, Hilfreichen, Guten? Müsste der reiche Jüngling, wenn er noch die Bedingungen der innerweltlichen Askese (Max Weber) erfüllte und den Glaubens- und Heilsvertrag unterschriebe, nicht das Kleingedruckte gelesen haben? Als Paulus an die Mitglieder der römischen Gemeinde geschrieben hatte, dass „kein Ansehen der Person vor Gott sei" (Römer 2,11) und er alle Menschen liebe, mögen sie zunächst ganz schön geschluckt haben. Pitt, den Hobby-Kantianer, entzückt Paulus' Satz, dass die Heiden, die das (christliche) Gesetz nicht haben und dennoch „von Natur", das heißt spontan, des Gesetzes Werk tun, obwohl sie das Gesetz nicht haben, „sich selbst ein Gesetz sind". Der Römer-Brief (2,14) formuliert den Kategorischen Imperativ noch kürzer als das Verkehrsschild an einem schmalen Weg in Hamburg-Övelgönne: „Die Vernünftigen fahren hier nicht Rad, den anderen ist es verboten".

Manche Gottgläubigen außerhalb der Kirche haben sie verlassen, um in ein prä-christliches naturwissenschaftliches oder ökologisches Heidentum zurückzukehren, weil ein weltlicher Ruf zu guter, weltenoder selbstrettender Tat in der Kirche keinen Resonanzboden hatte, aber als göttlich empfunden wurde. Gottgläubige außerhalb der Kirche, Ungläubige in der Kirche – die Kirchen haben es schwer.

„Wer nicht gegen mich ist, ist für mich." (Markus 9,40). Ist das der Handschlag, der eine legitime christliche Kirchenmitgliedschaft ohne Glaubensgrund besiegeln könnte?

Manchmal bedauert Pitt, dass die Kirche nicht die Verfassung einer Partei oder einer Gewerkschaft habe. Dann könnte er ein unbeschwertes, fröhliches, mal stilles, mal lautes, meist schweigendes 51-Prozent-Mitglied seiner Kirche sein: das Ja sagt, wenn sich die Summe der einleuchtenden Argumente auf der Waage der Entscheidung gegen die Nein-Gewichte durchsetzt, sei es nur im goldstaubleichten Übergewicht, das die Pro-Contra-Qual löst. Solche knappen Entscheidungen in uns und zwischen uns sind keine halbherzigen Sachen: der Tropfen, der eine Tonne wiegt, macht aus dem scheinbar Halben einer runde, ganze Sache. Die Entscheidung zum Glauben, wenn sie denn eine wäre, kann kein Gewichtungskalkül oder das Resultat einer Saldenmechanik sein. Entweder man hört den Ruf oder man hört ihn nicht. Gott flüstert wohl nicht. Wer ergriffen ist, greift nicht nach Gründen. Es gibt keinen 51-Prozent-Glauben. Oder kann in einem marginal entscheidenden Prozentpunkt das Glaubenswunder beschlossen liegen?

Pitt, der sich im händlerischen Metier auskennt, will einen Augenblick in Bonhoeffers oder Küngs Krämerjargon von der „billigen" Gnade oder dem Glauben zu „herabgesetzten Preisen" bleiben. Der Glaube ist kein Sortiment und die Kirche kein Supermarkt, in denen man in schöner Konsumentensouveränität nach Lust und Laune und nach dem rationalen Selbstbedienungsprinzip seine Bedürfnisse befriedigen kann. Da die kirchliche Hierarchie wie die Liturgie sich aus der Tischordnung der frühen Abendmahlsfeier entwickelt hat[70], könnte Pitt, um im Bild zu bleiben, sagen: Das Glaubensangebot der Kirche gleicht dem mütterlichen Tisch in karger Zeit. Gegessen wird, was auf den Tisch kommt, nicht mehr nicht weniger, nichts anderes, basta.

Wie listig und wählerisch sind die Schwelger und die Asketen, die Bastler und Sinnierer, die Verschwender und die Kleptomanen in den letzten drei Jahrhunderten durch ihren Glaubenssupermarkt gegangen, um sich die Inhalte, Symbole, Ideen und Rituale aus dem christlichen Glaubenssortiment herauszuklauben für ihre privaten, aufklärerischen, revolutionären, freimaurerischen, poetischen, romantischen, sozialistischen, faschistischen Altäre und nicht immer redlich zu bezahlen. Da ein bisschen Gottesglaube, dort ein wenig Nächstenliebe, ein Paket Vorsehung, hier noch ein Tütchen Frömmigkeit, daneben die Schachtel Mystik, den Flachmann Spiritualität aus dem Angebot: wie es euch gefällt, mit den kleinen Mogeleien bei der Inhaltsdeklaration und den Herkunftsbezeichnungen, zu schweigen von den phantastischen Haltbarkeitsdaten. Nebenan, im anspruchsvollen Fachgeschäft für die exklusive intellektuelle Klientel, präsentiert sich der „Gott der Philosophen" in perfektem Design und faszinierendem geistigen Ambiente.

Der agnostische Schriftsteller Emmanuel Carrère stand 1990 vielleicht in solch einem Supermarkt, als er „von der Gnade berührt" wurde. Fortan schrieb er täglich einen Kommentar zum Johannesevangelium, er ließ sich kirchlich trauen, seine Söhne taufen, ging jeden Tag zur Messe, beichtete und nahm an der Kommunion teil. „Heute ist es mir gelinde gesagt peinlich, die Dinge so zu nennen, aber damals nannte ich sie so. Der Eifer der aus dieser Bekehrung erwuchs – am liebsten würde ich alles in Anführungszeichen setzen –, hielt fast drei Jahre lang an".[71] Nach dieser Zeit las er endlich alle seine evangelischen Kommentare und machte aus der ernüchterten Reflexion ein spannendes Buch, in dem er herauszufinden versuchte, woran „Christen heute wirklich glauben".

Nichts gegen Supermärkte. Ihre Betreiber wollen die Wünsche der Menschen erfüllen. Aber der Glaube erfüllt keine Wünsche. Er fordert, und sei er voller Verheißungen. Die Kirche passt den Glauben nicht den Menschen an, sondern übt Druck auf sie aus, sich anzupassen. Wäre sie die Betreiberin eines Supermarktes, müsste sie traurig sein, wenn sie Kunden verliert. Nein. Die Kirche kann es sich leisten, Kunden auszusperren.

Ein bisschen glauben, ein bisschen lieben, ein bisschen hoffen? Hans Küng, ein nicht in allem überzeugender Glaubensbotschafter, spricht von drei Missverständnissen des Glaubens: dem intellektualistischen, das die Erkenntnis zum Schlüssel des Glaubens macht, dem voluntaristischen, das mit dem Willen die Mauer des Zweifels durchbricht, und dem emotionalen, das in einer gemüthaften Glaubenssehnsucht die von Evangelien und Kirchen definierten Glaubensinhalte verfehlt.[72]

Dem unberufenen Christen bleibt das Glaubenstor versiegelt, auch wenn er in kindlicher Unbefangenheit wie ein froher Christ das weihnachtliche Fest der Liebe, das österliche der Hoffnung und das „liebliche" Pfingstfest des Glaubens feiert. Die mit diesen Festen verbundenen Gefühle sind freischwebend geworden, frei von der Bürde der christlichen Pflicht. Liebe, ja, aber christliche Liebe gründet sich im Glauben an die Gottessohnschaft, und Maria ist mehr als eine ungewollt Schwangere, die sich wegen Josephs verständnisvollem Beistand nicht um eine Indikationslösung bemühen muss. Die Hoffnung ist an die Auferstehung gebunden, an das „Ärgernis des Kreuzes", wie Paulus im Brief an die Galater sagt (5,11). Die Sprache des Pfingstwunders ist ohne den Schlüssel des Glaubens nur ein leeres Sehnen im Quodlibet der verwirrten Seele. Was ganze Völker in der Glaubensdreiheit der christlichen Ereignisfeste eint, errichtet real eine schier unübersteigbar Mauer zwischen dem Glauben und dem Nichtglauben.

Pitt, der – wie Holly Golightly vor den Tiffany-Schaufenstern stehend – in gespannter Neugier die theologische Literatur mustert, hat manchen verdeckten, verklausulierten Hinweis auf Schleichwege und Hintertreppen zum Glauben und zur Gläubigkeit gefunden, manch freundliche Apologie des behinderten Glaubens, viele verständnisvolle Einladungen zum 51-Prozent-Glauben, manch akquisitorisch-listige Rechtfertigung des hinkenden Glaubens, der Berge nicht versetzt, sondern umgeht, manche unausgesprochene Aufforderung, die weihnachtlichen, österlichen und pfingstlichen Glaubenswunder einfach zu überspringen oder doch, bitte, nicht so wörtlich zu nehmen. Es sind nicht nur die kirchlich ungebundenen Freibeuter des Glaubens, die mystischen Stammler oder die phantasievollen Glaubenspoeten, die solche Leimruten legen und Einstiegsofferten machen.

Hans Küng, der den Tod und die Auferstehung des Jesus von Nazareth mit dem Ernst und der Leidenschaft dessen diskutiert, dem „dies der problematischste Punkt auch unserer eigenen Existenz ist", weist darauf hin, dass Paulus (im 1. Brief an die Korinther) die Leugner der Auferstehung getadelt und zum Umdenken aufgefordert, sie aber nicht exkommuniziert habe. Eine so zentrale Bedeutung kann die Auferstehung also nicht haben, oder?

Pitt könnte sich auf seinem recht unbequemen Baststuhl in der Krypta von St. Peter im Blick auf das Kreuz entspannt zurücklehnen. Ist Paulus selbst mit dem Nichtverstehen der Auferstehung glimpflich umgegangen, dann kann er doch dieses Kreuz ansehen als eine unverbindliche Orientierung, als eine „Richtung" zu einer christlichen Alltagspraxis unter der Herrschaft dieses maßgeblichen Toten, und versuchen, wie Küng rät, „so recht und schlecht wie Menschen möglich Jesus nachzufolgen und ihn als den Herrn nicht zu desavouieren". Aber so sagt es Friedrich Nietzsche in seinem kirchenvernichtenden „Antichrist"[73] auch mit dem Blick auf den Mann am Kreuz, den „einzigen Christen": „bloß die christliche Praxis, ein Leben so wie der, der am Kreuz starb, es lebte, ist christlich." Bloß? Aber in diesem Wort liegt eine ungeheuer größere Herausforderung als die an ein Glaubenkönnen.

Christlichkeit, die sich auf den Christus am Kreuz in seinem mannhaften Einstehen für andere reduziert? Das ist ein schönes Programm für einen gelebten Humanismus, wenn er mehr als Ego-Umtriebigkeit ist. Der ungläubige Christ Pitt findet ihn sympathisch, aber vom Glauben führt er weit weg.

7

Der Streit in der Friedenswoche

Karl Barth sorgt sich um kirchenflüchtige „unbewusst christliche Athe-isten" und „fromme Weltkinder". [74]. In seinem eigenen lodernden Glau-ben kann er ihre Kirchenferne nur auf ein existentielles Defizit zurück-führen. Sein gnädiger Gott wird sich auch dieser nicht erreichbaren und – wie man heute sagen würde – nicht „abholbaren" Menschen anneh-men. Er ist kein kirchlicher Heilsmonopolist, sondern verweist diese Weltkinder in ihrer „freien Heiterkeit", aber auch ihrem „nackten Jam-mer" an eine höhere Instanz: sie sind „gesucht und gefunden in Gottes Erbarmen". Sie sind „existentiell auf Gott geworfen".

Das ist die große umarmende, vereinnahmende Gebärde des Cristo Redentor auf dem Corcovado bei Rio de Janeiro. Die Gottes-macht ist einfach die Atemluft des Menschen. Die Ohnmacht der Kir-che gegenüber dem Unglauben, der sich im „Schatten tolerant geworde-nen Zeiten" nicht einmal mehr militant-offensiv gibt, wird unwichtig, weil Gott über wirksamere Instrumente der Gehorsams- und Glaubens-findung verfügt als die in ihren Möglichkeiten begrenzte Kirche.

Warum – beim „Barth des Propheten" – kümmern sich die Theologen nicht um die ungläubigen Christen, die treu zur Kirche ste-hen? Um die loyalen Kirchenmitglieder, die kraft ihrer Taufe zur Kirche gehören und gehören wollen, die ihr nicht in lethargischer Indifferenz oder ironisch-pathetischer Distanz, sondern bejahend und oft sogar engagiert gegenüberstehen, die ohne skrupelöse Fisimatenten zu ihr stehen. Sie haben überhaupt keine Vorbehalte gegen den kirchlich ver-fassten Glauben und wollen einfach ein tragendes Mitglied sein, haben jedoch ein Handicap: Sie haben das Wissen, dass sie nicht glauben, und könnten es auch durch hartnäckiges mentales und geistiges Training nicht vergessen.

Barths „Kirche Jakobs" lebt allein aus dem Glauben, die „Kirche Esaus" ist voll der Weltlichkeit unterworfen, und beide Kirchen sind durch einen Zaun getrennt, der „die Gläubigen von den Ungläubigen sondert". Doch irgendwann fallen die beiden Kirchen ineinander, der Zaun verschwindet, der Heide Esau tritt in Gottes Dienst und mit ihm die „Heere der Draußenstehenden". Pitt sieht ein anderes Bild. Wie in den Schemata der mathematischen Mengenlehre überschneiden sich die Kreise Jakobs und Esaus, und in der Schnittmenge, die ziemlich groß ist, hocken die ungläubigen Christen.

Sie können das Glaubensbekenntnis, ohne roten Ohren, nicht sprechen, sie können nicht am Abendmahl teilnehmen, auch nicht an einem Katzentisch. Ein statistisch belangloses Randphänomen sind sie nicht. Sie sind eine friedlich-unauffällige Gruppe, die angenehm problemlos ist, weil sie zahlt und schweigt, die immer nur schamhaft stumm und geniert versteckt in Nischen oder hinter Säulen präsent ist, geniert, wenn man sie beachtet.

All die wortmächtigen und subtilen Gottesstreiter: warum sind sie so wortkarg gegenüber den ungläubigen Christen? Weil die sich in ihrer bemühten Unauffälligkeit und weggeduckten Unscheinbarkeit nicht zu Wort melden? Und wenn diese unberufenen Christen schlicht feige wären? – wenn sie sich in der Gemeinde klein machten wie illegale Asylanten, um die kritische Aufmerksamkeit nicht auf ihren minderen Status zu lenken, weil sie befürchten, ausgewiesen zu werden?

Pitt will die Kirchen nicht zu neuen Anstrengungen einer inneren Mission oder innerkirchlichen Mission auffordern. Er beobachtet ja, dass die Kirchen und ihre Pfarrerinnen und Pfarrer um die Glaubensbereitschaft der Gemeindemitglieder ringen, dass sie es einfallsreich und oft in unkonventionellen Initiativen tun und auch bei schwachem Erfolg nicht resignieren. Er vermutet jedoch, die Position der ungläubigen Christen werde in der theologisch-pastoralen Praxis schwach reflektiert. Diese Aufgabe darf in der konturenlosen Klage über die Glaubenslosigkeit in der säkularisierten Welt nicht verschüttet werden. Das Problem heißt nicht: Glaubenslosigkeit und Kirchenfremdheit. Das Problem ist der ungläubige Christ, der in seiner Glaubenslosigkeit in der Kirche verwurzelt sein und bleiben möchte, ohne sich in der Gemeinschaft der Gläubigen als Fremdling oder Außenseiter und wegen seines dubiosen Status' genieren zu müssen.

Hans Küng würde dem, der das Glaubensbekenntnis nicht über die Lippen bringt, sagen: es kommt auf deine christliche Praxis an. Dann könnte er auch sagen: engagiere dich doch als ehrenamtlicher Helfer in Caritas und Diakonie – was kein schlechter Ratschlag ist. Oder: öffne deinen Beutel und streue Spenden und Gaben über alle Bedürftigen. Kann das die Antwort der gläubigen Gemeinde sein? Karl Barth würde den ungläubigen Christen der Obhut des „pragmatischen" Gottes anvertrauen – und jede Gemeinde könne das auch tun. Doch der Theologe sieht trennscharf neben der erkennenden Kirche, den Kindern Gottes, die Unbeteiligten, die „Weltleute", neben den „Heiligen" die „Unheiligen".

Die Offenheit von gläubigen gegenüber ungläubigen Kirchenmitgliedern wird gewiss strapaziert oder auf eine harte Probe gestellt. Denn der ungläubige Christ kann zwar, aber er muss keineswegs im Wartesaal des Glaubens leben. Ja, er begibt sich seiner Berufungschance. Er lebt in jenem von Hans Küng mit Erstaunen registrierten „paradoxen Grundvertrauen"[75] zu Welt, Geschichte und eigener Existenz, das „letztlich unbegründet" ist, weil es nicht auf Gott gründet.

Gewiss mag es unter den ungläubigen Christen Menschen geben, die sich in der Formalität ihres Christseins einen Grund für den Notanker einer verunsichert-unschlüssigen Seele erhalten möchten. Sie zahlen die Kirchensteuer sozusagen als Versicherungsprämie auf den Glaubensfall. Unberufen sind sie aber nicht, sie sind schon angerufen, denn sie haben Gott als möglichen Grund ihrer Existenz erkannt. Ihnen wurde zwar nicht „die Fackel beigesetzt"[76], aber doch ein Funke gesandt. Die ungläubigen Christen wollen nicht an der Hand der gläubigen auf den Pfad ihrer Rechtgläubigkeit geführt werden.

Was will er eigentlich, der blinde Bettler auf der Kirchenschwelle: den Almosen der gläubigen Gemeinschaft, Reste vom Tisch des Herrn, den Abglanz einer Herrlichkeit, die er nur als schwache Blitze am Rand der Netzhaut sehen kann? Ist er vielleicht gar kein Bettler, sondern einer, der selbst mit einer Spende aufwartet, damit ihm die Sehenden ihre Augen leihen?

Pitt weiß, dass seine in einem langen Leben gezahlte, nicht unbeträchtliche Kirchensteuer kein Eintrittsgeld in die kirchliche Gemeinschaft sein kann. Geld kauft keine Zugehörigkeit. Wenn er Schatzmeister der kirchlichen Gemeinschaft wäre, würde er diese Binsenwahrheit nicht so stark betonen und das Geld der Ungläubigen ohne Skrupel nehmen. Non olet: Gnade hin, Gnade her, Geld braucht auch das Gute sehr.

Der christliche Glaube soll wirken. Was gute Gründe hat, aber schwach wirkt, kann weniger menschenfreundlich sein als etwas, das menschenfreundlich wirkt, aber schwache Gründe hat. Paulus fordert den Glauben, aber ein Mann, der ein zweitausend Jahre altes stabiles und „funktionierendes" Werk geschaffen hat (das reformatorische Störfeuer einmal beiseite), kann natürlich gegen ein unbewusstes, naives oder listiges Streben nach der Rechtfertigung durch gute Werke nichts einzuwenden haben. Der Glaube ist nicht allein, sondern nur zusammen mit dem „äußerlichen" Streben nach Werkgerechtigkeit und Gesetzestreue, die ja ihre Krone in der Liebe hat, das Fundament für die katholische Caritas und die evangelische Diakonie.

Aus dem Topf der Kirchensteuer – rund 11,6 Milliarden € (2016) – bestreiten die großen Kirchen nicht nur ihren Selbsterhaltungsaufwand in Liturgie und Verkündigung, sondern auch die Ausgaben für die nützliche Nächstenliebe, die karitativen Werke. Für die Finanzierung der Investitionen in ihre vielfältigen gemeinnützig-sozialen Einrichtungen, mit ihren etwa 1,1 Millionen Mitarbeiter*innen, aber auch für die

Entwicklungs- und Welthungerhilfe im weitesten Sinn geben die Kirchen etwa 5 Prozent ihres durch die Steuer und aus anderen kleineren Quellen generierten Einkommens aus – denn ein ‚Anteil von rund 95 Prozent der Hilfsbudgets fließt aus Mitteln des Staates, der froh ist, diese Leistungen nicht selber erbringen zu müssen, an die kirchlichen Einrichtungen zurück.

Ein Freund, den Pitt fragte, warum er trotz seines bekenntnishaft anmutenden Atheismus' Mitglied seiner Kirche sei, antwortete: „Ich will meinen Solidaritätsbeitrag leisten, und die Kirchen und ihre Funktionäre geben mir die beste Garantie dafür, das er wirksam verwendet wird." Ja, die Kommerzialisierung der Barmherzigkeit – bei allen Zwängen der Ökonomisierung – und geschäftliche Eigeninteressen an den helfenden Händen einschließlich der unvermeidbaren Bürokratie mit Spesenreiterei, Besoldungsdrang und Karrierelust dürften bei den Kirchen am wenigsten ausgeprägt sein. Auch von den Gefahren der Korruption, die um Spenden und Subventionen herum stets lauern, sind Kirchen am stärksten gefeit.

„Wenn du die Kirche verließest", sagte Pitt, nicht versucherisch, sondern explorativ, „könntest du deine Kirchensteuer freiwillig an die Kirche spenden." Der Freund antwortete weise, mit dem Hinweis auf die Trägheit des Herzens, wobei er gewiss nicht an die siebente Todsünde dachte: „Ach ja, aber das macht man ja nicht." Richtig: Barmherzigkeit, die aus dem schöpft, was übrig bleibt, wird vergeblich in der Konkurrenz der vielen unerfüllten Wünsche kämpfen und daher immer aus dem Leeren schöpfen. Es ist besser, die helfenden Mittel werden an der Quelle in ein verschlossenes Töpfchen abgefüllt (wie es Pitts Mutter mit dem Becher hielt, auf dem „Theater" etikettiert war). Pitt bohrte weiter: „Und stört es dich nicht, dass du den ganzen klerikalen Apparat finanzierst, an dem dir doch nichts liegt?" Die Antwort zeigt, Pitts Freund werde im Jüngsten Gericht einen guten Pflichtverteidiger finden. „Wenn du das Gute willst, musst du auch die Werbung für das Gute bezahlen."

Tatsächlich sind die Kosten für den kirchlichen Apparat, die Organisationskosten des Glaubens, immens. Das gilt nicht nur für das Jahrtausendgebäude der großen Kirchen, sondern erst recht für viele Pfingstkirchen mit ihrem hocheffizienten kommerziellen Marketing, deren Größe hinter ihrer dezentralen Struktur verschwindet. Das Budget lässt nicht viel Raum für die konkreten Taten der Nächstenliebe. Ökonomisch gesprochen, sind Kirchen personalintensive Dienstleistungsunternehmen. Die katholischen Bistümer verbrauchen strukturell fast 60 Prozent ihres Gesamthaushalts für das Personal, die evangelischen Landeskirchen sogar 70 Prozent (weil die Alimentation von Pfarrfamilien wohl teuer kommt)[77]. Allgemeine priesterliche Seelsorge, der Religionsunterricht, das Insgesamt der hilfreichen Zuwendung, die Unterhaltskosten der Gebäude – von der Kathedrale über die Schulen bis zu den Räumen der Familienberatungsstelle – sind fixe Kosten, die fast das Kirchensteueraufkommen verschlingen. Für die kirchlich-institutionellen „guten Werke" bleibt wenig Masse.

Als die Allensbacher die Kirchensteuerzahler – von denen 27 Prozent mit ihrer Kirchensteuer ausdrücklich „Gutes tun" wollen – fragte, was die Kirchen mit dem Geld tun sollten, dachten die meisten an die „guten Werke", an Alters- und Pflegeheime, Kindergärten, an die Hilfe für Hungernde. Bei diesem Wunschkatalog denken die meisten nicht daran, dass staatliche oder kommunale Aufgaben nach dem Subsidiaritätsprinzip („was auf einer unteren Ebene getan werden kann, soll nicht die höhere tun") auf die Kirchen übertragen werden, die sie natürlich nicht aus ihren Kassen bezahlen müssen. Die Kirchensteuer sichert aber die institutionelle Trägerschaft dieser Leistungen, und sie können nicht zuletzt durch christliche Motivation und dank einer häufig anzutreffenden hingebungsvollen Selbstausbeutung oft günstiger und besser angeboten werden – was in einer Wettbewerbsszene natürlich umstritten ist. Wenn eine distanzierte Öffentlichkeit die wichtigen, aber teuren Papstreisen – die ja seit Johannes Paul II. häufiger geworden sind – kritisiert, bedenkt sie nicht, dass die durch den Peterspfennig, also eine Spende der

Bistümer an den Papst, finanziert werden, nicht durch Kirchensteuern. Pitt meint, sie sollten den Päpsten tüchtige Ghostwriter und Rhetorik-Coaches schenken, um die Wirkung der spektakulären Inszenierungen des globalen Glaubens noch zu steigern.[78]

Die kleine Gemeinde in ihrer sozialen Intimität und Kontrolle mag sich auf die Opferwilligkeit ihrer Mitglieder stützen. Die frühchristliche Gemeindekasse des 2. Jahrhunderts war nur Armen- und Unterstützungskasse, war „Gotteskasten", denn feste Gehälter bezogen die Kirchenbeamten nicht.[79] Eusebius, der Chronist des Urchristentums, muss es als eine skandalöse Neuerung empfunden haben, dass ein Bischof Gehaltsempfänger wurde. „Sie überredeten Natalius, dass er sich gegen Besoldung von monatlich 150 Denaren zum Bischof dieser Häresie ernenne." Die Besoldung, diese „verderbende Gewinnsucht", war wohl schlimmer als die Häresie des Schusters Theodot, der Christus einen bloßen Menschen genannt hatte.[80]

Die Großkirche braucht eine kalkulierbare stabile Basis, die nicht nur von der Opferwilligkeit oder von der kleinen Werk-Bestechlichkeit der Mitglieder abhängt. Ob formell oder informell statuiert, war der Kirchenzehnt, den die Kirche aufgrund der mosaischen Bücher schon 585 als ihr – von Karl dem Großen 779 bestätigtes – Recht – beanspruchte, immer eine Art Zwangsopfer.[81] In Sagorsk nahe Moskau hörte Pitt manches über die Verlegenheiten der Russisch-Orthodoxen Kirche, die sich bis 1985 in einer feindlichen Umwelt finanziell und damit organisatorisch nur behauptete, indem sie ihre Dienste an die Gläubigen verkaufte, weil die Spenden nicht reichten. Die Priester ließen sich Taufen, Hochzeiten, Beerdigungen, Bitt- und Dankgebete bezahlen, wobei das Armenrecht auf kostenlosen Service gewährleistet war und die Tarifkalkulation nach dem Prinzip der direkten Produktrentabilität erfolgte.

Der Gottesdienst verlangt Unabhängigkeit von irdisch-menschlichen Erwartungen, vom „Markt". Wenn sich die Kirche abhängig macht von der erfolgreichen Befriedigung von Menschen- und Marktbedürfnissen, macht sie sich zum bezahlten Makler eines Heils, das selbstverständlich die Werkgerechtigkeit bestätigt. Ohne kalkulierbares Budget muss die Kirchenleitung immer ein Auge zudrücken, wenn es um die Prüfung der Gläubigen oder ihrer bußfertigen Gesinnung geht, muss sie, wie der prachtliebende Leo X., dem es immerhin um die Vollendung des Baus der Peterskirche ging, die trickreichen Ablasskrämer gewähren lassen und den Johann Tetzel, der schon mal wegen Ehebruchs zum Tod mittels Ersäufens verurteilt worden war, zum apostolischen Kommissar und Doktor der Theologie ernennen.

„Der Gerechte lebt aus dem Glauben (und übt keine Werke)" und „Der Gerechte übt Werke (und lebt nicht aus dem Glauben)". In dieser Pointe hat Hans Küng[82] eine unzulässige interkonfessionelle Polemik zusammengefasst. Ricarda Huch[83] hat darauf aufmerksam gemacht, dass Luther in seinen „Tischreden" schon Brücken zwischen der Glaubens- und Werkheiligkeit gebaut habe: Die „guten Werke" könnten den Glauben beweisen – „als Früchte, die Gott befohlen hat." In Abwandlung des berühmten Wortes von Kant über das Verhältnis von Begriff und Anschauung lässt sich definieren: Die Werke ohne den Glauben sind leer, der Glaube ohne die Werke ist blind. Die ungläubigen Christen, denen die Konfession ja wirklich eine familiär bedingte formelle Zufälligkeit ist, interessieren sich nicht dafür, ob der Glaube oder die Werke rechtfertigen. Pitt ahnt aber, dass eine gläubige Gemeinschaft, der die „guten Werke" nicht nur eine Arabeske der Glaubensfähigkeit sind, möglicherweise ein offeneres Ohr für das Problem der ungläubigen Christen haben könnte. Für die wäre es am bequemsten, wenn sich der Glaube vollends durch die Werke substituieren ließe. Der Werkchrist ohne Glaube hätte eine klare mitgliedschaftliche Legitimation.

Angelus Silesius, der Meister der Glaubenslust, wird Luthers Tischreden nicht gekannt haben. Er hätte sich vielleicht nicht entschieden, katholisch zu werden, weil ihm Luthers Rechtfertigungslehre offenbar zu rigid erschienen ist. Er hätte sich mit der Kraft seines mystischen Herzens nicht der katholischen Lehre ergeben müssen, die – so ein Breslauer Domkapitular – „außer dem Glauben als Heilsbedingung auch die

Liebe, und sei es nur den allerzartesten Ansatz derselben, fordert."[84] Natürlich haben die protestantischen Zeitgenossen dem Dr. Johannes Scheffler (so der bürgerliche Name des „schlesischen Engels") das Konversionsmotiv mit seinem Glaube-Liebe-Konflikt nicht abgenommen, sondern behauptet, ihn habe die Aussicht auf die Stelle eines kaiserlichen Leibarztes gelockt, und genüsslich kolportiert, bei der ersten Fronleichnamsprozession, 1661, sei der Neukatholik „mit dem hochwürdigen Sacrament in Koth gefallen". In der Titelzeichnung einer gehässigen Streitschrift karikierten sie ihn als rechten Tetzelschen Werkheiligen mit einem gewaltigen Krimskrams-Bauchladen: „Ach sehet doch den Wunder-Orden / Hans Scheffler ist ein Tredler worden / Viel Paternoster, Brillen, Scheren / Kehrwische kann er gewehren".

Seine Sympathie für den umstrittenen Gottesmann kann Pitt nicht verhehlen. Das sola-fide-Schlüsselwort könnte einen Keil zwischen innigen Glauben und tätige Liebe treiben, zwischen selbstgenügsame Innerlichkeit und praktische Weltzuwendung, zwischen Gottesgemeinschaft und menschliche Solidarität, den weder Paulus noch Augustinus noch Luther gewollt haben. Glaube, der von der Gemeinschaft und dem Engagement für sie wegführt, ist ein Widerspruch in sich. Es sind nun mal die Werke, mit denen der Gemeinschaft am besten geholfen ist.

Dem Dr. Johannes Scheffler wurde in seiner Grabrede bescheinigt, er habe „seine jährlichen Bischöfflichen Renten, dreysig tausend, gäntzlich auf die Armen gewendet", was „er bey dem Weltlichen Herzog erworben, was er bey den Geistlichen Fürsten verdienet, was er mit seiner Artzt practica wie auch mit Büchern in Druck und Kauff außgegeben, gewonnen: was er an seinem Hals ersparet; ist alles auf die arme Witwen und Waisen, ich wollte sagen, auf dem Altar, Gott geopfert worden." Pitt, der erfahren hat, wie kümmerlich Witwen und Waisen leben können, hat manches Mal an den Angelus gedacht, als die Medien monatelang das Neueste aus der Luxuswelt des Limburger Bischofs, Herrn des schönsten romanischen Doms, berichteten.

Auch das noch! hatte Pitt gedacht, als ihn ein Pastor in das von Frankfurt aus nur zeitraubend zu erreichende Bederkesa einlud, im Rahmen der Friedenswoche der evangelisch-lutherischen Kirchengemeinde über die produktethischen Grundsätze seines genossenschaftlichen Handelsunternehmens zu sprechen. Am Abend zuvor hatte er in einer Versammlung der Evangelischen Frauenarbeit über den Boykott südafrikanischer Cape-Früchte diskutiert und keine gute Figur mit seiner – töricht zugespitzten – Bemerkung gemacht, dass nicht der Bischof Tutu, der ihn gefordert hatte, sondern die ohnehin schon benachteiligten schwarzen Armen arbeitslos würden, wenn die Produkte in Deutschland nicht mehr verkauft würden.

Zentralthema der Friedenswoche, so der Pastor, sei die Wirtschaft im Spannungsfeld von Moral und Profit. Pitt zögerte, denn er mag keine „und"-Themen, die nach „oder"-Themen klingen. „Ein Wirtschaftsthema in Ihrer Friedenwoche? Was hat denn die Wirtschaft mit dem Frieden zu tun?" Pitts Stimme und Frage sollten abweisend klingen. „Gerade!" sagte der Pastor, dessen Stimme dieses überzeugende Strahlen hatte. „Sie in der Wirtschaft führen doch jeden Tag Ihren fröhlichen Krieg." Pitt war entschlossen abzulehnen. „Sie sind auch herzlich eingeladen, an unserer Friedensandacht in der Jakobi-Kirche teilzunehmen." Pitt sagte zu, nicht wegen der Andacht, aber die Kirche, in der er in Kirchrode getauft und konfirmiert wurde, heißt auch St. Jakobi.

Er bereute seine Zusage, als er das Programm und das Plakat und das Kleingedruckte las: „Das Gute, das ich will …, das Böse … das ich tue." Er will nicht immer das Gute, auch sein Unternehmen nicht, aber das Böse wollen beide nicht. Das musst du theologisch verstehen, sagte sich Pitt, die Veranstalter entschuldigend und sich selbst besänftigend, und abends las er im Testament nach, was die Pünktchen verbargen. Römer 7, Verse 18-20: „Denn ich weiß, dass in mir, das ist in meinem Fleische, wohnt nichts Gutes. Wollen habe ich wohl, aber vollbringen das Gute finde ich nicht. Denn das Gute, das ich will, das tue ich nicht; sondern das Böse, das ich nicht will, das tue ich. Wenn ich aber tue, was ich nicht will, so tue nicht ich das, sondern die Sünde, die in mir wohnt."

Er kaufte sich Karl Barths „Römerbrief", um verstehen zu lernen, wie stark Sündhaftigkeit sich in der Wirtschaft, deren Anwalt er sein musste, manifestierte. Er kam aber erst auf der Reise nach Bederkesa zu seiner Lektüre, resignierte bald (auch vor der vertrackten frühchristlichen Sündenlehre, die unter „Fleisch" ja mehr sieht als ein Nahrungsmittel) und nahm sich vor, den Pastor von St. Jakobi mit einer ironisch-versteckten Pointe zu ärgern: Wenn Paulus sagte, dass die, die fleischlich sind, fleischlich gesinnt seien (8,5), so wollte er recht anschaulich über den Neubau der großen Oldenburger Fleischwarenfabrik seines Unternehmens sprechen, die mit ihren modernsten Hygienestandards und interdisziplinären Projekten der Humanisierung des Arbeitslebens als Beispiel produktethischer Orientierung dienen konnte.

Er hatte ein aufmerksam-freundliches Publikum, und er versuchte, die Frage „Will die Wirtschaft nur verkaufen – egal was und wie?" redlich und sachlich, ohne paulinische Anspielung, zu beantworten, sprach von Wettbewerbspreisen und Kostendruck, von Wirtschaftlichkeit und Arbeitsplätzen, von den Launen und Lastern der christlichen und heidnischen Verbraucher und buchstabierte geduldig das ganze Alphabet des kapitalistischen Systems, das ja eine humane Kommunikation erlaubt, weil es keinem vorschreibt, was er sagen, tun und kaufen soll.

Er freute sich, in einem Diakon, der früher ein Warenhausmanager gewesen war, einen Fürsprecher seiner Position gefunden zu haben. Und er hatte großes Glück, denn sein dramaturgischer Gegenspieler war der Vertreter eines Unternehmens, das nicht um des Gewinnes willen, sondern zwecks Förderung der Partnerschaft mit der Dritten Welt arbeitete. Der konnte Treffliches über guten Willen und schwache Resultate berichten und griff die Gemeinde, die in andächtiger Zustimmung an seinen Lippen und den Dias aus den indischen Teegenossenschaften gehangen hatte, frontal an: warum denn der Dritte-Welt-Laden in Bederkesa, der von der evangelischen Gemeinde betrieben werde, so wenig Tee verkaufe? Alles Teemuffel, im Norden? Der Pastor räumte irritiert Probleme in seiner Gemeinde, ja im Kirchenvorstand ein, denn einige Mitglieder, örtliche Einzelhändler, hätten gefordert, der Laden des guten Willens dürfe nur einmal im Monat für zwei Stunden geöffnet sein – also christliche Nächstenliebe und Solidarität mit den Armen der Welt symbolisch. Die praktischen Probleme christlichen Engagements wurden heftig diskutiert. Ja, der kapitalistische Wettbewerb, der „Krieg", der überall tobt, fand auch in Bederkesa statt, sogar im Schatten des Turms der Jakobikirche.

Die christlichen Einzelhändler von Bederkesa wollen keinen Wettbewerb; warum sollten sie ihn wollen? Nicht einmal die „gute", die ethisch hochstehende Konkurrenz der Dritte-Welt-Initiative, die das „Böse" in den internationalen Wirtschaftsbeziehungen anprangert und mildert, sollte ihr friedliches lokales Miteinander im Windschatten des Kirchturms stören, nicht ihre Brüderlichkeit unter dem segnenden Motto der „gerechten Nahrung" in mittelalterlich-zünftlerischer Friedfertigkeit. Wer will schon Kampf und „Krieg"? Ewig wird der Kampf der Meinungen darüber toben, was gut und böse für den Menschen sei, der Wettbewerb mit seinen Kanten und Ecken, seinen Listen und Fallen, seinen Verführungen und Verdrängungen, seinen produktiven Zwängen, oder die stille Gemeinschaftsarbeit, die versorgt, verteilt und zuteilt und Menschen in ihrem Gerechtigkeitstraum umhegt. Manchmal ist es auch der anti-christliche Despot, der „jedem das Seine" gibt, das im angeordneten Konsens des Wir definiert wird.

Gotteskindschaft: der Vater im Himmel, pater familias am Tisch der großen Weltfamilie, den Schöpflöffel in der Hand, wissend und sehend, was jedes Familienmitglied braucht. So stellen sich die ganz Frommen und die ganz Unfrommen die „gerechte" Wirtschaftsordnung vor, im Dorf, im Land, in der Welt, und sie sind sich einig, dass sie nicht „kapitalistisch" sein dürfe. Kapitalismus ist nichts als die Sünde, das Sich-Absondern vom Tisch des Herrn, die Schatzsuche auf eigene Faust, die Aversion gegen den Speisezettel der Communio, die Adam-und-Eva-Neugier, die Flucht aus der Eintönigkeit des Paradieses, jenes aufsässige „Hoppla, jetzt komm ich", mit dem der Mensch die Gottesruhe des Sonntags nach der großartig vollendeten Schöpfung störte.

Papst Johannes Paul II. musste 1988 in seiner Enzyklika „Sollicitudo rei socialis" ein mahnendes Wort sprechen und für die „unternehmerische Initiative", die den Wettbewerb braucht, Verständnis wecken. Am christlichen Misstrauen gegenüber dem Wettbewerbsgeist ändert auch das historische Paradoxon nichts, dass es in Polen die katholische, in der ehemaligen DDR im Wesentlichen die lutherische Kirche gewesen sind, die das Schutzdach zimmerten, unter dem die gottlose Idee der ökonomischen Zwangsgemeinschaft ausgetrieben und die ebenso gottlose Idee der individualistischen Wettbewerbsfreiheit eingepflanzt werden konnten.

Der von Pitt erlebte Nestor der katholischen Soziallehre, der Jesuitenpater Oswald von Nell-Breuning, hatte 1929, am Vorabend der weltgeschichtlichen Katastrophe des Kapitalismus, die Gründer der von ihm in Bederkesa vertretenen Handelsgruppe, die sozialistischen und christlichen Konsumgenossenschaften, in vielen Vorträgen eindringlich beschworen, ihren Weg einer „bedarfsgerichteten Wirtschaft" auszubauen. Der Pater mit seiner wahrhaft limitierten Bedürfnisskala schrieb ihnen in ihr Stammbuch, eine „verfeinerte und vergeistigte Auffassung vom Bedarf des Menschen" zu entwickeln.[85] Die „alten" Konsumgenossenschaften sind in den Wirbeln des Wettbewerbs untergegangen, aber der Auftrag wird unter dem sozialökologischen Banner in neuen Kooperationsformen wieder aufgenommen. Die christlichen Konsumgenossenschaften, die ihren Schwerpunkt in den katholischen Rheinlanden hatten, versahen den Gedanken einer bedarfs- und gemeinschaftsbetonten Wirtschaft mit ständisch-nationalkonservativen Akzenten und flohen schließlich in die Arme der Nationalsozialisten, die den Gemeinschaftsgedanken auf entsetzliche Weise pervertierten.[86] Dabei hatten gerade sie die in das Jahr 1669 zurückgehende Tradition der „im großen Stil organisierten Kooperativ-Genossenschaften aus christlichen Grundsätzen" (Ernst Troeltsch[87]) nach dem Programm des Peter Cornelius Plockboy.

Wir wollen den Wettbewerb nicht, doch wir müssen ihn wollen. Auch die an Gott glaubenden Menschen wissen: er ist das Elixier jener postparadiesischen Freiheit, die sie sich von ihrem Schöpfer genommen haben. Adam und Eva haben sich gegen die bergende Schöpfung und für ihre Absonderung vom göttlichen Willen entschieden und müssen das in Schweiß und Tränen getauchte Brot essen. Dem absoluten Schöpfermonopolisten ist der Geist des Wettbewerbs fremd, wie allen, die sich gottähnlich dünken. Wo der Mensch im Wettbewerb kämpft, ist er Gott nicht ähnlich, auch wenn er gewinnt.

Oder ist der Wettbewerb nicht doch Teil eines Schöpfungsplans, jedenfalls des evolutionären? „Der Mensch will Eintracht", sagt Immanuel Kant, als er über die Geschichte in „weltbürgerlicher Absicht" nachdachte, „aber die Natur weiß besser, was für seine Gattung gut ist: sie will Zwietracht"[88]. Im „großen Hang, sich zu vereinzeln (isolieren)" erkennt er die „ungesellige Eigenschaft", und in der „ungeselligen Gesellschaft des Menschen" eine grandiose Schöpfungslist. Der Mensch strebt nach Gemeinschaft und Solidarität, strebt danach, so Kant, „sich zu vergesellschaften". Die Gemeinschaft ist seine gotteskindhafte Heimat. Doch er bedarf auch der egoistischen „Habsucht", auch der „missgünstig wetteifernden Eitelkeit", um den „Hang zur Faulheit" zu überwinden und der Schöpfung etwas hinzuzufügen und durch sich selbst das anthropologische Konzept zu vollenden.

Nicht die pfuschende Hand eines „bösartigen Geistes", sondern die eines „weisen Schöpfers" sieht der Philosoph in dieser „Anordnung". Da Pitt kein Theologe, sondern ein Händler ist, vermag er eine gewisse Genugtuung darüber nicht zu unterdrücken, dass der Friedensphilosoph Kant dem „ungeselligen", friedfertig wetteifernden „Handelsgeist" die Fähigkeit zuschreibt, den „edlen Frieden zu befördern".[89] Die kriegerischen „Gemeinschaften", die Staaten, sehen sich durch die gemeinschaftsfremde „Geldmacht" genötigt, den Krieg zu vermeiden oder zu beenden. Ein Gedanke, den die Marxisten-Leninisten in sein Gegenteil, den angeblich ökonomisch notwendigen, kriegerischen Imperialismus, vermurkst haben. Und die großen Kriegsräuber der Geschichte, die blutrünstigen Fanatiker des Weltenbrandes, haben immer behauptet, es gehe ihnen nicht ums Geld. Sie müssen es nicht haben und nicht erwerben, sie rauben es.

In einer kirchlichen Friedenswoche ist die Versuchung groß, die Gemeinschaftssehnsucht des Menschen ihrer geglaubten Gotteskindschaft zuzuschreiben; und auch Pitt erliegt ihr. Der Gottesgedanke wirkt bindend und gemeinschaftsstiftend. Doch auch die Entfaltung des Christentums war ein antagonistischer Prozess, ein Stoß gegen das alttestamentarische Erbe, gegen den Heimatschoß des Judentums, war oft kämpferische Überwindung des Heidentums. Jesus Christus reißt die Menschen aus alten Bindungen und führt sie in neue Freiheiten. Er ist ein Mann des Konflikts, der „kämpferischen Unbedingtheit"[90], der herrisch fordert, alle Brücken und Bande zu Tradition, Familie, Ordnung, Gesetz zu zerstören.

Der menschliche Geist ist aus dem Konflikt mit einem göttlichen entstanden. Er hat das Kreuz geschaffen und es aus dem Holz des Baumes der Erkenntnis gezimmert. Das Kreuz ist das Produkt einer verworrenen Ethik. Die aus dem Glauben geborene Gemeinschaft will den Konfliktgeist überwinden und die einfache Ethik der mosaischen Gebote und der Nächstenliebe aufrichten. Die in der gläubigen Gemeinschaft wiedergeborene Erkenntnis des Guten und des Bösen versöhnt sie mit Gott. Das Kreuz ist auch die Wand jenes Warschauer Hauses, an der Andrzej Szczypiorski den Schneider Kujawski unter der Salve sterben lässt: „Es ist allgemein bekannt, dass die große Weisheit am Ende den anständigen Menschen geschenkt und den Schurken genommen wird. Denn was ist diese größte und geheimste Weisheit des Menschen anderes, als das Gute gut zu nennen und das Böse bös?"[91] Anstand, das ist die Gemeinschaft in uns.

Aber die Gegenrede folgt auf dem Fuß. Trotzt dieser anständige Mann in seinem „schönen und würdevollen Tod" nicht allen Propheten der Gemeinschaft, wenn er, ganz allein, „in seinem Herzen das Maß der Gerechtigkeit, Güte und Nächstenliebe" trägt? Ist er nicht ein Extremfall der adamitischen Ab-Sonderung vom Willen eines Gottes und einer in seinem Namen konstituierten Gemeinschaft, eine sündhaft individualistische Willkürdefinition von Gut und Böse? Wollte dieses tapfere Schneiderlein doch nur eine Welt, „in der jeder ein freier Mensch sein sollte, ohne Rücksicht auf Rasse, Nationalität, Weltanschauung, Form der Nase, Lebensweise und Schuhgröße?" Kann es wirklich eine Gemeinschaft der freien Menschen geben, die in diesem Ideal den ersten Grundsatz seiner Verfassung sieht? Wenn man die Kreuzesworte Jesu liest, könnte man annehmen, dass selbst ein Sohn Gottes, der die Menschen in die Gemeinschaft mit seinem Vater führen wollte, daran zweifelte.

Gerechtigkeit, Güte, Nächstenliebe sind Worte, die nur in der Gemeinschaft einen Sinn ergeben. Wenn wir fragen: ist die Gemeinschaft zu mir gerecht, zu mir gut, liebt sie mich? dann verfallen wir der „ungeheuren Schwerkraft der Selbstsucht", die durch die „Tyrannei des korporativen Egoismus"[92] gesteigert wird, wie es der Philosoph und Pädagoge Friedrich Wilhelm Foerster beschrieben hat, der in seinem unglücklichen Jahrhundert einer der tapfersten Friedfertigen war. Jede Gemeinschaft muss sich befragen, ob sie den drei Normen des „anständigen" Menschen gerecht wird. Natürlich auch eine kirchliche Gemeinde nicht nur in der Friedenswoche, wenn die Kirche ein vom Geist christlicher Freiheit erfülltes Gefäß der Gemeinschaft ist.

8

Kleine Soziologie bei Tisch

Dass Kirche Gemeinschaft ist, hat Pitt in St. Gabriel erfahren, als er sich vom gemeinsamen Mahl, dem Abendmahl in der Frühe, ausgeschlossen hat. Gemeinschaft und Heimat begreifen wir als lebensfördernde Werte oft erst, wenn wir sie verloren haben. Ferdinand Tönnies, der über das Wesen der Gemeinschaft in tiefster Passion nachgedacht hat, sieht in der religiösen Gemeinde, einer Gemeinschaft des Geistes, den „letzten und höchsten Ausdruck, dessen die Idee der Gemeinschaft fähig ist".[93] Im Mittelpunkt der kirchlichen Gemeinde steht das Abendmahl, das – in welcher Form auch immer – gemeinsame Mahl, in dem die Gemeinde sich selber und ihre Entstehung in der erinnerten Einsetzung feiert. Auch der Soziologe Georges Gurvitch sieht in der Kommunion die intensivste Form der „Vereinigung von Personen im Wir"[94].

Das Leben jeder Gemeinschaft entfaltet sich in der sinnlichsten und fasslichsten Form um den Tisch herum, als Tischgemeinschaft. Dass gemeinschaftliches Leben „gegenseitiger Besitz und Genuss" und „Besitz und Genuss gemeinsamer Güter" ist, erfahren wir bei Tisch, am Familientisch oder bei den nachbarschaftlichen Gelagen, wo jeder heranschleppt, was er vermag, ohne nach Kosten und Preisen zu fragen, oder beim Abendmahl im geistigen Genuss symbolischer oder als leibhaftig vorgestellter Güter, die keinem einzelnen gehören.

Ferdinand Tönnies, ein jugendlicher Freund Theodor Storms, 1855 als Sohn eines Eiderstedter Marschenbauern und einer Pastorentochter geboren, kannte die integrative Kraft des Tisches aus eigenem Erleben. „Und wie Wald, Feld und Acker die natürliche äußere Sphäre, so ist der Herd und sein lebendiges Feuer gleichsam der Kern und die Wesenheit des Hauses selbst, die Stätte, um welche sich Mann und Weib, jung und alt, Herr und Knecht, zur Teilnahme am Mahle versammeln. So wird Herdfeuer und Tafel symbolisch bedeutend .... Die Tafel ist das Haus selber, insofern, als jeder daran seinen Platz hat und sein gebührend Teil zugewiesen erhält. Wie vorher um der einheitlichen Arbeit willen die Genossen sich teilen und trennen, so findet hier die Wiedervereinigung statt, um der notwendigen Verteilung des Genusses willen."

Die Tische sind klein geworden in unserer Zeit. Werden die Tische noch gebraucht? Im Wirtschaftswunderland der 1950/60er Jahre verdrängten die Nierentische die mächtigen eichenen Ausziehtische mit ihren Troddeldecken, um die sich Sippen mühelos versammeln konnten. Die Familien sitzen zu Tisch wie Jesus mit den Jüngern in Leonardo da Vincis „Abendmahl": die vordere Seite ist nicht besetzt, um den Blick auf den Fernsehschirm nicht zu verstellen. Den Herd birgt die Mikrowelle, und die Tür des Kühlschranks klappt im unterschiedlichen Arbeits- und Lebensrhythmus der Familienmitglieder, die sich immer seltener „wiedervereinigen".

In einem Drittel aller „Häuser" oder Haushaltungen, in den Großstädten der Hälfte, leben Singles, die sich des fragwürdigen Glücks ungeteilten Genusses erfreuen können. Pitt erwähnt das nur, um den Eindruck zu vermeiden, er sei dem Reiz der schönen Tönnies'schen Schilderung des Normaltypus „Gemeinschaft" sozialromantisch verfallen. Die modernen Soziologen (König, Dahrendorf u. a.) haben sich von Tönnies' Begriffen, die methodisch und im empirischen Befund in der Tat nicht sehr scharf sind, distanziert.

Die Tischgemeinschaft ist das Abbild der menschlichen Gemeinschaft. Auch im Mittelpunkt der Familien-Gemeinschaft steht der Tisch. An ihm konkretisieren sich alltäglich die Werte, die wir als Gemeinschaftswerte – ohne jede Reflexion – erleben. Alle rückwärtsgewandten Sozialschwärmereien, aber auch alle revolutionären Sozialutopien schauen auf diesen Tisch: jeder nach seinen Fähigkeiten, jeder nach seinen Bedürfnissen (Marx); jeder sein gebührend Teil (Tönnies); jedem das Seine (der preußische Adlerorden).

Am Tisch herrscht Frieden, die Spannungen reagieren sich höchstens lausbubenhaft unter dem Tischtuch ab. Frieden ist das Resultat erfüllter Gerechtigkeit. Wenn Meckereien und Streitereien wegen der Verteilungsgerechtigkeit auftreten, können der Chef oder die Chefin (wie bei Pitt) schlichten. Klüger ist aber ein bedürfnisgerechter Nachschlag.

Die am Tisch sitzen, fühlen sich durch wechselseitiges Verständnis – den „Ausdruck für das innere Wesen und die Wahrheit alles echten Zusammenlebens, Zusammenwohnen und –wirkens" – verbunden. Verständnis zwischen den Mitgliedern einer natürlichen Zwangsgemeinschaft ist wichtiger als Liebe. Es kommt auf das offene sehend-verstehende Auge für jedes Mitglied der Gemeinschaft an, für seine Person, ihre Stärken und Schwächen. In der Gemeinschaft wird niemand abgelehnt, ist jeder in seiner Eigenart gefragt, auch wenn sie Anlass zu Spannungen und Konflikten gibt. Am Tisch wohnt auch Gastlichkeit. Der Gast, der Gemeinschaftsfremde am Tisch, ist der Beweis für die Fähigkeit der Gemeinschaft, sich zu öffnen und ihren schenkenden Geist auf die Welt zu übertragen.

Der Tisch ist der Hort des Rituals, der verborgenen oder sichtbaren Form, in der sich die Gemeinschaft symbolisch als Gemeinschaft erkennt. Das Tischlein-deck-dich folgt einer Tischsitte und einem Zeremoniell des Miteinander, in denen sich der Konsens der Gemeinschaft festigt. Niemand, auch nicht ein fremder Gast, wird das Eigentümliche der Tischsitte als etwas Äußerliches, Künstliches oder Zufälliges ansehen, sondern als ein festes Band der „Brauchregel"[95], das sich auch um die Gemeinschaft wirkt.

Gleichheit und das Gefühl der Gleichberechtigung verstehen sich bei Tisch von selbst, obwohl kein Glied der Tischgemeinschaft dem anderen gleicht. Das Gefühl der Gleichheit wächst aus der

Erfahrung, in Verständnis geborgen zu sein und damit an der Quelle der Gerechtigkeit zu sitzen.

Wenn die Erinnerung an Gemeinschaften stark in uns emporschießt, erinnern wir uns an große Tische, an denen wir inmitten von Menschen – nie am Rande, immer in einer Mitte – sitzen, die wir kennen und mögen. Ärger und Streit hat es an diesen Tischen gegeben, aber nie Hass, Begehrlichkeiten, aber keinen Neid, Schweigen, doch keine Distanz. Dort gab es die Düfte, Farben und Laute, die wir an tausend Tischen suchen.

Irgendwann sind uns die Tischzwänge der ursprünglichen Gemeinschaft lästig geworden. Wir fingen an, an den Speisen zu nörgeln. Den Chef an der Stirnseite des Tisches empfanden wir als herrschsüchtig, griesgrämig, arrogant. Die tyrannische gleichmacherische Liebe schien uns mehr zu nehmen als zu geben. Die mütterliche Fürsorge machte uns die Speisen zu süß oder zu sauer. Unser Appetit regte sich mächtig vor dem Glockenschlag, und wir liefen vom Tisch, als der letzte den letzten Löffel noch nicht zum Munde geführt hatte. Wir deckten uns unseren eigenen Tisch zum fröhlichen Selbstgenuss und zur Stunde unseres individuellen Appetits. Wir setzten uns mit ungewaschenen Händen zu Tisch. Ekel und Schauder erfasste uns, weil der Tischnachbar schmatzte. In unserer Idiosynkrasie gegen das So-und-nicht-anders-sein der Tischgenossen begannen wir zu streiten. Dann sind wir aufgesprungen, um uns einen anderen Tisch in neuer Gemeinschaft zu suchen. Jetzt sitzen wir an der Table d'hôte in anregender Gesellschaft.

An den fremden Tischen erfahren wir das Trennende, das der Tisch der Gemeinschaft in der „Wiedervereinigung", wie Tönnies sagt, aufhebt. Zwecks unserer Sättigung schließen wir einen Vertrag über die Lieferung des Laibes Brot ab, den wir mit dem Geld bezahlen, das wir durch unseren Beitrag zum gesellschaftlichen Tischlein-deck-dich verdient haben. Am Tisch der Gesellschaft vertragen wir uns durch den Vertrag. „Man leistet sich Gesellschaft", sagt Ferdinand Tönnies. Es ist nicht unser Wert an und für sich (die „Würde"), der uns zur Teilnahme an der Besitz- und Genussgemeinschaft legitimiert, sondern unser Wert für andere.

Wir werden zu Tisch gebeten, weil und wenn wir nützlich sind, bis hin zu den Stehpartys, den Selbstfeiern der Gesellschaft, die im Kult wechselseitiger Nützlichkeit gleichzeitig homogenisiert und differenziert (und ohne Dompteur in raubtierhafter Geschicklichkeit die warmkalten Büffets plündert). Wir zappeln in unseren Netzwerken und haben Angst, dass wir durch eine Masche fallen. In den Gaststätten späht unser Blick nach dem leeren Tisch, und ist er nicht leer, so müssen Bier und Apfelwein auf ihm stehen, um uns mit einer zufälligen Gesellschaft im gemeinschaftsstiftenden Rausch zu versöhnen.

Nichts erinnert am Tisch der Welt an den Tisch des Hauses, der Nachbarschaft, des Ortes, des Bundes; an diesem sind wir Gesichter und Gestalten, an jenem sind wir Namens- und Titelschilder, registriert beim Protokollchef und legitimiert durch Visitenkarten mit Positionsbeschreibung. Die Gesellschaft, so definiert Tönnies, wird als „ein bloßes Nebeneinander voneinander unabhängiger Personen begriffen."

Wo immer, wann immer wir in Gemeinschaft leben: es kommt der Tag, an dem uns Tischzwang lästig wird. Im Leben des Individuums, das in der Gemeinschaft aufwächst (oder aufwachsen sollte), kann sich das gegen Regel, Ritual und Herkunft aufbegehrende tabula-rasa-Machen jäh ereignen, im Leben von Völkern kann das ein langwierig schleichender Prozess sein, der sich bei raschem wirtschaftlichen und sozialen Wandel durch exogene Schocks auf wenige Jahre verkürzen kann. Was ist der reich und liebevoll, der gütig und gerecht gedeckt Tisch des Paradieses gegen die Verlockungen der unbekannten, vom Gehorsamsgebot tabuierten Frucht?

Am Tisch in der St. Gabriel-Kirche, um den sich die Gemeinschaft der Gläubigen halb zum Frühstück, halb zum Abendmahl versammelte, saßen zwei Gäste – in ihrem Abgesondertsein vom Glaubenskern der Tafelrunde – tatsächlich „für sich allein und im Zustand der Spannung gegen alle", die gegessen und getrunken hatten, was die

Gemeinschaft auftischte. Sie hatten die sakramentale Speise, Brot und Saft, verschmäht. Sie wurden nicht vom Tisch verbannt, denn eine Gemeinschaft ist höflich gegenüber Gästen, deren „Kürwille" mit dem „Wesenswillen" der Gemeinschaft (Tönnies' Worte) nicht versöhnt ist. Hätten die Gäste selbst gehen sollen? Nein, auch sie sind höflich. Pitt erinnert sich, dass er einmal beim Lunch mit einem vegetarisch lebenden indischen Kaufmann eine Suppe bestellt hatte, die entgegen den Beteuerungen des Kellners verborgenes Fett enthielt. Der Gast war zu Pitts Entsetzen vom Tisch fortgestürzt und hatte sich „gereinigt". Pitt an seiner Stelle hätte wahrscheinlich aus taktischen Gründen Takt bewiesen und wäre sitzen geblieben.

Er entspricht nämlich dem Typ des „Kaufmanns", der für Tönnies, der im Herzen ein Bauer ist, in seinem Nutzenstreben der „erste freie Mensch" war, der „isoliert (= abgesondert) von allen notwendigen Beziehungen, Pflichten, Vorurteilen" damit auch „frei von den Banden des Gemeinschaftslebens" war. Er ist ein ziemlich fragwürdiges Wesen, dieser „Händler" (auch bei Werner Sombart ist er ja der Gegenspieler des „Helden"): ist „heimatlos, ein Reisender ... ohne Liebe und Pietät ... zungenfertig und doppelzüngig ...ein Gewandter, sich Akkomodierender und doch überall seine Zwecke im Auge Behaltender ... ein Mischer und Ausgleicher, Altes und Neues zu seinem Vorteil Wendender". Hätte er am Tisch der gläubigen Gemeinschaft den kleinen Bissen, den kleinen Trunk nicht akzeptieren können, um des lieben, taktisch-taktvollen Friedens willen?

Am Tisch von St. Gabriel waren Gemeinschaft und Gesellschaft verzahnt. Sie vermischten sich ohne Mischung, blieben im Ungeschiedenen verschieden. Wenn das Pittpaar das etwas lässige Sakrament genommen hätte – was hätte es ihm bedeuten können? Seine Verstellung jedoch, der Schein des Mitmachens und Mitfeierns, wäre für die Gemeinschaft schädlicher gewesen als die augen- und auffällige Abstinenz.

Ferdinand Tönnies hat nie versucht, aus seiner Analyse von Gemeinschaft und Gesellschaft ein gesellschaftliches Modell für

Gegenwart und Zukunft zu zimmern. Die Sittlichkeit gehe den Staat nichts an. Doch dann kamen die Nationalsozialisten mit ihren Schalmeienklängen und Sirenengesängen voller Gemeinschaftspathos, -kitsch und –duselei, mit ihrem ideologisch verquasten „Gemeinnutz geht vor Eigennutz", und sie machten in völliger Verkennung seiner Werke Tönnies das Angebot, als Zeuge und Pate am Aufbau ihres Drei-Säulen-Tempels „Ein Reich, ein Volk, ein Führer" mitzuwirken. Er tat es nicht, anders als große Teile der deutsch-evangelischen Christen. Er blieb „abgesondert" und bekam seine Sonderbehandlung: mit 78 Jahren Entlassung ohne Pension, „so dass ich im Alter noch die reale Armut kennen (lernte), mit der ich mich thematisch oft genug beschäftigt habe."[96]

Pitt denkt an den amerikanischen Film „Cabaret" mit Liza Minelli aus dem Jahre 1972, von Bob Fosse. Im Biergarten eines Berliner Gasthofs im Grünen singt ein blonder Hitler-Junge das Lied „Der morgige Tag ist mein", hebt an in lyrischem Schmelz und steigert seine Stimme in einer aggressiven vaterländischen Apotheose, und alle Gäste erheben sich nach und nach und stimmen ein. Nur ein alter Arbeiter bleibt sitzen, kopfschüttelnd. In diesem alten Mann hat Pitt immer Ferdinand Tönnies gesehen. Der großartige Film, der so viel erklärt, hat seine acht Oscars wirklich verdient.

9

Die Bürger von Ninive

Er ist nichts als die Figur eines Lustspiels, der „Freigeist". Gotthold Ephraim Lessing stellte ihn in der Mitte des 18. Jahrhunderts, in der die Aufklärung zu blühen begann, auf die Kammerbühne, den Luftikus Adrast. Sein Gegenspieler Theophan (erscheint Gott in ihm?), ein junger Geistlicher, nennt ihn „Freidenker, starker Geist, Deist, Philosoph", aber alles in allem doch eine „Schande der Menschheit". Dass sich Theophan gegenüber dem „Feind der Tugend" schließlich sehr nobel benimmt, ist eine typisch Lessingsche Pointe – bei ihm war Freiheit immer menschliche Souveränität in Anstand und Toleranz.

Der Freigeist wird bei Friedrich Nietzsche als „der freie Geist" wiedergeboren, als eine trotz allem Optimismus tragische Figur. Als Nietzsche am Ende seines kurzen, im geistigen Zusammenbruch endenden Lebens eine Art Bio- oder Autobiographie des „freien Geistes" schreibt, nennt er sie „Antichrist", ein Wort, das in Lessings Spiel der fromme Diener Martin dem „atheistischen" Diener Johann, dem „starken Kerl", im Stellvertreter-Disput entgegenschleudert (II,5).

Der freie Geist, das auf seine Selbstbestimmung pochende Individuum, der sich aus den Banden des überkommenen Gemeinschaftslebens langsam, jäh oder in skurriler Übersteigerung lösende „mündige" Mensch: er hat sich in vielen einzigartigen und typischen Exemplaren seit Renaissance und Reformation als Protagonist der Neuzeit nach vorn gearbeitet. Ob Michelangelo in der Sixtinischen Kapelle seinen Gott malt, ob Martin Luther mit seinem Gott ringt und die „Freiheit eines Christenmenschen" beschwört: aus der persönlichen Autonomie, die sich

Gott gleich wähnt, und aus dem subjektiven Erlösungsbedürfnis wachsen die Kräfte gegen die vermittelnde Gemeinschaft, die in Traditionen, Form und Ansprüchen das Gefäß der Wahrheit war. Wer seinen Gott schaut und zu ihm in ein persönlich-exklusives Verhältnis tritt, hat ihn für sich erfunden. Gott wird eine Schöpfung des Menschen. Wer sich Gott erfindet, kann auch finden, dass er nicht existiere.

Die freien Geister hat es vor Renaissance und Reformation auch in der Geschlossenheit mittelalterlicher Gemeinschaftsformen gegeben. Immer sprangen welche auf, um vom Tisch der Gemeinschaft fortzulaufen. Was sie am meisten an der Gemeinschaftstafel störte, war der sinistre Überpatriarch an der Stirnseite des Tisches, der Vater aller Kinder, die jemals am Weltentisch gesessen haben (ihre Zahl ist größer als die Zahl derer, die heute an ihm sitzen). Die freien Geister sind durch die Worte des alten Zauberers über Zarathustra, den freiesten Geist, charakterisiert: es sind die, „denen der alte Gott starb".[97] Wenn sie bei Zarathustra die „Entfesselten" heißen, so haben sie bei Blaise Pascal, im 17. Jahrhundert, das „Joch abgeschüttelt", und dieser leidenschaftliche Verteidiger des christlichen Glaubens sagt von seinem freien Geist, „er glaube nicht, dass es einen Gott gibt, der über seine Handlungen wache, er betrachte sich selbst als den alleinigen Herrn seiner Entscheidungen und er gedenke, nur sich selbst Rechenschaft abzulegen."[98] Pascal sah mit Betrübnis auf seine „freien" Zeitgenossen, die geistigen, gebildeten Menschen seiner Zeit, deren moralische Leitfiguren die Stoiker Seneca und Epiktet waren und denen das Christentum ein Moralsystem neben vielen anderen war, zwischen denen sich der „honnête homme" frei entscheiden könne.

Den „mündigen" Menschen feiert die Aufklärung, der sich nach der berühmten Definition Immanuel Kants aus seiner „Unmündigkeit" befreit, einem Zustand, der durch die Unfähigkeit gekennzeichnet sei, sich seines Verstandes ohne Anleitung eines anderen zu bedienen. Keine Idealgestalt ohne ihre fratzenhafte Karikatur. Der Gegenspieler des freien, aufgeklärten Geistes steht auf der Bühne der „Räuber", in der

Gestalt des Franz Moor, der ja seinen Vater auf besonders widerliche und monströse Weise umbringen wollte: „Ich will alles um mich ausrotten, was mich einschränkt, dass ich nicht Herr bin." Er wünscht den Alten, der ja über „gewisse gemeinschaftliche Pakta" wache, weg vom Tisch. Beide, der gute und der böse Bruder, Karl und Franz, sagen: „Ich bin mein Himmel und meine Hölle" und denken „Es ist kein Gott."

Frei ist der Geist, wenn Gott tot ist. Das ist das Credo der freien Geister bis hin zu Nietzsches „tollem Menschen", der auf dem Marktplatz die Gemeinschaft der Gottesmörder stiftet: „Gott ist tot. Gott bleibt tot! und wir haben ihn getötet."[99] Die Menschen auf dem Marktplatz wissen wohl, dass Gott tot und die Kirchen „Grüfte und Grabmäler Gottes" sind, aber sie haben noch nicht begriffen, was es bedeutet, dass Gott tot sei. Der „tolle Mensch", der aufgeregte Gottsucher, der am hellen Vormittag die Laterne trägt, ist von dem Bewusstsein durchdrungen, die Aufklärung habe nicht die Mörder Gottes trainiert, sondern eine neue Aufklärung sei nötig, die freie Geister lehrte, was es heiße, ohne Gott zu leben.

Die letzten Jahrhunderte haben viele Lebensgeschichten von freien Geistern in ihrer Gottferne und Gottvergessenheit geschrieben. Wieso kommt Friedrich Nietzsche, der in seiner „Genealogie der Moral" ein Buch „für freie Geister" geschrieben hat, auf die Idee, er habe den Typ des freien Geistes erfunden? Die freien Geister, die Nietzsche meint, verkörpern die Radikalität einer Lebenswahrheit, wie sie bei all den räsonierenden Gottlosen der Vergangenheit, bei den politischen Eiferern gegen Thron und Altar und bei den „Anhängern der natürlichen Freidenkerei" nicht gefunden hat. Er meint auch nicht den schlichten protestantischen Erwerbsbürger in seiner alle körperlichen und geistigen Kräfte absorbierenden „Arbeitsamkeit", in der sich – was Voltaire mit seinem literarischen Florett nicht geschafft hat – die „religiösen Institute" aufgelöst hätten. Areligiös seien sie geworden, jene Gleichgültigen im Lebenstrott, die Nietzsche bei der „Überzahl" der deutschen Protestanten in den mittleren Städten, vor allem aber in den Großstädten und bei den „arbeitsamen Gelehrten und dem Universitäts-Zubehör" ortet. Nein, der Phänotyp des Taufschein-Christen in „seiner praktischen Gleichgültigkeit gegen religiöse Dinge"[100], der nicht erst in unserer Gegenwart auf den Plan getreten ist, der ist nicht der „freie Geist", dessen Herankommen Nietzsche erwartet und vor dem er warnt.

Sein freier Geist hat nicht den graziösen Schritt der aufgeklärten Geister, nicht den erhabenen des Idealismus, den behaglichen souveränen des frühbürgerlichen Biedermeier oder den Sturmschritt der sozialistischen Gewissheit. Sein freier Geist wiederholt in der großartigen Gebärde die adamitische Sünde, die Absonderung: Hat das erste Menschenpaar in Gottes Willen eigensüchtige Tyrannei entdeckt, so hat Nietzsche die christliche Moral „entdeckt" und als eigensüchtige Tyrannei entlarvt. Absonderung: „was mich abgrenzt", „das mich gegen die ganze Menschheit abhebt", „was uns abschneidet". Der freie Geist Nietzsches ist der Sonderling im Scherenschnitt. Er ist „etwas Ungeheures". Er verkörpert die Entscheidung „gegen alles, was bis dahin geglaubt, gefordert, geheiligt worden war".[101]

Da ist der Aphorismus von der „großen Loslösung"[102] in einem Lebensrückblick – 1886, drei Jahre vor dem geistigen Tod. Alle Stichworte, die das Denken des Philosophen der Gottlosigkeit vor der Schwelle eines von grauenerregender Gottlosigkeit geprägten Jahrhunderts bestimmen, sind in ihm enthalten.

Jemand ist aufgesprungen vom Tisch der Gemeinschaft, weil es dem Adamsapfel unterm Kragen zu eng wurde, weil er sich an mahnenden Worten oder an heimeligen Speisen verschluckt hat, und er hat gleich die Tischdecke, deren Troddeln sich im Hosenknopf verfangen haben, und vielleicht den ganz Tisch unter den entsetzten Augen der sitzengebliebenen „gebundenen Geister" mit sich fortgerissen. Die „große Loslösung" kommt für die noch von Pflicht und Ehrfurcht, in „Scheu und Zartheit vor allem Altverehrten und Würdigen" gebundenen Geister wie ein „Erdstoß", der die „junge Seele" trifft und sie „herausreißt". Die Loslösung wird beherrscht von der Losung: „Lieber sterben, als hier leben", lieber Gefährliches probieren, als die süßen sicheren Speisen an gewohnten Tischen genießen. („Nur weg von Trier", sagt die Abiturientin in den ARD-„Tagesthemen" über ihren Traum von Berlin, in dem es für die Tischflüchtigen keine bezahlbaren Wohnungen gibt und sie sich wieder an einen Tisch in der Wohngemeinschaft setzen müssen). Gegen das „Heiligtum, wo sie Anbeten lernten", den Tisch, an dem sie Gemeinschaft erfuhren – gegen all das zuckt ein „Blitz von Verachtung", und sein spärlich grelles Licht muss ausreichen für das frei gewählte Exil in den Jahren der „Wanderschaft, Fremde, Entfremdung, Erkältung, Ernüchterung, Vereisung." Gewidmet hat Nietzsche sein erstes Brevier und „Hauptbuch"[103] für die freien Geister einem der „Befreier des Geistes", Voltaire, zur Gedächtnisfeier seines 100. Todestages (obwohl bei dem Franzosen von dem knäbischen Trotz des Deutschen nichts zu spüren ist).

Die Speerspitze der „großen Loslösung" richtet sich gegen das Christentum. Sie strebt immer weg von der Gemeinschaft, die am stärksten geprägt hat. Wer das will, muss sich gegen die älteste und dauerhafteste Gemeinschaft und ihre massiven Forderungen wenden, sei es in schlichter Gleichgültigkeit, betonter Enthaltung, offener Gegnerschaft, mörderischer Feindseligkeit oder pathetischem Hass. Es geht vordergründig um das Christentum, es geht hauptsächlich um die Gemeinschaft, die in zwei Jahrtausenden um Christus herum gewachsen ist, die Gemeinschaft „an sich".

Der antichristliche Affekt bei Nietzsche ist auch ein antisozialer: Die meisten Formen menschlicher Gesellung erhalten bei ihm das Etikett „Herde" oder „Herdentier".[104] Hundert Jahre nach der französischen Revolution werden ihre Ideale zurückgenommen. Der „freie Geist", wie ihn Nietzsche sieht, schicke sich an, sagt Walter Jens, „jene Epoche der Demokratie zu widerrufen, die er mit Pöbelherrschaft und Gleichmacherei, mit Mittelmaß und Moralität, mit christlicher Askese und der Herrschaft der Schwächlinge identifiziert."[105] Dass Voltaire, das verehrte Vorbild, die „soziale Erfindung" für die schönste gehalten habe, verwundert den Fan, doch er hält das für ein liebenswürdiges Zugeständnis an die Gesellschaft, die sich schließlich irgendwie erhalten müsse.[106]

Die Gemeinschaft verlangt von ihren Mitgliedern die abgestufte Selbstverleugnung: ganz rund bleibt das Ich in der Gemeinschaft nicht, es sei denn rundgestoßen wie ein Kieselstein am Strand. Im Christentum sieht der Ich-Verteidiger Nietzsche einen Exzess dieses Prozesses. Er wittert überall das Ressentiment der „kleineren" und „niederen" Leute gegen die, die Gemeinschaften nicht nötig haben. Gut oder böse sei eine Handlung nur insofern sie der Gemeinschaft diene oder ihr schade.

Und dann packen ihn Ahnungen, die nicht mehr einfließen in das Werk, sondern im Nachlass geborgen werden. Die „soziale Frage" gehe „von 1888 als Jahr eins an" über in eine „Individuen-Gegensatz-Bildung". Gesellschaftlich werde alles „auseinandergesprengt". Das steht in einem Brief, der am Abend vor der langen Nacht, die an der Jahrhundertwende in den Tod mündet, geschrieben wurde, und Pitt weiß nicht, ob es statthaft ist, aus solchen Briefen zu zitieren. Im „Nachlass der Achtzigerjahre" fand sich eine Notiz über Pascal, den Pro-Christen, den der Antichrist in artistischer Kaltblütigkeit zitiert: „Ohne den christlichen Glauben werdet ihr euch selbst, ebenso wie die Natur und die Geschichte, zum monstre et un chaos."[107]

In den Schriften des Philosophen spielt die Loslösung als ein dramatisches, tief in die persönliche Existenz eines subtilen Denkers eingreifendes Geschehen eine zentrale Rolle. Was geht das uns ungläubige Christen an, die sich in ihrer Glaubenslosigkeit unversehens vorgefunden haben? Wo sind die Spuren von Erschütterung, die in vielen der funkelnden Sätze Nietzsches erkennbar sind? Er hat uns unspektakulär Glaubenslose schon im Blick. Er sieht seine Loslösung als eine Stellvertreter-Tat. In den Entwurf eines Briefes an die früheren Freunde Richard und Cosima Wagner, die er wie alle Freunde verlassen hat, schreibt er: „Obschon ich wie gesagt niemanden kenne, der jetzt noch mein Gesinnungsgenosse ist, habe ich doch die Einbildung, nicht als

Individuum, sondern als Collectivum gedacht zu haben."[108] Der Eine hat sich für Viele befreit, einer ist für viele vorausgegangen. Irgendwann werden Wüstenforscher und Gipfelkletterer von den Scharen der anonymen Touristen begleitet.

Gott ist am unsichtbarsten dort, wo häufig die großen Kathedralen zu seiner Verherrlichung stehen, in der großen Stadt, dort, wo sich die „große Loslösung" nicht im individuellen Schmerz, sondern als kollektives epidemisches Phänomen, unmerklich, in folgenloser Normalität vollzogen hat.

Der gewaltige Prediger Helmut Thielicke, den Pitt in der Hamburger Michaeliskirche – in ihrer barock repräsentativen Halle, die gern für säkulare Zwecke genutzt wird – gegen die religiöse Taubheit posaunen hörte, hatte in der Hansestadt „geradezu groteske Erfahrungen mit dem Mangel selbst an einfachen religiösen Kenntnissen gemacht". Hamburg war „religiöses Niemandsland", das assyrisch-heidnische „Ninive", das der Professor mit „säkularisierten Menschen" bevölkert sah.[109] Die „heidnische Hochburg zwischen Alpen und dänischer Grenze" hat ein Bischof der Nordelbischen Landeskirche sein Hamburg genannt: das „exemplarische Missionsgebiet Nummer 1 in der Bundesrepublik", in dem nur noch knappe 40 Prozent der Bevölkerung der Kirche angehören.[110]

Dieser „säkularisierte" Mensch klagt und triumphiert nicht über den Tod Gottes, fremd ist ihm – was Theodor Fontane in seinem Jahrhundert beobachtete – der „Hass gegen die Kirche" und der „Spott gegen ihre Diener"[111], die antichristliche Aggressivität der Atheisten und Kommunisten und sonstigen Anstelle-von-Ideologien erscheint ihm als albern. Gott ist für ihn als uralter Rentner in einer Mietwohnung im 4. Stock gestorben, und die Nachbarn haben es nicht bemerkt.

Die „Loslösung" von Gott, Glauben, Gemeinschaft hat sich ohne Aufhebens, mit ein bisschen Katerstimmung, Heimweh und Ausflügen in Melancholie millionenfach vollzogen. Wenn die wachsende Entfernung der Welt von Gott gemeint ist, nennt man sie „Säkularisation", ist an eine wachsende Autonomie und Souveränität des Individuums gedacht, „Emanzipation". Was sich 1789 in Paris oder 1889 bei Nietzsche mit Sprengkraft verkündete, die gewaltsame, mit Guillotine und Hammer arbeitende Absage an jedwede religiöse, klerikale oder metaphysische Fundierung des privaten und gesellschaftlichen Lebens, ist nach Jürgen Habermas seit langem ein undramatischer alltäglicher Vorgang: „Denn die reflexive Verflüssigung von Traditionen hat sich inzwischen verstetigt; die hypothetische Einstellung gegenüber bestehenden Institutionen und vorgefundenen Lebensformen ist zur Normalität geworden.[112]

Für Ferdinand Tönnies verwandelt sich Gemeinschaft umso rascher in Gesellschaft, als sie dichter an die Großstadt heranrückt. Die kleinere Stadt ist stärker in einem gemeinschaftlich geprägten Individualismus religiös-konfessionell geprägt, und die Kirche hat nicht zufällig den I-a-Standort. Großstädtisches Leben ist „Gesellschaft schlechthin"[113] Die Großstadt als Schaubühne des durch Kontrakt und Konkurrenz bestimmten Zusammenlebens verlangt die „unskrupulösen, unreligiösen, leichtem Leben geneigten Menschen". Er vergleicht hier gar nicht „unsere kleine Stadt" (Thornton Wilder) mit Megalopolis, sondern die alten Zeiten mit modernen. Großstadt ist heute keine Riesenagglomeration im Unterschied zum Dorf oder zur Kleinstadt, ist vielmehr eine Lebensform, die sich aus den Impulsen des Verkehrs, der digitalen Medien und ihrer Netze durchs ganze Land hin bis zur letzten Milchkanne bildet.

Wie Molières Monsieur Jourdain, der belehrt wird, dass er sein Leben lang Prosa gesprochen habe, ohne es zu wissen, sind wir erstaunt, wenn die Theologen und Soziologen uns sagen, wir seien „säkularisiert". Sie führen uns als säkularisierte Menschen vor, als aufgeklärte, mündige, autonome, oberflächlich rationalistische Typen und Exponenten einer selbstverständlichen Gottlosigkeit, wie einst Hagenbeck seine Exoten in der Völkerschau. Ja, wir sind passiv, eifern nicht, sind ahnungslos, gleichgültig, unberührt, nicht einmal gottvergessen, denn wenn wir merkten, dass wir etwas Wichtiges vergessen hätten, würden wir ja erschrecken.

Harvey Cox, der die „Ära der säkularisierten Stadt", mit ihren Wurzeln nicht nur in Ninive untersucht hat, sagt über unsere „verweltlichten", im „gegenwärtigen Zeitalter" lebenden Stadtmenschen: „Die Kräfte der Säkularisierung sind gar nicht speziell daran interessiert, die Religion zu verfolgen. Die Säkularisierung umgeht und unterwandert einfach die Religion und wendet sich anderen Dingen zu. Sie hat die religiösen Weltanschauungen relativiert und sie damit unschädlich gemacht. Religion ist zu einer Privatsache geworden."[114] Knapper lässt sich eine mehrhundertjährige Entwicklung nicht darstellen. Modernes Bewusstsein, sagt Peter L. Berger ganz in Tönnies'schem Sinn, sei eine Bewegung „vom Schicksal zur Wahl", und diese Multiplizierung von Wahlmöglichkeiten werde auf einer vortheoretischen Ebene erlebt, von „zahllosen gewöhnlichen Menschen mit wenig oder keinem Interesse an systematischer Reflexion"[115].

Die Sprache unserer Soziologie des Tisches unterscheidet sich von der Sprache der neueren Religionssoziologen kaum. Die Religion wacht nicht mehr über das gesellschaftliche Verhalten, wie niemand mehr über die Beachtung der Tischsitten wacht (wenn sie nicht gerade als Traditionsmahle in Kirchen und Rathäusern stattfinden). Rituale werden leer und lästig. Der Tisch, Symbol des Teilens und der gerechten Verteilung, Stätte subtil und taktvoll organisierter Balance von Distanz und Nähe, das Exerzitium der wechselseitigen Wohlgefälligkeit, das Nebeneinander und Ineinander in Reden, Schweigen, Lachen und Genuss, Katheder permanenter Besorgnis und Nötigung, Hort der Pünktlichkeit und zeitlichen Fesselung, der Präsenzpflichten jenseits von Hunger und Durst – er steht außerhalb der sozialen Kontrolle. Das Schwinden des Tischgebets ist das Symptom der Säkularisierung und der Gemeinschaftsschwäche. Das Gebet könnte die Tafel davor schützen, sich in den Stehimbiss oder das kalte Büfett mit seinem Ellenbogenkampf zu verwandeln.

Die Säkularisierung sei als eine „notwendige und legitime" Folge des neutestamentlichen Glaubens nachzuweisen, sagt der Theologe

Friedrich Gogarten, der sich, wie viele seiner Kollegen, konstruktiv auf die Entgöttlichung der Welt einstellen will.[116] Cox stimmt zu: das Christentum habe den Menschen aus der Abhängigkeit von heidnisch-magischen Naturvorstellungen herausgerufen. Was mit der „Entzauberung der Natur" anfing (und neuerdings bei manchen rückgängig gemacht werden soll), hat sich als Verweltlichung von Natur, Welt und Mensch fortgesetzt. Steht nicht am Ende der Säkularisierung, am Ende eines geschichtlichen Prozesses, das Ende dieses Glaubens selbst? Diese These könnte die ungläubigen Christen hinsichtlich ihrer Glaubensunfähigkeit exkulpieren: sind sie nicht Geschöpfe einer notwendigen Entwicklung? Der für die Einheit des Christentums arbeitende Walter Kardinal Kasper sieht dagegen in Gogartens These eine „allzu flinke Heimholung der Neuzeit und eine kurzschlüssiges Erklärung der neuzeitlichen Säkularisierung als weltlicher Auswirkung des Christentums"[117]. Wenn Glaube nicht eine Spielart der Intellektualität, sondern Leben ist, wird man in der Säkularisierung wohl nicht eine Folge, sondern eine Unterminierung des Glaubens sehen. Auch in säkularisierten Kulturen spiele die „spirituelle Dynamik" eine große Rolle, wird im Religionsmonitor 2008 festgestellt, und nicht jede Modernität sei „religionsunverträglich".[118]

Den weisen Andrzey Szczypiorski – „zuhause ist er in einer Großfamilie mit fünf Hunden und sechs Katzen, daheim ist er im christlichen Glauben" – nimmt die Journalistin Erna Lackner nach einem Gespräch zu Protokoll: „Er ist kein Pole, der den Westen anhimmelt. Er kennt den Westen. Gut, wir haben die Freiheit. Aber wir sind Heiden geworden. Haben nichts mehr übrig für das Geheimnis. Ein offenes, ein banales Leben."[119]

„Neuzeit" – das ist die bürgerliche Zeit. Die bürgerliche Freiheit, die sich aus den Bindungen des Feudalismus herausarbeitende ökonomische und politische Freiheit des Individuums in seinen solidarischen Zweckbündnissen mündet in absolute geistige Freiheit, die persönlich und subjektiv ist. Der Glaube und der Glaubenshort sind in diesem Prozess des sich dynamisch realisierenden bürgerlichen Freiheitswillens

keine Widerstandswände, die mit irgendeinem „Hammer" hätten zerschlagen werden müssen.

Nirgendwo wurde der Säkularisierungsprozess so wuchtig formuliert wie im „Manifest der Kommunistischen Partei" aus dem Revoluti-
onsjahr 1848, in dem Karl Marx und Friedrich Engels ihre Lobeshymne
auf den historischen Siegeszug der europäischen „Bourgeoisie" singen
und den Freiheitsbegriff auf seinen Kern, nämlich das Interesse, reduzieren: „Alle festen, eingerosteten Verhältnisse mit ihrem Gefolge von
altehrwürdigen Vorstellungen und Anschauungen werden aufgelöst, alle
neugebildeten veralten, ehe sie verknöchern können. Alles Ständische
und Stehende verdampft, alles Heilige wird entweiht, und die Menschen
sind endlich gezwungen, ihre Lebensstellung, ihre gegenseitigen Beziehungen mit nüchternen Augen anzusehen."

Auch für Marx – der ja an die nächste Welle der Emanzipation,
nämlich die Befreiung des Proletariats aus den wohlstandsbürgerlich
geschmiedeten Fesseln denkt – sind Glaube und Kirche keine zentralen
Kritikbegriffe, und stehen sehr nachrangig in einem kommunistischen
Forderungskatalog mit der gar nicht so furchtbar feindseligen Forderung
nach der Trennung von Kirche und Staat und der Besoldung der Geistlichen durch ihre Gemeinde.[120] Marx ist an vielen Fehlentwicklungen
schuld, nicht aber am borniertem sozialistischen Antiklerikalismus, der
aus der Sicht der arbeitenden Menschen gewiss ein Fehler war.

Gott, Glaube, Gemeinschaft: die Begriffe werden gemeinsam
schwächer. Alle, die an vorderster Front am „Befreiungswerk"[121] mitgewirkt haben, plädieren für rationalistische Nüchternheit und landen in
der Banalität. Alles wird zur „gegenseitigen Beziehung". Ob Kant z. B.
die problematische Gemeinschaft zu zweit, die von Tönnies für die „voll-
kommene Gemeinschaft" gehaltene Ehe als eine Veranstaltung zum
lebenslänglichen wechselseitigen Gebrauch der Geschlechtsorgane[122]
betrachtet oder Marx dem „Familienverhältnis seine rührend-sentimen-
talen Schleier" abreißt, um es auf ein „reines Geldverhältnis" zurückzu-
führen[123], oder Nietzsche in der bürgerlichen Ehe jenseits von Liebe und

Geld die gesellschaftlich erlaubte Institution „zur Geschlechtsbefriedigung aneinander"[124] sieht – das alles ähnelt sich sehr in seiner dürr utilitaristischen Banalität wie alle Beziehungsanalysen. Traurig denkt man an die schönen, gar nicht nüchternen Ehebilder der Bibel und der klassischen Literatur, oder gern denkt Pitt an seine Großeltern Klostermeier, die sich noch am Vorabend ihrer Diamantenen Hochzeit ganz fürchterlich gekracht haben, ohne jemals auf die Idee einer Ehescheidung gekommen zu sein „Ein Fleisch" oder „Vertrag", das ist die Frage, Leben oder Papier, Pflicht oder Interesse, Liebe oder Triebe.

Der Bürger Ninives – der biblischen Drohung wie etwa beim Propheten Jona entkleidet – ist der Souverän des Säkulums. Wenn er sich auch in Hekatomben töten lässt: er nutzt Entscheidungschancen und materielle, geistige, politische Freiheitsrechte, wie sie dem Menschen in Jahrtausenden nicht im Traum erschienen waren. Er verfügt über eine Fülle persönlicher Erlebnis-, Genuss-, Entfaltungs- und Bildungschancen, er ist global-mobil, telekommunikativ, selektiv-funktional gebildet. Der Bürger Ninives ist das Muster seiner selbst, Selbstdenker, Selbstpräger, Stilist seiner selbst. Gemeinschaftsfan ist er, wenn's kurzweilig oder einträglich ist, sonst zieht er die Talk-show mit der brisant-amüsanten Mischung bezahlter Gäste vor. Das Individuum etabliert sich in den unendlich differenzierten Räumen seiner exklusiven Selbstgestaltung.

In diesem Ninive ist die Individuation nicht durch formende Gemeinschaftserlebnisse geprägt, und auch das gesellschaftliche Leben wird nur durch ganz dünne Fäden gemeinsamer Interessen zusammengehalten. Der Autismus ist keine Krankheit, sondern eine symbolische Situation, in der die Fenster kleiner werden und schließlich verschwinden, wie die der Monaden in Leibniz' Philosophie: nur dass kein Gott da ist, der den Monaden sagt, wie sie in ihren Selbstprogrammen mit anderen in der „prästabilierten Harmonie" kommunizieren können. Nur scheinbar sitzt der Bürger Ninives glücklich im Glashaus eines demonstrativen Selbstgenusses. Er sitzt oft genug im Dunkel seiner Einsamkeit.

„Verstehen – das gibt es nicht. Offenheit ist nichts als ein komplettes Missverständnis. Im Grunde ist jeder allein mit seinen unübersetzbaren Gedanken und Gefühlen"[125]. Das sagte die Dichterin Ingeborg Bachmann ein Jahr vor ihrem schrecklichen einsamen Tod.

„Ich habe nur einen Freund, es ist Echo", sagt Victor Eremita, der Existenztheologe Sören Kierkegaard, der schon 1842 die Zeit beschreibt, die alle „substantiellen Bestimmungen von Familie, Staat, Sippe verloren hat" und in der das sich selbst überlassene „sündige" Individuum „sein eigener Schöpfer" wird.[126] Carl Schmitt, der in seiner fragwürdigen politischen Theologie über die „völkische" Brücke von der Gesellschaft zur Gemeinschaft, die Ferdinand Tönnies abgerissen hat, gegangen ist, sieht diese Individuen in der „Ich-Verpanzerung" als „Ich-Verrückte", die alle einmal „enden bei der Ehe mit ihrem eigenen Echo" und deren oberster Glaubenssatz ist: „ich mich mir selbst" .[127]

10

Theologie der Gemeinschaft

Das Kommunikationsleiden Ingeborg Bachmanns heißt bei Dietrich Bonhoeffer „unüberwindliche Distanz, Andersheit, Fremdheit" – in seinem Buch „Nachfolge". Der Autor sieht überhaupt keinen Weg, Distanzen „durch Mittel natürlicher oder seelischer Verbindung" zu überwinden. Nichts helfe: nicht Offenheit, Einfühlung, keine „Psychologie", nicht Takt und Taktik. Zwischen den Menschen gebe es keine „seelischen Unmittelbarkeiten". Nur Christus sei der Stifter von Kommunikation und Gemeinschaft. „Nur durch ihn hindurch geht der Weg zum Nächsten." Im Gebet – wohl auch in der Abendmahlsfeier – sei die „echteste Gemeinschaft".[128]

Am Totensonntag 1943, in einer Zelle des Tegeler Gefängnisses, schreibt Dietrich Bonhoeffer an seinen Freund Eberhardt Bethge: „Ich entbehre sehr die Tischgemeinschaft; jeder materielle Genuss, den ich von Euch kriege, verwandelt sich mir hier in eine Erinnerung an die Tischgemeinschaft mit Euch."[129] Es ist nicht die Isolation im Ausgeliefertsein an Feinde, nicht die Depressivität des Totensonntags, die helle Bilder der Gemeinschaft hervorrufen. Der Brief berührt das zentrale Thema der Theologie Bonhoeffers.

Es sitzt ein Mann in der Zelle, der „um guter Taten willen leide", wie Petrus in seinem 1. Brief sagt, ein „Nachfolger", der noch nicht weiß, dass er dem „Vorbild" in den Tod nachfolgen muss. Was hat er getan? Er hat sich für die Bekennende Kirche gegen eine korrumpierte „Reichskirche" engagiert. Er hat schon 1933 – was die Bekennende Kirche übrigens nicht tat – den „Juden Jesus" gegen Staat und Kirche verteidigt.

„Die Kirche ist den Opfern jeder Gesellschaftsordnung in unbedingter Weise verpflichtet, auch wenn sie nicht der christlichen Gemeinschaft zugehören.“[130] Er hat damit Luthers anti-jüdische Ungeheuerlichkeiten zurückgenommen, die am 9/10. November 1938, Luthers Geburtstag, in brennenden Synagogen Gestalt angenommen hatten.[131] Er hat gemeinsam mit seinem Schwager Hans von Dohnanyi (vier Mitglieder der Familie verloren im Kampf gegen Hitler ihr Leben) an Aktivitäten des Widerstands um Admiral Canaris und General Oster mitgewirkt.

„Tischgemeinschaft“ ist für einen solchen Mann keine tröstende Reminiszenz in Not und Alleinsein. Sie ist Symbol für die Gemeinschaft, in der und für die der Einzelne in freier Entscheidung oder in tiefverwurzelter Loyalität Verantwortung übernimmt. „Ob sie nicht darum doch ein wesentlicher Bestandteil des Lebens ist, weil sie eine Realität des Reiches Gottes ist?“

Mit dem „einsamen“, dem aus der Gemeinschaft mit Gott, den Menschen und der Welt gefallenen „Sonderling“ befasst sich Dietrich Bonhoeffer in seiner „Ethik“, die er am Vorabend der welthistorischen Katastrophe, 1939, mit dem Kapitel „Die Liebe Gottes und der Zerfall der Welt“ beginnt. Er kann die „Ethik“ in den Wirren des Krieges, in den Jahren der Konspiration gegen das Unheilregime, in den Gefängnissen und Lagern in Tegel, Buchenwald und Flossenbürg nicht vollenden.

Der Mensch, der „Sonderling“, ist ein schamvolles Wesen: er schämt sich der „verlorenen Einheit mit Gott und den anderen Menschen“.[132] Scham ist das „Zeichen der Entzweiung“, und sie sucht Verhüllung, um die Entzweiung zu überwinden. Erst wenn dem Menschen die Gemeinschaft „scheißegal“ ist, verliert er auch die Scham als Ausdruck des Schmerzes über den Gemeinschaftsverlust. Er braucht die „Verhüllung“ – die auch eine Verkleidung in Maske, Form und Förmlichkeit, „Tischsitte“ eben, sein kann –, um die Scham und in ihr die Erinnerung an seine Entzweiung mit dem paradiesischen Ursprung wachzuhalten. Er verbirgt sein Streben nach der Wiederherstellung der verlorenen Einheit, weil er im Abfall von dieser Einheit, in der

„Loslösung", seine Mündigkeit begründet hat, auf die er stolz ist und die er bewahren will. Am stärksten wirkt die Scham, wo der Drang nach der wiedererlebten Einheit am stärksten ist, in der Religion.

Der Mensch sagt Ja zu seiner Absonderung, denn sie ist seine Mündigkeit, und er sagt Nein zu ihr, denn sie ist sein existentieller Defekt und sein ethisches Defizit. „Darum lebt der Mensch", sagt Bonhoeffer, „zwischen Verhüllung und Enthüllung, zwischen Sich-verbergen und Sich-offenbaren, zwischen Einsamkeit und Gemeinschaft". Auch in der Einsamkeit, der Erfahrung der Entzweiung, wird Gemeinschaft erlebt, ja, intensiver noch als in der aktuellen Gemeinschaft selbst, in der physisch-emotionales Behagen und Wohlsein ohne geistige Spannung dominieren.

Außerhalb der gotteskindschaftlichen Bindung ist die Gemeinschaft nur eine Assoziation der Sonderlinge, ist sie nur die Solidarität von Individuen, wie eine Ansammlung von Bäumen noch kein Wald ist. „Auch die engste Gemeinschaft darf das Geheimnis des entzweiten Menschen nicht zerstören". Aus eigener Kraft, aus eigenem Willen ist die verlorene Einheit mit Gott und Menschen nicht wiederherzustellen. Dem menschlichen Vertrauen in kommunikativer Offenheit sind Grenzen, sind trennende Zäune gesetzt. „Auch tiefste eigene Freude und tiefster eigener Schmerz duldet nicht die Enthüllung im Wort" auf dieser höchst unzuverlässigen kommunikativen Brücke. Auch das Verhältnis zu Gott regiert eine verbergende Scham. Bonhoeffer geht noch weiter: sich selbst wolle der Mensch Geheimnis bleiben.

Mit Christus, sagt die „Ethik", ist die Gemeinschaft – als Gemeinde, als Kirche – in die Welt zurückgekommen. In dieser exklusiven Liebe oder dieser „Schlüsselliebe" zur Gemeinschaft, die ein Einziger verkörpert, liegt die Versöhnung des Menschen mit Gott. In der Aufhebung der Entzweiung von Mensch und Gott endet auch die unter den Menschen. Für die unberufenen Christen heißt das wieder einmal: Gott muss den Menschen „erkennen", das heißt „erwählen" Ob sich der Gemeinschaftswille erfüllt, liegt nicht bei ihm.

Als der Winter vergangen ist, hat die imaginäre Tischgemeinschaft in der grausam leeren Zelle die Skizze einer neuen Theologie formuliert. Bonhoeffer beschreibt sie in den Briefen an seinen Freund Eberhard Bethge zwischen dem 30. April und dem 23. August 1944 fragmentarisch, in blitzhaft aufleuchtenden Gedanken. Ein kleines Buch über die Lage des modernen Christentums sollte daraus werden. Es gab ein Manuskript, das auf der „Odyssee in den Tod"[133] verloren gegangen ist. Vielleicht war einer der Mörder ein deutscher Christ (fromm waren alle in Nürnberg verurteilten Kriegsverbrecher, die am 16. Oktober 1946 hingerichtet wurden; sie hatten sich „an ihrem letzten Lebenstage mit der Bibel beschäftigt", wie die „Hannoverschen Neuesten Nachrichten" am gleichen Tag in elf Zeilen auf dem Titelblatt meldeten). Vielleicht hat er die Blätter aus Pietät oder metaphysischer Furcht aufbewahrt. Vielleicht fördern sie die Erben der Mörder eines Tages aus Rumpelkisten ans Licht. Die Fachtheologen – das meint Pitt – stehen ratlos vor den Skizzen in Gefängnisbriefen. Dem Werk seine Gestalt geben: wer sollte es tun?

Ein kühner Gedanke: sei das „Reich Gottes auf Erden" nicht der „Mittelpunkt von allem"?[134] Geht es nicht um die „Tischgemeinschaft" und um eine Kirche, die sich um den Tisch herum aufbaut. Und Bonhoeffer ruft seinem Freund zu: Lasst uns die Kirche im Dorf lassen. Lasst sie dort stehen, wo sie hingehört, in die Mitte des Dorfes, in die „Mitte des Lebens", als Stützpunkt der Gemeinschaft, die nichts anderes ist als ein Zipfelchen des Gottesreichs im Irdischen, im Hier und Heute. Darum sei es vor allem im Alten Testament gegangen. Heute gehe es viel zu viel um „Religion", um die individualistische Heils- und Erlösungssuche, oder um die Vermittlung eines göttlichen Heilsangebots in menschlichen Grenzsituationen, ja um die „Ausnutzung menschlicher Schwäche", um die Anrufung Gottes als eines wundertätigen und heilkräftigen außerweltlichen Gurus durch die „Religionen".

Aber was passiert in Wirklichkeit um die Kirche herum? Dort hat sich der Mensch „in der mündig gewordenen Welt" eingerichtet, und er denkt nicht daran, alten religiösen Bindungen zu vertrauen. Er ist unfähig zur Religion, weil er unbedürftig ist, er ist religionslos aus Kraft, Mündigkeit, Selbstvertrauen, ruhig-gelassener Innerweltlichkeit, der vor nichts und niemand graut. Sein diesseitiges Leben ist so erfüllt, dass es jenseitiger Hoffnungen nicht bedarf. Wie in einer jähen Offenbarung rekapituliert Bonhoeffer in seiner Zelle die Säkularisierung: Der Mensch hat gelernt, in allen wichtigen Fragen mit sich selbst fertig zu werden ohne Zuhilfenahme der „Arbeitshypothese Gott", alles „geht auch ohne Gott" seit „etwa 100 Jahren"[135] – seit 1844, dem Geburtsjahr Nietzsches.

Es sei nicht sinnvoll, der mündig gewordenen Welt beweisen zu wollen, dass sie ohne den Vormund „Gott" nicht leben könne. Noch lebe die Kirche von den „letzten Fragen": der nach dem Tod, der Schuld. Was aber, wenn der Mensch, der moderne, in sich ruhende und aus sich lebende Mensch weder Zeit noch Lust habe, „sich mit seiner existentiellen Verzweiflung zu befassen", wenn er die tiefe kreatürliche Angst und seine Abhängigkeit von außerweltlichen Mächten, die ja universelle Wurzeln der Religiosität sind, infolge einer Verkümmerung des geistigen Organs überhaupt nicht mehr empfindet? Ist nicht das Ende aller Religion gekommen, und bedürfen nicht alle Begriffe aus Bibel und christlicher Lehre einer neuen „nicht-religiösen" Interpretation?

Dietrich Bonhoeffer, der für die Bekennende Kirche gegen den mythisch-religiösen Qualm der nationalistisch verdorbenen Reichskirche gekämpft hat, sieht die wichtige Aufgabe der Kirche inmitten des Dorfes, inmitten des Lebens. Er will die Kirche in dem Jahrhundert, das mit dem Einbruch des „radikal Bösen" (Kant) auch die größte kirchliche Niederlage erlitten hat, in eine Zukunft führen, die „nicht religiös" ist, nicht von individualistisch-metaphysischer Wunschhaltung geprägt ist. Die Kirche in der Mitte des Dorfes soll die Mündigkeit der Welt und des Menschen anerkennen, indem sie „den Menschen in seiner Weltlichkeit nicht ‚madig macht‘".[136] Sie soll den Menschen „an seiner stärksten Stelle mit Gott konfrontieren", nämlich in seinem Leben und nicht in seiner Lebensnot. Auch der Mensch, der sein Leben resolut, pragmatisch und heiter im Griff hat, wäre ja sonst für Gott nicht „ansprechbar".

Wenn einer, der die „Nachfolge" und die „Ethik" geschrieben hat, aus der Zelle dem Freund sagt: „Ich möchte glauben lernen", [137] dann weiß auch Pitt, dass es niemand gibt, der es ihn lehren könnte. Ein Berufener steht da und sagt: „Ich bin keine religiöse Natur."[138] Er predigt, von allen Gemeinden getrennt, von einem „religionslosen Christentum", und seine unsichtbaren Hörer sind gläubige Christen in einer Welt, die in ihrer tapferen Diesseitigkeit nicht „religiös" sein wollen, sondern gelernt haben, dass ihre Mündigkeit Gottes Geschenk, Pflicht und Pensum ist.

Bonhoeffer sieht Kirche und Gemeinde in der „religionslosen Welt". Er fragt, wie das ist, wenn die gläubigen Christen „weltlich" von und über Gott sprechen, wie sie selber „religionslos-weltliche" Christen sein können, wie sie eine Kirche, eine ekklesia als Gemeinschaft der „Herausgerufenen" bilden können, ohne sich „religiös als Bevorzugte" zu verstehen, als Menschen in der Welt, die Christus als Herrn dieser Welt sehen und anbeten. Müssen sich in dieser „Religionslosigkeit" der Kultus und das Gebet nicht ganz anders darstellen? Dass auch der „religionslose" Christ betet, bestätigt der Lagerarzt von Flossenbürg, der Dietrich Bonhoeffer am 9. April 1945 kurz vor seiner Hinrichtung gesehen hat.[139]

Pitt, ahnungslos in theologischen Dingen und Disputen, glaubenslos, kann natürlich nicht wissen, was Bonhoeffer unter „religiös" und „religionslos" versteht. Gemeint ist wohl, dass auch der tiefste Glaube und die subtile Frömmigkeit oft in einen mythisch-mystischen Zaubermantel gekleidet sind, den der Christ besser – wie Barth schon wetterte – ablegen sollte, wohl auch die Abneigung des modernen Menschen, dieses motivreich bunte und pneumatisch fragwürdige Kleidungstück zu tragen. Altmodisch ist auch der exklusive Mantel ständischer Privilegierung oder die elitäre Berufung oder Erwählung in der privaten Ego-Gott-Beziehung höchst subjektiven Erlösungsverlangens, die dem Nachdenken über das Reich Gottes auf Erden keinen Raum lässt (und schon Luther kein freundliches Wort über die empörten kriegerischen Bauern gönnen ließ). Im Frühstücks-Gottesdienst in St. Gabriel hörte Pitt, wie sich eine ältere Dame über ein greinendes Kind erregte: sie fühlte sich in ihrer Andacht und ihrem höchst exklusiven Gespräch mit ihrem Gott, bei dem sie wohl privatversichert war, gestört.

In seiner „Ethik" hat sich Bonhoeffer – wie könnte es anders sein – mit Kant auseinandergesetzt. Kant spricht nicht von einem „religionslosen" Christentum, sondern er mokiert sich über die „Religion der Gunstbewerbung", deren Formen er z.B. in „Glaubensbekenntnissen, Anrufungen heiliger Namen oder Beobachtung gottesdienstlicher Observanzen" sieht.[140] Viel vom Wesen des kirchlichen Lebens hat der Rationalist nicht begriffen. Ein Gran von Kants hochmütiger Kritik am naiven, magisch-frommen „Religionswahn" steckt sicher auch in Bonhoeffers Darstellung der neuzeitlichen Religionslosigkeit.

Könnte Pitt auf dem von Bonhoeffer gezeichneten Pfad des religionslosen Christen auch seinem unberufenen Christen begegnen? Nein, der Typ des Christen, der mehr auf Christus als auf sein Verhältnis zu Gott schaut, ist gläubig. Er weiß, dass Christus Gottes Sohn ist. Der „neue" Glaube wäre origineller als der traditionelle. Die „religionslosen Christen" werden als gläubige Gemeindemitglieder in einer veränderten Sprache und einer akzentuierten Konfrontation mit weltlichen Gegebenheiten und Aufgaben angesprochen und zum Engagement für Ziele, die Jesu Ziele sind, eingeladen. Eine „christozentrische" Verkündigung, die Eberhard Bethge als Folge des neuen Schwerpunkts vermutet, wird sich aber gewiss nicht auf die „maßgebliche" Menschlichkeit Jesu, wie von manchen Philosophen (Kant, Cassirer, Jaspers) nahegelegt, berufen. Die Kirche sei, sagte Bonhoeffer, keine „Religionsgemeinschaft von Christusverehrern". Auch der „Mensch, der wirkliche Mensch wie wir" bleibt Gottes Sohn im Zentrum des Osterglaubens, und nichts wird zu einem „gottlosen" Glauben führen.

Dass Bonhoeffers Gedanken in ihrem Nachfolge-Radikalismus oder dem Innovationspathos der „lebendigen Gemeinde" in die

Katakomben der ersten Christen zurückversetzen und das Handeln leiten, ist angesichts des institutionellen Bollwerks wohl nicht zu erwarten.

Wenn Ernst Bloch in seinem wuchtigen, wie von einem Propheten gesprochenen Buch „Atheismus im Christentum" ein einziges Mal Dietrich Bonhoeffer zitiert hätte (aber dessen Werk wurde erst merkwürdig spät publiziert), würde Pitt vermuten, er hätte sich in seiner paradoxen Pointe von ihm inspirieren lassen: „Nur ein Atheist kann ein guter Christ sein, gewiss aber auch: nur ein Christ kann ein guter Atheist sein". Das Beste an der Religion sei es, dass sie Ketzer in der Radikalität von Utopie und Unbedingtheit schaffe. Alles, was für Bloch Religion im historischen Sinn ist, nämlich re-ligio oder Rückbindung, bedeutet schon Regression auf ein Überholtes. „Wo Hoffnung, ist auch Religion". Die Kirchen dagegen sagten, wo Religion ist, sei Hoffnung.[141]

Nein, die religionslosen Christen leben nicht in der natürlichen Nachbarschaft der unberufenen: Sie sind, aktuell oder potentiell, die Träger eines anderen, neuen Glaubensverständnisses im Rahmen eines veränderten Kirchenverständnisses, wie es sich z. B. in der Wendezeit in den an gesellschaftlichen Rand gedrängten Aufbruch-Kirchen der früheren DDR gezeigt hat, ehe sie institutionell von den „alten" Kirchen der Bundesrepublik aufgesogen wurden. Der religionslose Christ hat die Glaubensgabe nicht verloren.

Harvey Cox sieht den Gottesdienst in einer „säkularisierten christlichen Kirche" ein bisschen wie der Pastor von St. Gabriel mit seiner „first supper"-Fröhlichkeit, nämlich als „Versammlungen, die mehr Familienmahlzeiten gleichen als massiven rituellen Darbietungen".[142] Die Wiederbelebung frühchristlicher Gemeinschaftsformen fasziniert alle, die in der institutionellen Kirche nur einen Dinosaurier sehen. Eine von Bonhoeffer inspirierte pastorale Praxis wird sich fragen: Wie tief kann das Strom- und Luftkabel des Mutterschiffs hinuntergehen zu den Tauchern, die den Ankerplatz erforschen wollen. Wann verliert sich die von Cox erhoffte Fähigkeit, „in kritischer Solidarität mit der säkularen

Welt zu leben", in gestaltlosen kurzfristigen Bewegungen, die nur in der Medienwelt ihr Echo finden.

Als Mittäter des Guten, von Bonhoeffer eingeladen, müsste der ungläubige Christ sich überhaupt keine Gedanken über den Grund seiner Kirchenmitgliedschaft ohne die religiöse Legitimation machen. Und wenn die Gemeinde stark von säkularem Denken geprägt ist, könnte er sich in der Motivation unterschiedslos engagieren. Er müsste sich nicht nach seiner Gläubigkeit fragen lassen und müsste sich auch nicht selbst als ungläubig outen. Aber die christliche tätige Gemeinde ist eben mehr: ist, wie Bonhoeffer und alle sagen, Christi Leib oder Gestalt. Und christliches Handeln ist Auftragshandeln, und wer kann Aufträge ausführen, ohne dem Auftraggeber verpflichtet zu sein und vor ihm Rechenschaft ablegen zu wollen? Baut Bonhoeffer dem Unberufenen eine Brücke? Wer sich bekennt zum „Teilnehmen am Leiden Gottes im weltlichen Leben" oder zur „Teilhabe am Leiden", das den tätigen Geist einer Gemeinde bestimmt, der „glaubt" (von Bonhoeffer selbst als Zeichen seines experimentell-versuchenden Denkens in Anführungszeichen gesetzt). Dann wäre der Unberufene, der sich auf eine rein säkulare Kooperation mit einer christlichen Gemeinde einlässt, doch auf einer missionarisch gelegten geistlichen Leimrute gefangen, der er ja ausweichen will. Nur eine weltlich-sachliche Kooperation ist möglich, und die ist völlig unproblematisch, wenn nicht nach dem Glauben gefragt wird. Doch das ist auch ohne die Kirchenmitgliedschaft möglich, so wie jeder eine Partei wählen oder unterstützen, ja sogar als Träger ihrer Botschaft unterwegs sein kann, ohne ihr Mitglied zu sein.

11

Vom assoziativen Geist

„Tief ist der Brunnen der Vergangenheit." Das ist der erste Satz der überwältigend schönen, wortreichen Josephs-Tetralogie von Thomas Mann, mit der er, um den biblischen „Lakonismus" zu überwinden, ein Großwerk schuf, das Goethe in „Dichtung und Wahrheit" als sein eigenes ins Auge gefasst hatte. Der letzte Band ist der Roman „Joseph der Ernährer" oder: der „Volkswirt" (wie auch Pitt den Kollegen nennt). In dieser nach-biblischen Erzählung erfüllt sich das immer wieder zu erneuernde Programm des Propheten Jeremia: „Suchet der Stadt Bestes!" (29,7) Wenn ihr für das Wohl der Allgemeinheit arbeitet, arbeitet ihr auch für euch, denn wenn es der Stadt gut geht, „so geht's auch euch wohl."

Pitt schleppte die Skizzen seiner „Bittschrift" Jahrzehnte durch sein Leben. Immer wieder kamen Jahre, in denen er sie nicht um einen Federstrich vertiefen und verlängern konnte. Auf der Höhe des Lebens, im fünfzigsten Jahr, das doch nach Schopenhauer im Licht des souveränen Jupiter glänzen sollte, war er abgestürzt, moralisch und praktisch mitschuldig am Scheitern und Untergang seines genossenschaftlichen Großunternehmens.[143]

Auf der Reise nach einem neuen Ort der Bewährung auf einem fremden Terrain las Pitt in Friedrich Heers „Abschied von Höllen und Himmeln", in dem – wieder einmal – das Ende des „religiösen Tertiärs" beschrieben wird. Er fuhr nachts und war sehr müde, denn er hatte die Hochzeit seiner Nichte Barbara gefeiert. Doch plötzlich war er hellwach und wieder mitten in dem in der prallen Aktentasche abgelegten Bündel der Blätter, Konzepte und Exzerpte, aus dem einmal sein Essay entstehen sollte. Er las die poetische Schilderung des Reiches Gottes: „Gott in Galiläa: das ganze Land blüht, lacht in den tausend bunten Farben seiner Blumen, seiner blühenden Bäume, seiner Gräser. Dieser Gott in Galiläa ist ein blühender Gott, ein gütiger Gott, ein Gott, der sich täglich anbietet, um den Menschen, sein Kind, heimzusuchen in Liebe, als der gute Hirte. Als der Hausvater, der alle an seinen reich gedeckten Tisch lädt. Als der Brautvater, der an seinen Hochzeitstisch lädt."[144]

Vor zwei Stunden hatte er sich von dem Brautvater Jürgen verabschiedet. Sein Hochzeitstisch war reich gedeckt gewesen. Am Morgen dieses langen Tages war Pitt auf dem düster-kahlen Militärflughafen in Zerbst gewesen, um dort mit einem Vertreter des Diakonischen Werks der Evangelischen Kirche 42 Tausend Lebensmittelpakete, die sein neues Unternehmen, das ihm ein wohlwollendes Exil gegeben hatte, dem aus der DDR abziehenden Sowjet-Heer gespendet hatte, zu übergeben. In den Jahren des großen deutschen und europäischen Umbruchs war in St. Petersburg ein Lebensmittelnotstand aufgetreten. Die in dünnen Uniformen steckenden hungrig-frierenden Soldaten trugen die kostbare Fracht vom Lastwagen in die Bunkerhangars, aus denen die MIG-Jäger ausquartiert worden waren.

Im listigen Konsens der Zufälle dieser Tage hatte sich für Pitt ein Befehl formuliert: weiterschreiben an deinem Versuch über die glaubenslosen Christen. Über „Tischgemeinschaften" hatte sich Pitt zuletzt allerlei Notizen gemacht. Morgen, nein übermorgen, aber nächste Woche bestimmt, würde Pitt weitermachen. Man muss seine Pläne verwirklichen, gleichgültig ob man in Himmeln oder in Höllen sitzt, gleichgültig, ob man 30, 50 oder 80 Jahre alt ist, gleichgültig wo die Schreibtische stehen oder – herrliche Greisenhilfe! – der Computer. Zunächst verlieh ihm sein Entschluss den Mut, bei den sowjetischen Generälen mit Hilfe des Diakons (er soll der Einfachheit halber so genannt werden) nach langen Diskussionen zu erwirken, den Soldaten für ihren Schleppdienst je eines der Lebensmittelpakete, die doch für Petersburg bestimmt waren, zu überlassen.

Warum hat er, der im doppelten Sinn unberufene Autor, sich nicht berufener Helfer versichert? Berufen – das ist Pastor Gerhard Wendland von der Epiphanias-Gemeinde, der einmal auch Pitts Pastor war. Er hätte am Holzhausenpark über die Straße zu seinem Pastor – oder einem seiner Vorgänger, dem Dr. Sunnus - gehen und sagen können: „Herr Pastor, ich plage mich da mit einem Versuch, bitte, sagen Sie mir, ob das sinnvoll ist." Aber er hat das nicht getan. Auf der Hochzeit seiner Nichte hatte er mit der Pastorin gesprochen. Er hatte ihr von den Russenpaketen in Zerbst erzählt, und – weil er ein paar Gläser Wein getrunken hatte – von seinem Versuch über die ungläubigen Christen, und sie hatte ihm von ihrem Erweckungserlebnis berichtet, aber das hatte er nicht gemeint.

Was ihm im nachbarschaftlichen Kontakt nicht möglich gewesen war, geschah in einer Funkkommunikation. In seiner Tasche steckt ein Vortrag, den der frühere Studentenpfarrer im Hessischen Rundfunk gehalten hat. Signale aus dem „Reich der Menschlichkeit" funkte Gerhard Wendland aus dem Studio.[145] Dieses Reich fragt nicht nach Mitgliedsausweisen: Römer, Samaritaner, Syrer, Menschen. Jesus verkehrt mit allen, mit den Zöllnern und den Sündern, mit den religiösen und sozialen Außenseitern, sitzt mit ihnen zu Tisch. „Ein Festmahl eben." Jesus hat Spaß am Essen und Trinken und lebt nicht, wie Johannes der Täufer, von Heuschrecken und wildem Honig. An der Tafel stiftet er Gemeinschaft unter denen, „die weit voneinander getrennt sind", durch Grenzen, durch Nichtverstehen, durch Schuld.

Beim guten Mahl versteht man sich, und der Tisch stiftet und erneuert Gemeinschaft, ob Hochzeitsmahl, Abendmahl, Festbankett oder das Riesenpicknick am See Genezareth mit den erst leeren und dann unerschöpflichen Körben. Der Evangelist Johannes erinnert sich sogar, dass es Gerstenbrote gewesen sind. O ja, herrlich das hannoversche Gersterbrot, aus der Heimat, nach dem Pitt an vielen Bäckertheken gefahndet hat. Alles das nicht im Himmel, sondern „gegenwärtig, diesseitig, menschlich". Die Tischgemeinschaft ist „Gottes Reich". Und menschlich, allzumenschlich „von der Einladung bis zum angemessenen Kleid, vom Streit um die Ehrenplätze bis zur Torschlusspanik, wenn alles voll ist." Gottes Reich verwirklicht sich in der Gemeinschaft, die niemand vom Tisch ausschließt. Die frechen Spatzen, die nach den Krümeln picken, werden mit dem Fuße nicht verscheucht.

Gibt es einen Kulturkreis, der den Tisch und die Mahlzeit nicht in das Zentrum der Gemeinschaft stellt und auch den fremden Gast nicht nötigend mit Leckerbissen traktiert? In dieser Welttradition, akzentuiert durch orientalische Bräuche, steht Jesus. Das Mahl in den Rang der Heiligkeit zu erheben und es zum Identitätsakt der sich stets erneuernden religiösen Gemeinschaft zu machen, ist eine Wesensoffenbarung der Christlichkeit.

Wer je einen kastenhörigen wohlhabenden Hindu sah, wie er mit angewiderter Miene eine Handvoll Kleingeld in das Gewimmel der zudringlichen Kinder wirft, um es sich wie einen Fliegenschwarm vom Leib zu halten, versteht Hans Küngs Schilderung der urchristlichen Mahlgemeinschaft als „Zeichen der Einheit in aller Verschiedenheit von Status, Bildung, Geschlecht und Theologie" besser.[146] Die Wurzeln der jesuanischen Gemeinschaft sieht Adolf Harnack zwar schon im alten, prophetischen Israel, das eine „auf die Menschheit angelegte Gemeinschaft" ausbildete, aber die konkrete Natur der christlichen Gemeinschaft als Urzelle der Kirche kam erst in gemeinschaftlichen Mahlzeiten, mit dem „Herrenmahl" als Mittelpunkt, zum Ausdruck.[147]

In seinem Nachdenken über das Gemeinwohl – einem Begriff, den die offene Gesellschaft in ihrem pluralistischen Konzept wettstreitender Nutzenkonzepte an den Rand gedrängt hat – beschwört der liberal-konservative Bertrand de Jouvenel, der jugendliche Geliebte und Stiefsohn der älteren Colette, die archaische Hausgemeinschaft, das „Zusammensitzen" um den Tisch. In der Teilnahme an der Tischgemeinschaft haben die Menschen immer das „Symbol einer unbegrenzten" Solidarität gesehen.[148] In der Tischgemeinschaft der produktiven Großfamilie, in der „eins in das andere sich schicken muss, wo eins auch mit dem andern streitet, wetteifert und ringt" – von Ricarda Huch wie ein Pestalozzi'sches Wohnstuben-Idyll gezeichnet – „entfaltet sich das Individuum in seiner Kraft und Eigentümlichkeit"[149].

Hannes Meyer, Chef des Dessauer Bauhauses, als früh Vaterverwaister in einem Waisenhaus aufgewachsen, war im sozial- und lebensreformerischen Aufbruch nach 1919 ein Architekt der Gemeinschaft und baute die Genossenschaftssiedlung Freidorf in Muttenz, die vom Verband Schweizer Konsumgenossenschaften (coop) finanziert wurde. Er hat die Familie mit architektonischen Mitteln zur größeren Gemeinschaft erweitert („Helferkreis treuer Nachbarschaft"). In einem Kinderheim ist es der gläserne „runde Saal", der die Tafelrunde birgt, der „Familienkreis", in dem sich die Betreuer mit den Kindern zu Mahl, Gespräch und Spiel zusammenfinden.[150]

Franz von Baader (1785-1841), Arzt, Bergingenieur, Fabrikant und angesehener christlich-ökumenischer Sozialphilosoph, rief den „gleichsam wieder verwilderten Christen" seiner Zeit ins Gedächtnis, dass sich im „christlichen Assoziationsprinzip" des eucharistischen Mahls Gleichheit und Freiheit unmittelbar kundtäten. Es habe ständische Sitten vernichtet, die es Mann und Frau, Knecht und Herrn, Regierten und Regenten verböten, an einem Tisch, von einer Speise zu essen. Religion und christliche Gemeinschaft ist für Baader „Religion des Mahls".[151]

Die Tischgemeinschaft mit dem „Nachbarn, Genossen, Bruder" (Heinz Zahrnt[152]) bleibt als „Idee der Kirche" (Küng[153]) bestehen, auch wenn der Gastgeber Jesus sie verlassen hat. Ist ihr Bestand an das Wissen gebunden, Jesus werde wiederkommen und sie in einem Gottesreich verewigen? Wird ihre assoziative Strahlkraft als Urbild aller Gemeinschaft bestehen bleiben, wenn der in ihr wirkende religiöse Wille in der säkularen Welt nicht mehr wahrgenommen wird oder gar erlischt? Jede Einladung zum Mahl ist ein Lasso, das fesselt, denn die Ablehnung einer solchen Einladung gilt als unschicklich. Ein „affektives Band" wird durch die Teilung der Nahrung immer gewirkt. Es ist umso stärker, meint Jouvenel, je größer der Sakralwert der Nahrungsmittel ist. Verwandelt sich Brot und Wein in Leib und Blut, wird aus der lockeren Tischgesellschaft die Mahlgemeinschaft einer gläubigen Gemeinde. Kann es in einer Gemeinde – wie in St. Gabriel – den gemeinsamen Tisch geben, wenn von den Tischgenossen die Gläubigen den sakralen, die Gäste nur den nüchtern säkularen Wein im Kelch haben?

Pitt gefällt Adolf Harnacks Begriff der „christlichen Genossenschaft"[154] Der Kirche komme ein genossenschaftlicher Charakter zu. Harnack hat die christliche Urgemeinde des ersten Jahrhunderts im Auge. Sie hat sich noch nicht als hierarchisch-institutionelles Bollwerk gegen den Mahlstrom der Jahrtausende formiert. Darin ist sie der Großgenossenschaft der Moderne durchaus ähnlich: Auch sie hat den urdemokratischen Impuls, der dem spontanen Selbsthilfewillen entspringt, in Organisation und Management transformiert, um ihren Bestand in der Zeit zu sichern. Die Mitglieder einer Kirche sind den Mitgliedern einer wirtschaftlichen Genossenschaft vergleichbar. Sie verbinden sich freiwillig zu einem gemeinsamen Zweck oder in einem verbindenden Gedanken, für den sie sich solidarisch einsetzen. Um des gemeinschaftlich besser zu erreichenden Zieles willen stecken sie ihre egoistischen Wünsche ein wenig zurück –so wie es dem lebensklugen Theodor Fontane[155] schon genügt, das Wort „selbstlos" abzumildern im Wort „Selbstsuchtlosigkeit". Auch Ernst Troeltsch benutzt den Begriff „Genossenschaft", wenn er das christliche Gemeinschaftsleben von der kirchlichen „Anstalt" abheben will.[156]

Beide, die Kirche und die Genossenschaft, erwarten, ihre Dienste von ihren Mitgliedern in Anspruch genommen zu sehen. Das stärkt die Gemeinschaft. Beide sind aber auch klug genug, ihre Dienste jedermann anzubieten. Es ist ein immer wieder erstaunliches Phänomen, dass trotz der Beitrags- und Anteilspflicht viele Menschen auch eine ruhende Mitgliedschaft nicht beenden. Sie möchten auch nicht ausgeschlossen werden. Wenn sie nicht passiv, in einer gleichsam vergessenen Mitgliedschaft verharren, haben sie vielleicht ein Motiv mit Bindewirkung: Sie sehen in diesen Gemeinschaften einen Zweck entfaltet, der für sie gut und wichtig ist, und das Gute und Wichtige ist das Richtige. Sie sagen ihr Ja zur Solidarität unter einem überpersönlichen geistigen Zweck. Das muss nicht gleich das „Gemeinwohl" sein, wie Papst Johannes Paul II. in seiner Sozialenzyklika „Centesimus Annus" sagt: In unserer offen-pluralistischen Gesellschaft genügt ein Zweck, den einzelne oder Gruppen für gemeinwohlorientiert halten.

In den gewiss hinkenden Vergleich von Kirche und Genossenschaft könnte man auch die Gewerkschaften einbeziehen – als „Selbsthilfeorganisationen auf genossenschaftlicher Basis", wie Frank Bsirske, der passionierte ver.di-Vorsitzende, sie in seiner Hamburger Rede zum 1. Mai 2019 nannte. Solche Vergleiche haben für Pitt ihren attraktiven Aspekt. Wenn sich die Kirche (auch) als eine praktische Genossenschaft verstünde, könnte Pitt sich als fröhlich-unbeschwerter Gast ohne jeden intellektuellen oder seelischen Skrupel an der Tafel der Gemeinschaft niederlassen. (Es ist eine Tradition, dass führende Vertreter der Kirche an Veranstaltungen der Genossenschaften und Gewerkschaften teilnehmen oder sogar in ihren Gremien mitwirken.) Er könnte die Gemeinschaft als Institution und stabilisierendes Muster aller gemeinwohlorientierten Institutionen erleben, die den Geist der Institution an sich als Säule des Miteinander sichert. Er könnte den Wein als Wein und das Brot als Brot und als sonst nichts genießen: eine symbolische Form als Ausdruck des menschlich-sozialen Geistes feiern.

Genossenschaften bekennen sich zum Grundsatz der politischen, sozialen und religiösen Neutralität und Toleranz; denn fundamentale Meinungsverschiedenheiten behindern die Kooperation und zerstören den Enthusiasmus, den jede Gemeinschaft braucht. Eine Glaubensgemeinschaft ist kein Neutrum, sie wird ihren Glauben immer gegen den Nicht-Glauben und den Anders-Glauben abheben. In den weltlichen Genossenschaften gab es oft Anfechtungen des Grundsatzes der Neutralität, es bildeten sich z. B. christliche und sozialistische Konsumgenossenschaften heraus oder bestimmte Genossenschaftsarten sind von christlichem oder liberalem Denken geprägt. Schon George Jacob Holyoake, der uns die spannende Geschichte der „equitabel", d. h. der

Redlichen Pioniere von Rochdale und ihres 1844 in der dortigen Krötengasse entwickelten Urmodells der Genossenschaften erzählt, hatte seine liebe Not mit dem Grundsatz der religiösen Neutralität. „Ich habe den Genossenschaftern stets geraten, in Meinungsverschiedenheiten duldsam zu sein und, wie Paulus, daran zu denken, dass Liebe größer ist als Glaube und Hoffnung."[157] Der Kassierer wollte nicht alle aufnehmen, doch der coop-Chef entgegnete ihm: „Die heutige Genossenschaftsbewegung befasst sich nicht mit den verschiedenen religiösen oder politischen Unterschieden, sondern sie will durch ein gemeinsames Band ... die Meinungen, Kräfte und Talente aller zum Besten jedes Einzelnen zusammenfassen." Die besonderen Kräfte und Talente – sind das nicht die Charismen in der christlichen Gemeinde? Was die Rochdaler Pioniere allein interessierte: dass die Mitglieder die Statuten einhalten.

Und wenn es so wäre, dass die Kirche und die Genossenschaft jenseits von Glaube und Zweck eine gemeinsame Wurzel, eine gemeinsame Krone hätten: nämlich die Idee der Gemeinschaft oder gar: die Idee der gemeinwohlorientierten Gemeinschaft? Die Gemeinschaft ist nicht nur Instrument oder solidarisches Vehikel zum Zwecke des Glaubens und des Heils oder der persönlichen Förderung, sie ist ein Wert an sich. Wenn die Gemeinschaft als ein substantieller Nenner die Kirche wie die Genossenschaft trüge, ja, käme es dann letztlich nicht doch auf die Treue zum „Statut" an? Das Statut: es ist der Geist und die verbriefte Dauer der Gemeinschaft, ist Tischregel und -sitte, ist die Form, ohne die es auch das spontane assoziative Engagement für einen das Ich transzendierenden Zweck nicht gibt. Die allgemeinste historische Erfahrung lautet: alle Organisationen, die ihre Statuten verletzen, in denen sich ihre Gründungsidee manifestiert hat, gehen zugrunde.

Statut oder Glaubensbekenntnis. Pitt hält das Statut ein, z. B. als loyaler Kirchensteuerzahler. Er übt seine gemeindebürgerlichen Rechte aus. Er würde nicht das passive Wahlrecht für die Wahlen zum Kirchenvorstand in Anspruch nehmen, obwohl er es könnte. Denn die kirchliche Gremienarbeit ist doch „eine Tätigkeit, die aus dem Glauben erwächst", wie das Vorstandsmitglied Gerhard Peterwitz der „Frankfurter Rundschau" sagte, als die sich mit der betrüblichen Tatsache befasste, dass sich in den hessischen Städten 1991 nur 12 bis 14 Prozent Gemeindemitglieder an den Wahlen beteiligt haben.[158] Der Glaubensgemeinschaft kann Pitt nicht angehören. Er kann nur Mitglied einer Gemeinschaft sein, die ihre Substanz neben ihrem Glauben auch in einer Solidarität, in einer „Liebe" hat, die dem Gläubigen wie dem Ungläubigen als Ziel, Wert und Notwendigkeit wichtig und „heilig" ist.

Wein oder Blut: die Symbolkraft des Tisches liegt auch im Brunnen, der das reine Wasser spendet. Wie der Tisch in der Mitte der Wohnstube steht, so der Brunnen in der Mitte einer Gemeinde. Am 12. April 1855 schenkten die Redlichen Pioniere der Gemeinde von Rochdale bei Manchester – „für die Einwohner der Stadt und für die Fremden" – einen Trinkbrunnen, und die Präsidenten Cockcroft und Briggs äußerten in ihrem Brief an die Gemeinde den Wunsch, dass „der Brunnen lange Zeit unserer Stadt zum Nutzen und zur Zierde gereichen möge." Das Geschenk, berichtet Holyoake, der Verfasser der „Bibel des Genossenschaftswesens", wurde von der Gemeinde angenommen. „Wenn die ausgedörrten orientalischen Reisenden aus Ägypten und Indien zum Besuche der ältesten Reliquien des Genossenschaftswesens in die Stadt Rochdale einziehen, so müssen sie an dem Trinkbrunnen der Pioniere vorüber. Sie können daran ihren Durst löschen, bevor sie die Wunder der großen Genossenschaft erforschen." Das taten auch der Berliner Professor Victor Aimé Huber, der christliche Sozialreformer und Begründer der Wohnungsbaugenossenschaften, und der praktische Christ Friedrich Wilhelm Raiffeisen, der Pionier der Bauerngenossenschaften, hätte sich dieser „Trinkbrunnenbewegung" angeschlossen, wenn er aus seinem armen Westerwald herausgekommen wäre.

Für Pitt ist die Frage, ob er als Ungläubiger Mitglied einer christlichen Gemeinde sein kann, auf der Endstrecke seines Lebens wichtiger als in seiner Mitte oder den Jahren des Werdens. Er ist gezwungen, mit der Wahrheit Ernst zu machen. Er ist abgestürzt, weil er sich einer professionellen Unwahrhaftigkeit schuldig gemacht hat, die mehr war als eine déformation professionelle. Das Wasser aus dem Brunnen seines gemeinwirtschaftlichen Unternehmens war brackig geworden, und er hat es als frisch und rein verkauft. Als „Ideologe" seiner Genossenschaft war er keinesfalls der Typ des weitverbreiteten „Religionslehrers ohne Glauben", aber er hat sich in ein Dornengestrüpp schmerzlicher Widersprüchlichkeit verirrt und dabei die Schmerzen seiner eigenen Verletzungen gar nicht mehr gespürt.

Er hat gelernt, wie wichtig der „Brunnen des lebendigen Wassers" (Offenbarung 21,6) ist. Es gibt den verborgenen Zusammenhang zwischen der „Gottesfurcht" und der „Wahrhaftigkeit", den Leon Battista Alberti im frühen 15. Jahrhundert von der Warte eines weltfrommen Humanismus' analysiert hat, die Neigung, „leichtfertig zu erfinden und die Wahrheit zu leugnen, um sich schön zu machen" bei dem, der „in seinem Herzen den Glauben erlöschen lässt."[159] Nach dem alttestamentarischen Verständnis sind wir ja nicht nur darum gottlos, weil wir den Gottesglauben verloren haben, sondern vor allem dann, wenn wir die von Gott, der Gesellschaft und dem Geist der Zivilisation gewollte Lebensordnung durch unser Verhalten, durch Ungerechtigkeit, Gewalt und eben auch Unwahrhaftigkeit, die nicht der Lüge gleichzusetzen ist, verletzen. Pitt hat Gründe, sich zu fragen, ob er als ungläubig-unberufener Christ auch ein unwahrhaftiger ist, ein Falschmünzer oder Etikettenschwindler. Doch er lebt in aufgeklärten Zeiten und muss nicht fürchten, als ein Häretiker des Unglaubens von Thomas von Aquin die Todesstrafe zudiktiert zu bekommen, die für die weltlich verwerflichen Falschmünzer im Mittelalter selbstverständlich war.

12

Die Erbschaftssteuer

Ungläubige Christen, die bewusst an ihrer Kirchenmitgliedschaft fest-halten, erklären ihre institutionelle Treue häufig mit dem Hinweis auf eine Prägung durch die Kultur und humane Atmosphäre des so genann-ten „christlichen Abendlandes". Sie baden „unverdrossen die irdsche Brust" in ihrem Schein und ihrer Schönheit. Der Austritt aus der Kirche wäre für sie eine Art von Exil. Die Kulturwissenschaft und andere Diszi-plinen haben seit dem Anbruch der Moderne viele Wurzeln der europä-ischen Kultur ausgegraben. Niemand zweifelt daran, dass das Christen-tum und sein volkskirchliches Fundament ein starkes kulturelles Wurzelwerk seien. Dass jedoch Europa, das legendäre Abendland, ein Geschöpf christlichen Glaubens, Denkens und Handelns sei, behauptet einen Monopolanspruch, der heute nicht mehr erhoben wird, trotz man-cher nachlaufender intellektueller Diskurse insbesondere im Hinblick auf den Begriff der Menschenwürde.

Dennoch: Das kulturelle Erbe des Christentums ist immens. Da der Kirchensteuerzahler Pitt auch nach einem ideellen Äquivalent für seinen materiellen Beitrag zur Stabilisierung der Kirche fragt, betrach-tet er seine Steuer als eine Erbschaftssteuer, die ja bekanntlich für rie-sige Vermögen ohnehin viel zu niedrig ist. Er hat ein Erbe angetreten und es nicht ausgeschlagen, weil es ihm als wertvoll erschien. Auch wer keine Steuern zahlt, hat den kulturellen Nießbrauch des geistigen und materiellen Investments der Kirchen und ihrer Ordensgemeinschaften in die europäische Kultur seit zwei Jahrtausenden, schwärmt mit in einem kostenfreien Streaming. Pitt hat es in seinem ganzen Leben immer so gehalten, für das zu zahlen, was ihn – außerhalb der Kreise von Familie und Freundschaft – fördert; er wäre sich sonst als Trickbetrüger vorgekommen.

Aus dem unendlichen Feld der christlich-kirchlich-klösterlichen Kulturgeschichte will Pitt sein persönliches Erbe unter die Lupe nehmen, um zu prüfen, ob die Erbschaftssteuer für ihn gerechtfertigt erscheint.

Andere haben über uns verfügt, haben uns zu Mitgliedern einer Gemeinschaft gemacht, die wir uns nicht ausgesucht haben und zu der wir uns als Kinder „bekannt" haben. Es spielt dabei keine Rolle, ob wir, wie Bonhoeffer kritisiert hat, „billig" getauft worden seien. Friedrich Heer meint, das die Völker Europas schon im Mittelalter „schlecht getauft" worden seien: eben nicht gefragt, dürftig unterwiesen, im rein formellen Ritual, nicht nur in nördlichen Breiten manchmal mit dem Schwert. Die Kirche ist – außer für die Spätberufenen, Bekehrten, Erweckten, Konvertiten – keine Kürgemeinschaft, sondern ein Schicksal.

Was ist Kultur? Ist sie nicht das Gedächtnis des Geistes? Kultur ist das Gedächtnis des Geistes von Gemeinschaften, und Europa oder das „Abendland" als Kulturbegriff ist das Gedächtnis einer multikulturellen Gemeinschaft. Die umfassende Gemeinschaft, die Ethnien und Nationen in sich geborgen und sie gleichsam umhüllt hat, war die Kirche als stabile, die Jahrhunderte überdauernde Institution der Gedächtnisgemeinschaft.

Hineingetauft in diese christliche Gemeinschaft wurden wir durch die Liebe derer, denen wir unser Leben und unsere Auferziehung verdanken, einschließlich aller kulturellen Gaben, der Sprache, der Bilder und Symbole, die uns begleitet haben. .Kultur ist auch eine Liebesgemeinschaft der Menschen, die sich umeinander sorgen. Die Kirche war immer eine zweite Natur, in die wir, wie in die erste, hineingeboren wurden.

Sie verbindet uns in ihren Institutionen als eine Gemeinschaft der Lebenden und der Toten, deren Sein der Humus unseres Werdens war. Diese unauflösbare Gemeinschaft erkennen wir in einer rudimentären Form noch auf Kirchhöfen an den Kirchen, an Grüften und Krypten oder Mementos an Kirchenmauern. Die Gemeinschaft der Lebenden und Toten steht in einem Kontinuum der Entwicklung in einer Kultur der Liebe Sorge, Zuwendung.

Der liberale Soziologe Ralf Dahrendorf, der konservativ genug war, sich als Lord ins britische Oberhaus schicken zu lassen, zählte Ferdinand Tönnies'[160] Werk mokant zur „Folklore deutschen sozialen Selbstbewusstseins". Pitt bleibt bei Tönnies, der sagt, im „religiösen Gemeinwesen" stelle sich die „ursprüngliche Einheit und Gleichheit eines ganzen Volkes" dar, das im Kult und seinen „Stätten" das „Gedächtnis seiner Verwandtschaft" einschließlich der vorangegangenen Generationen trägt. Er hat keinen Zweifel daran, dass Tönnies auch das „Volk Gottes" im Auge hat, das heißt die Kirche, die wesenhaft global und offen für die „Fremden" und voll in das gesellschaftlich-politische Vertragssystem[161] eingebettet ist.

Als die Nationalsozialisten in der Verrücktheit ihrer aggressiv ausschließenden Gemeinschaftsduselei viele Bürger zwangen, ihre „Blutsverwandtschaft" nachzuweisen, waren es paradoxerweise die Kirchenbücher, in denen sie die Spuren der „Ahnen", wie sie bei Gustav Freytag heißen, urkundlich finden konnten, um Existenz und Karriere zu sichern. Und als diese Spurensucher durch den kriegerischen Wahnsinn ihrer toll gewordenen Gemeinschaft ihr Leben verloren hatten, waren es wieder die Kirchen, die ihre Namen in Gedenkbüchern oder auf Tafeln für die Nachwelt bewahrten. Eine digitale Cloud wird gewiss kommerziell sein.

Der mächtigste katholische Weltherrscher, Philipp II., versammelte unter dem Hochaltar der Basilika im Escorial die „königlichen Toten", die er 1574 in schauriger nächtlicher Prozession aus allen Teilen des Landes in einem Mausoleum zur „Vergegenwärtigung der Ahnen" zusammentragen ließ.[162] Rapide wächst die Zahl der Menschen, die das Grab ihrer Großeltern nicht mehr kennen, seitdem nicht mehr die Kirchen, sondern die liberalen Ökonomen die Friedhöfe bewachen. Wenn Ferdinand Tönnies vor hundert Jahren in Husum beschreibt, wie die Religion das „Gebäude des Gemeinwesens" unterstützt und stützt, so können wir das sogar noch heute in Hamburg, Frankfurt und den anderen Ninives beobachten: die Kirche „weiht" die Ereignisse des Familienlebens, die „eheliche Gemeinschaft, die Freude über die Neugeborenen, die Verehrung der Alten, die Traurigkeit um die Hingeschiedenen", und Schillers „Glocke", vor über zweihundert Jahren gegossen, läutet immer noch. Dieser kirchliche Dienst malt keine bunten, äußerlichen Ornamente auf den Hintergrund des Alltagslebens. Die Religion behält auch in ihrer säkularen Verdünnung und kirchenfernen Verflüchtigung ihre Wirkung „in Gemüt und Gewissen der Menschen", wirkt aus unsichtbaren Strahlenquellen auch auf die Gepanzerten, die sich isoliert haben.

Wenn die Frankfurter an den christlichen Hochfesten auf ihrem Spaziergang um die zehn Stadtkirchen das Große Stadtgeläute aus fünfzig aufeinander abgestimmten Glocken erleben, dann schwingt in diesem Schwall auch ein Hauch von Gottesdienst. Dass „das Glockengeläut wie der Herzschlag der ewigen Liebe vom Äther schwingt"[163], ist eine der Formulierungen, für die Pitt der Ricarda Huch nicht selten ein Blümchen auf ihr Grab auf dem Frankfurter Hauptfriedhof gelegt hat. Was in den hübschen, anrührenden oder emphatischen Äußerlichkeiten als Konvention erscheinen mag, ist immer noch „Sitte" und ein „Stück der Sitte" ist Religion, „durch das Herkommen, Überlieferung und Alter als wirklich und notwendig gegeben, worin das einzelne Menschenkind geboren und erzogen wird, wie in die Mundart seiner Sprache, wie in die Lebensweise, die Art der Kleidung, Speise und Trank, welche seiner Heimat gewohnt ist: Glaube der Väter, Glaube und Brauch, erbliche Empfindung und Pflicht." Austreten? Ja, Joschka Fischer, wir sind ja nicht eingetreten. Wir sind Erben.

Der Astrophysiker und Hofastronom der britischen Queen, Martin Rees, wurde in einem Gespräch mit dem ZEIT-Magazin – wie so mancher Naturwissenschaftler – gefragt, warum er den Gottesdienst besuche. Erzogen als Mitglied der anglikanischen Kirche, sagte er, befolge er „einfach die Gebräuche meines Stammes". Sie sei Teil seiner

Kultur in ihren Ritualen und der Musik. „Ich bin ein praktizierender, aber kein gläubiger Christ."[164]

Speise und Trank der Heimat mögen wir verschmähen, aber in die Delikatessen der urbanen Welt mischt sich immer noch der Duft des ersten Tisches; mögen wir viele Sprachen sprechen, wir stolpern immer wieder über die Schollenkrümel auf unserer Zunge. Vielleicht mögen wir das Vaterunser verlernt haben, doch hören wir es, so brummen und summen wir seinen Rhythmus und seine Melodie. Wenn wir „austreten", wissen wir nicht, was wir verlieren, aber wir ahnen es. Wenn wir es tun, verlassen wir uns darauf, dass mit unserem „Austritt" (er ist eben kein „Ausgang" im Sinne des 121. Psalms) das „Gebäude des Gemeinwesens" nicht hinter uns zusammenbricht, so wie die Kirche nicht einstürzt, wenn wir keine Münze in den Opferstock werfen.

Die Sitte – wie mokant sprechen wir das Wort aus! – ist nach Tönnies der substantielle gemeinschaftliche Wille in einem „sesshaften" Volk. Hat Pitt vergessen, dass wir eben nicht mehr sesshaft sind, dass wir geistig Globetrotter, mental Nomaden und physisch fließende Atome sind? Sind wir nicht alle Tischflüchtige – wie die Mona in Henry Morton Robinsons Roman „Der Kardinal", die mit dem Sohn eines Rabbi „ging" und der Schwester irgendwann den gemeinsamen Nachtischabwasch verweigerte. „Du und dein ekliges Abwaschen", schrie sie, „satt habe ich das alles, dich und das Abwaschen und alles sonst hier im Haus", und sie warf die Gipsstatuette der Heiligen Familie nach der Schwester und verließ das Haus, voller Abscheu gegen „Stellung, Kirche, Familie, Leben im Allgemeinen", mit den Worten, die vielen einmal über die Lippen drängen: „Ich muss hier heraus."

Die Tische, die wir verlassen, nehmen wir mit uns, stellen sie an anderen Orten wieder auf, und noch im Stehen in den Imbissstuben winkeln wir die Ellbogen an die Rippen in unserem Parzival'schen Wissen: „so lehrte mich's die Mutter mein." Ja, wir haben ein Buch unter den Arm geklemmt, und manchmal ist es das biblische Testament, in dem ein Erbe beschrieben ist. Und sogar der berühmte

„Vorfahre" Italo Calvinos, der unter dem Tischstress der ewigen Nörge-
leien und Ermahnungen Don Arminios beschließt, aufzuspringen und
bis an sein Lebensende in den Bäumen des herrschaftlichen Parks zu
leben, verfolgt gelegentlich von seinem Ast aus durch das geöffnete
Kirchenfenster[165] die Messe der „Christenmenschen, die mit ihren Beinen auf dem Boden laufen."

Wird die Tischflucht epidemisch werden? Kämpfen Pfarrer gegen
sie vergeblich wie der Schimmelreiter gegen die Defekte des nordfriesi-
schen Deichs? Die Sozialisation oder „Enkulturation" durch die Kirchen
und ihre Verbände wie auch in den Familienverbänden wird schwächer.
Der Kirchenbesuch – sogar in den katholischen Kirchen leeren sich die
Bänke, wenn auch langsamer als in den protestantischen – wird seltener.
Und dennoch tragen wir in der Tischflucht die „Tischordnung" mit uns
fort wie der aus dem brennenden Troja fliehende Aeneas seinen Vater
Anchises auf dem Rücken. Wie weit die Reise in die Kirchenlosigkeit
gehen wird – wer weiß. Nirgendwo stecken so viele Irrtümer wie im Vor-
hersagen des sozialen und kulturellen Wandels. Immer wieder werden
von der empirischen Sozialforschung „neue" Alterskohorten mit „neuen"
charakteristischen Merkmalen entdeckt und in der gewaltigen Sinnstif-
tungs-Industrie der Akademien und Medien beschrieben. Vielleicht
kommt der Tag, an dem graust's die Tischflüchtigen vor Plastik und
Zufallsgesellung, und sie träumen von Tischen mit Glanz und Schimmer, Dampf und Duft und Gesichtern mit Namen, die sie kennen. Wie
mächtig wirkt eigentlich unsere christliche Mahl- und Tischkultur?

Das christliche Abendland: was ist christlich an ihm? Oder das
Heilige Römische Reich deutscher Nation, was war, bis 1806, heilig an
ihm? Leben wir auf der Schwelle des dritten Jahrtausends, in der
80. Generation in christlicher Zeitrechnung, noch aus der Substanz des
am Kreuz besiegelten Denkens, bewusst oder ohne Wissen und Wollen?
„Es ist ein Ros' entsprungen aus einer Wurzel zart" – leuchtet sie noch
im Licht einer hellen Sonne, wird sie immer wieder aufbrechen, oder
haben wir sie abgeschnitten und in der Vase welken lassen? Wenn wir

den Stamm gebrochen oder das Wurzelwerk nicht gegen den Winterfrost geschützt hätten: gäbe es dann wenigstens den Duft des Rosenöls, oder würde uns nur noch der rostige Staub der in dicken Büchern gepressten Blütenblätter eine Ahnung ihrer lebendigen Schönheit vermitteln? Was lassen wir hinter uns, wenn wir „austreten"? Geist und Werte, Formen und Farben, Klänge, Liebe und Heimat? Oder sind wir dann Anhänger der fröhlichen Schnorrerphilosophie, die uns lehrt, dass es uns nach dem Austritt an nichts fehlen wird? Verlassen wir uns darauf, als Erben ohne Testament, das ja nur für jene gemacht ist, die lieben und geliebt werden, einen kulturgesetzlichen Pflichtteil zu empfangen?

Helmut Thielicke, der die Subtilität seines theologischen Denkens in provozierender Simplizität tarnte, sagte uns, dass Jesus Christus nicht der Gründer des christlichen Abendlandes sein wollte: „Er will uns in den Himmel bringen, und sonst gar nichts."[166] Was er sonst noch – als Moralstifter, als Baumeister der Kultur, als Schützer der menschlichen Seele und Würde, als „Ideologe" der christlich-abendländischen Tradition bewirkt haben mag, sei „Nebenprodukt". Er warnt uns vor dem „scheinchristlichen Standpunkt", wir könnten Christus im Interesse eines gesellschaftlichen oder persönlich nützlichen Kulturwillens instrumentalisieren, den Versuch unternehmen, eine „Heilslehre ohne Heiland" zu schaffen. Immerhin: das „Gefasel vom christlichen Abendland" offenbare, so Thielicke, der Prediger im Hamburger Michel, in dem heute auch die Motorradfahrer den Segen für ihre gefahrreichen Rasereien empfangen, eine minimale Christlichkeit.

Pitt hat lange auch gemeint: Zerreiße ich meinen Taufschein und den Konfirmationsbrief, dann zerschneide ich ein durchs Christentum gewirktes kulturelles Band – kennt er doch im Umkreis seiner Familie und Freunde so schöne christliche Namen wie Lambert, Georg, Florian, Simon, Gabriele und Petra Peter, Katharina Christensen, Anna und Peter Klostermeier, Christian und Eberhard als Namen vieler Bischöfe und Äbte, Lydia, Thomas, Matthias, Maria, Michael, Christiane. Ist die Kultur, deren Geschöpf wir sind, bis ins aufklärerische

18. Jahrhundert und bis ins materialistische 19. Jahrhundert nicht die Schöpfung jener gewesen, die „in den Himmel wollten", oder die das, was sie wollten, wenigstens wie Prometheus vom Himmel stahlen? Vielleicht ist der Taufschein ja doch unser Führerschein durch die Zeiten. Oder ist er in einer Kultur „ohne Höllen und Himmel" ohnehin ein abgelaufener Pass, in den kein Land ein Visum stempeln wird. Rudolf Augstein, der ein Buch über Jesus Menschensohn geschrieben hat, hat im Streit, ja in einem „Kulturkampf" um eine zentrale kirchliche Position, den § 218, festgestellt: „Das vereinte Deutschland ist in seiner Substanz kein christlich geprägtes Land, es ist weder katholisch noch protestantisch. Man sehe sich die Zeitungen an, man betrachte das Fernsehen. Christlich ist allein die Kirchensteuer."[167] Hatte er recht, der Medienpapst, gegen den Papst, der in den Medien „Instrumente der Sünde" sah und dabei noch nicht einmal die allabendlichen TV-Mord- und Sexgeschichten im Blick hatte.

Auf der Suche nach den Spuren, die das Christentum in der europäischen Kulturwelt hinterlassen hat, nach Prägungen durch das „Spezifische des Christentums", oder auf die Frage „Was ist christlich an Europa?" komme er, gestand der Historiker Rudolf von Thadden auf dem Dortmunder Kirchentag „ins Stocken und Stammeln"[168]. Vage auch der Kardinalstaatssekretär Angelo Sodano, der das „Ferment des Evangeliums" in 2000 Jahren christlicher Geschichte „in mancherlei Hinsicht" zu entdecken vermag. Doch der Begriff „Ferment" ist bestechend. Der protestantische Theologe Friedrich Wilhelm Graf traut der Religion eine ungebrochene „Kulturpotenz" eigener Art zu. „Religiöser Glaube formt Mentalität und Habitus mit" – also derer, die etwas hochtrabend in den Akademiereden als Kulturschaffende oder institutionell als Kulturträger bezeichnet werden. Graf meint, die Deutschen dächten zu zaghaft über den kulturellen Einfluss des Christentums: Im Unterschied zu französisch- und englischsprachigen Historikern hätten deutsche Kulturwissenschaftler nur „wenig Sensibilität für die bleibende Prägekraft religiösen Glaubens in modernen Gesellschaften entwickelt."[169]

Eine allgemeine Kultur lassen mehr und mehr Gläubige völlig hinter sich, vor allem in den stark pfingstbewegten Vereinigten Staaten, und setzen sich in persönlicher religiöser Autonomie in ein alle Außenbezüge ausblendenden direkten Kontakt zu Christus und ihren Gott. Die Kirchen sind inspirierende Orte für Menschen, die Rhythmus, Ekstase und Rausch als Quell des Religiösen erleben. Die persönliche Empfindung gewinnt nicht die Formen als Bedingung kultureller Schöpfung.

Dass zu allen Zeiten gläubige Menschen die Frage gestellt haben, warum Gott, der Schöpfer des Humanen, die vielfältige Inhumanität seiner Geschöpfe zulasse, also die quälende Frage der Theodizee, die eine Rechtfertigung Gottes verlangt, ist selbstverständlich. Und Christen, ob gläubig oder nicht, die erwägen, die Kirche zu verlassen und, um sich selbst zu rechtfertigen,, die Steine des Anstoßes und einen Entscheidungsanlass suchen, werden jeden Tag im Menschlich-Allzumenschlichen der Kirche fündig. Wie viele Christen mögen die Kirche verlassen haben, als sie hörten, Papst Franziskus habe sich während eines vatikanischen Krisengipfels zu den Gräueln des sexuellen Missbrauchs von Kindern, an die „grausame religiöse Praxis" einiger Kulturen erinnert gefühlt, in der es nicht selten war, „Menschen – oft Kinder – bei heidnischen Ritualen zu opfern", und sie hörten, wie halbherzig Priester und ihre Regionalbischöfe Kontrolle und Vorbeugung gelobten. Wenn die Justizministerin Katarina Barley die Bischöfe daran erinnern muss, dass die Kirche nicht außerhalb der Strafgesetze stehe, freut man sich, dass der Einfluss der Kirche auf das öffentlich-kulturelle Leben so schwach geworden ist.[170]

Der gläubige wie der ungläubige Christ fühlen sich als Mitglieder ihrer Kirche verantwortlich für alles, was in ihrem Namen beschlossen wird und geschieht, auch wenn ihre Mitwirkung daran homöopathisch klein ist. Wie oft ein Gefühl der Verantwortung gegenüber historischem kirchlichen Versagen in Glaubenskämpfen und Angriffskriegen, in Unterlassung gebotenen Widerstands und in fahrlässigem Mitläufertum, in Inquisition und vielfältiger Diskriminierung so drückend wird, dass es zum Austrittsgrund avanciert – wer kann das sagen?

Als der 90. Deutsche Katholikentag 1990 auf den Trümmern der Berliner Mauer den katholischen wie den kommunistischen „Integralisten" eine Absage erteilte, und der deutsche Bundeskanzler beteuerte, kein „konfessionell-christliches Europa bauen zu wollen", war es der ungarische Regierungschef, der Helmut Kohl gewissermaßen in den Rücken fiel: in Europa seien auch Atheisten „irgendwie Christen" – welch ein Zeugnis christlichen Kultureinflusses! Der thüringische Landesbischof Werner Leich, der seine Erfahrungen mit atheistischen Gesellschaften hat, fand das Bild der „Tiefenströmung", der in einem Volk vorhandenen „geistigen Substanz", die sich „häufig" – auch hier das vorsichtige Wort – aus religiösen oder geistlichen Vorgängen speise.[171]

13

Die Christusfalte

„Irgendwie, häufig, mancherlei". In unserer pluralistischen Gesellschaft wird niemand die Verwegenheit haben, ein christliches Prägemonopol für die soziale und humane Kultur festzustellen oder gar zu wünschen. Der Theologe und religiöse Sozialist Paul Tillich – der als Wingolf-Student nicht das apostolische Glaubensbekenntnis gesprochen hat – lehnt in einer „Theologie der Kultur" eine kulturell-klerikale Fremdbestimmung („Heteronomie") von Mensch und Gesellschaft ab. Aber auch von einer Autonomie der modernen Kultur will er nichts wissen. Er sieht ein dialektisches Verhältnis, in dem Religion die Substanz der Kultur und die Kultur die Form der Religion sei.[172] Pitt hat eine Abneigung gegen dialektische Umdrehungen, in denen nicht nur Marxisten Meister sind, doch „irgendwie" wird dieser Zusammenhang bestehen.

Auch der in den letzten Jahrzehnten hundertfach zitierte Satz des Staatsrechtslehrers Ernst-Wolfgang Böckenförde, nach dem der freiheitliche säkulare Verfassungsstaat von Voraussetzungen lebe, die er selbst nicht garantieren könne, bleibt in dieser vielsagenden Unbestimmtheit. Als Böckenförde 2019 hochbetagt starb, wurden im Blätterspektrum vorsorglich besorgte Hinweise zur Interpretation des Satzes gegeben.[173] Gegen ein „rein religiöses Missverständnis" habe sich der Verfassungsrichter verwahrt, schrieb Elisabeth von Thadden (Die Zeit) aus der Hauptstadt des Atheismus. Und ebenfalls aus Hamburg der Mediengewerkschafter Martin Dieckmann auf seiner Facebook-Seite: der Satz sei missbraucht worden, die Religion zur „gesellschaftlichen Basis zu erheben", sein Autor habe vielmehr seine „eigene" Kirche ermahnt, endgültig die „Spielregeln säkularer Staatlichkeit anzuerkennen." In der Wertsetzung ist die demokratische Gesellschaft absolut autonom, doch was geschieht, wenn sich die Demokraten in gesellschaftlich kritischer Seelenlage in ihre Mauselöcher zurückziehen oder Unwerte-Demagogen oder „Lebens"-Radikalen auf den Leim gehen, wie es am Ende der Weimarer Republik zu besichtigen war? Im Verfassungsstaat liegt letztlich die Entscheidung in den Seelen unabhängiger Richter. Die Frage müsste lauten: Werden die Richter von christlichem Gedankengut geprägt oder beeinflusst? Der Verfassungsrichter Böckenförde hat vielfach Freiheit als das Ethos einer humanen Gesellschaft gesichert, indem er in Urteilen ihre Grenzen aufgezeigt hat. In der Todesanzeige am 28. Februar 2019 wird über ihn von seiner Familie gesagt: „Sein Leben war getragen von seinem christlichen Glauben, den er bezeugte. Er starb in der Erwartung der Auferstehung."

Auf die Verwandlung des Menschen in den christlichen Jahrhunderten kommt es an. Wo sie in Motiven und Taten des Menschen erkennbar wäre, läge ein Beweis für die kulturelle Mächtigkeit der Kirche vor. Denn Kultur wird von einzelnen Menschen gemacht („erdacht und gemacht" schrieben Künstler auf ihre Werke). Doch „nachweisbar" sind Motive nie: hat ein guter, ein kreativer, ein kluger Kopf gedacht und gehandelt, weil er ein Christ war, wer weiß das? Auch in einem durch einen historischen Zufall im Heidentum verbliebenen Europa hätten sich Gebilde wie Diakonie und Caritas unter anderen Begriffen, doch in jedem Fall als Institutionen des Gemeinschaftslebens entwickelt, und viele Kulturkreise schwelgen in darstellender und literarischer Kultur.

Dass auch der moderne „nachchristliche Humanismus" mit seinen Werten, Normen und Sinngebungen das Christentum „eingeatmet" habe und die Humanisten „zumindest verdeckt" von christlichen Wertvorstellungen bestimmt seien, ist die Überzeugung von Hans Küng.[174] Carl Friedrich von Weizsäcker, der sich im „Garten des Menschlichen" zurechtfindet und in der Kirche eine "Heimat" hat, sieht in der christlichen Religion das „Element einer Kultur", auch ihre „Trägerin": sie

„formt das soziale Leben, gliedert die Zeiten, bestimmt oder rechtfertigt die Moral, interpretiert die Ängste, gestaltet die Freuden, tröstet die Hilflosen, deutet die Welt." Niemand habe die geschichtliche Welt so radikal verändert wie die Christen, die doch eigentlich in ihrer chiliastischen Hoffnung mit der Geschichte wenig im Sinn gehabt hätten. Die Christen „haben in diesen zweitausend Jahren die Geschichte gestaltet, die Menschheit langsam, langsam umgestaltet."[175].

Der „lächelnde" Papst Johannes Paul I. musste in diesem Punkt skeptisch gewesen sein, denn er zitierte in einem Artikel, den er als Kardinal Albino Luciani geschrieben hatte, den indischen Philosophen Sandhu Singh, der einen Stein aus dem Wasser geholt, ihn zerbrochen und innen trocken gefunden und darin die Menschen in Europa erkannt habe: „Seit Jahrhunderten sind sie vom Christentum umgeben, aber das Christentum hat sie nicht durchdrungen, lebt nicht in ihnen."[176]

Das Beste, was wir über die mächtigen „Potenzen" unseres humanen Seins wissen, lernen wir aus den „Weltgeschichtlichen Betrachtungen" des Basler Humanisten Jacob Burckhardt, über den Staat als den „Hort des Rechts", die Religion, die alles repräsentiert, was sich der Mensch nicht selber geben kann, und die Kultur als „millionengestaltigen Prozess" und Ausdrucksform des „spontanen Geistes". Eine „mächtige Religion", sagt er, „entfaltet sich in alle Dinge des Lebens hinein und färbt auf jede Regung des Geistes, auf jedes Element der Kultur ab".[177] Paul Tillich nennt das die „Immanenz der Religion in der Kultur".

Wer wollte bezweifeln, dass das Christentum eine mächtige Religion sei? Da die Skepsis gegen den Einfluss der Religion auf die Kultur aus jedem Satz des Basler Humanisten blinkt, wird man die Doppeldeutigkeit von Hemmung und Prägung in der massivsten Beschreibung einer Bedingtheit erkennen: „Eine Religion knickt im entscheidenden geistigen Entwicklungsaugenblick eine Falte in den Geist eines Volkes, die nie mehr auszuglätten ist."

„Falte", geniales Wort eines Universalgelehrten. Der vielleicht gebildetste unter den modernen Lyrikern, Durs Grünbein, hat es aufgenommen in den Gedichten „Falten und Fallen". Dort heißt es in dem Titel-Gedicht, das wie ein Kurzessay anmutet: „Deutlich / War diese Spur von Vergessen in allen Hirnen, Falten, Gesichtern".[178] Doch die Spur deutet auf das Unvergessene. Es hat sich eingekerbt, in den Kopf, in die geistige Physiognomie.

Der skeptische Rationalist Karl R. Popper, der uns unablässig gewarnt hat, dem Weltbild mythisch oder ideologisch geschlossener Gesellschaften zu verfallen, sieht eine starke Falte in der Kindheit des Christentums. Einen zentralen Gedanken unserer sozialen Kultur sieht er unter der Patenschaft des Christentums: „Denn kein Mensch ist wichtiger als irgendein anderer."[179] – ein Gedanke, der dem an die Vaterschaft Gottes entspringt, sofern sie als eine gerechte und nicht als eine tyrannische gedacht wird. Gefördert hat das Christentum die Idee der Brüderlichkeit und der Gleichheit. Max Horkheimer sieht die Christusfalte auch in der Vorstellung der Aufklärung, nach der jeder Mensch heilig und Zweck an sich sei – „bewusst oder unbewusst, bejaht oder verneint"[180] in der Kultur des Westens.

An den von kirchlichen Vorstellungen geprägten „Goldgrundhimmel" der mittelalterlichen Kultur hat Ricarda Huch erinnert.[181] Wie aber steht es mit der christlichen Kulturprägung des 19. und 20. Jahrhunderts unterm kalt-grauen Himmel von Rationalität, Materialismus und wachsender Gottesferne? Lohnt es sich überhaupt noch, nach den christlichen Spurenelementen der „aktiven" Gegenwartskultur zu fahnden? Kann man die seelische Christusfalte der Frühzeit wiedererkennen in den Falten des „alten" Gesichts einer Kultur, die ihm Charakter, Weisheit, Erfahrungs- und Leidenstiefe verleihen, – oder liegt es im Trend der Gegenwartskultur, alle Falten wegzuschminken und wegzuliften?

In einer mächtigen Falte sitzt Pitt in der Krypta des Bremer St.Petri-Doms. Wie die höchsten irdischen Erhebungen – Himalaya, Pamir, Alpen, Anden – aus der Wucht des Aneinanderpralls tektonischer Platten sich aufgefaltet haben, so sind die himmelstürmenden kirchlichen Bauten in mächtiger geistiger Auffaltung aus dem Zusammenstoß von Zeit und Ewigkeit, von Materie und Geist entstanden. Vor den Kathedralen, Domen, Münstern stehen wir mit der großen staunenden Frage: Wie war der Geist beschaffen, der solche Werke geschaffen hat? Wird die Energie, das Ingenium und der Fleiß, die Opferbereitschaft, die solch kühne Bauten hervorgebracht haben, in den Menschen sterben, wenn sie alle „austreten"? Wenn der Rahmen und das Gerüst, von denen die Bauten gestützt werden, bröckelig und brüchig werden? Will ich eine Stütze sein?

Die Kirche ist Geist, und die Kirchen sind die Gefäße des erstaunlich Schönen. Vor der Rose über dem Portal reihen wir uns ein in das Trio der Erzengel Raphael, Gabriel, Michael und sagen: „und alle deine hohen Werke sind herrlich wie am ersten Tag" (und Raphael setzt in seinem Text den „hohen Werken" noch ein „unbegreiflich" voran).[182]

Die christliche Kunst der Kathedrale in all ihren bergenden und strebenden, geschlossenen und offenen Formen ist verkümmert, und aus den Baumeistern sind Restauratoren geworden. Keine Sorge: die Kathedralen werden den letzten Christen überleben wie die Pyramiden die Pharaonen, nicht als Zeugen christlich erfüllter Zeiten oder als pietätvoll gehegte Grabmäler für Apostel, Päpste und Kardinäle, sondern als überwältigend-überzeugende Steinzeichen eines künstlerischen Willens, dessen Beweggründe „unbegreiflich" sind wie Raffaels Sixtinische Madonna. Die Kathedrale stürzt nicht ein, wenn wir die Kirche verlassen.

Das europäische Faltengebirge setzt sich sogar südlich des Atlas auf den afrikanischen Kontinent fort. Einen 250-Millionen-Mark-Petersdom konnte im 20. Jahrhundert nur ein afrikanischer Potentat bauen. Es war gewiss nicht der Glaube allein, der den Präsidenten der Elfenbeinküste, Félix Houphouët-Boigny, auf einem der 7800 Quadratmeter bedeckenden Glasfenster als schwarzen Heiligen zu Füßen Jesu kauern ließ. Papst Johannes Paul II. war kein Museumsdirektor, als er nach Yamoussoukro reiste, um das gewaltige, in 12000 Quadratmeter italienischen Marmors schimmernde Geschenk mit den Worten in vatikanischen Besitz zu nehmen: „Zu allen Zeiten haben die Kinder der Kirche ihr Bestes der Baukunst gewidmet, um mit diesem sichtbaren Zeichen dem Verständnis zu helfen, das Gott inmitten seines Volkes lebt, dass die Kirche Christi begründet ist auf der Erde der Menschen." Und dabei hat er gewiss nicht nur an seinen römischen Dom gedacht, sondern auch an die tausendjährige Wawel-Kathedrale seines heimatlichen Krakau.

Könnte Pitt die Kirchensteuer als Dauereintrittskarte für die Dome der Welt betrachten: ja, nie würde er einen Gedanken daran verschwenden, sie nicht zahlen zu wollen. Natürlich ist der Eintritt an der Kirchenkasse und am Opferstock, über dem man gern einen Schein falten darf, billiger. Als Kirchensteuerzahler in Deutschland wird er ja doppelt zur Kasse gebeten – was Benedikt XVI. übrigens kritisiert haben soll –, denn auch seine Einkommensteuer enthält eine Art von Peterspfennig zur Finanzierung der „hohen Werke" der Kirche und ihrer Sanierung.

Seit dem Ende des Heiligen Römischen Reichs, als die Säkularisierung die Sozialisierung kirchlicher Immobilien durch Staaten und Städte bedeutete, zahlen die deutschen Steuerzahler jährlich eine Entschädigung von rund 530 Millionen € an Kirchen und Religionsgemeinschaften, und trotz der Ermahnungen in den Verfassungen von 1919 und 1949 ist der Staat nicht in der Lage, das gewaltige Kapital zur einmaligen Ablösung dieser historisch unverfallbaren Verpflichtung aufzubringen. Ein Teil dieser jährlichen Staatslast fließt in die Erhaltung von Kirchen und Kunstwerken; so gehören die zehn Kirchen des Frankfurter Stadtgeläutes der Stadt, was immerhin den Vorteil hat, dass eine zentrale Komposition des Glockenschwalls möglich ist.

„Scheinbar", sagt Jacob Burckhardt, seien die fünf Künste aus dem Kultus hervorgegangen. Die Kunst war vor dem Kultus und ist ohne den Kultus. Die Menschen aller Zeiten widmen ihr „Bestes", nämlich ihre gestaltende Kraft, den höchsten Zwecken, Gott oder dem Ich und oft beiden. „Denn die Kunst ist in hohem Grade um ihrer selbst willen vorhanden", sagt der Historiker, der eigentlich ein Künstler ist. [183]

Aber die Musik: sie ist doch die beseelte Stimme des christlichen Abendlandes! Sie wird doch verstummen, wenn wir die Hände nicht mehr zum Gebet falten. Die Musik, von „allen Künsten am innigsten mit der Religion verbunden", so Ricarda Huch, sei doch geradezu „eingewickelt" in Theologie, und Luther habe den Grund für eine neue unsichtbare Kirche, eine „Kirche aus Musik", gelegt. Wie Luther die Bibel ins Deutsche, so habe Heinrich Schütz sie in Musik übersetzt. (Gerade hat Pitt im Sommerkonzert seiner Farmsener Erlöserkirche Schützens Vertonung des 100. Psalms gehört, der in der Liturgie am Pfingstmontag als Lob in den „Vorhöfen" des Tempels gelesen wird). Große Kirchenmusiker bleiben in ihrer Wirkung nicht auf den Raum der Kirche beschränkt. Als der berühmte Geograph Jared Diamond – der in seinem Buch „Kollaps" der Frage nachging, warum Gesellschaften überleben oder untergehen – 2007 in einem als Wallfahrtsort besuchten Weingut in Saarburg einen der Spitzenweine (von denen schon einmal eine Flasche viertausend Euro kosten kann) probiert hatte, sagte er, es sei ihm, als habe er Bachs h-Moll-Messe gehört.

Wenn wir „austreten" aus der Kirche, wenn wir die Halle der Liturgie und eucharistischen Feier, die wohl der wichtigste Entstehungsort der europäischen Musik gewesen ist, verlassen, schlagen wir dann nicht die Tür zu einer unser Menschsein bergenden Ausdruckswelt mit einem so lauten Knall zu, dass wir für immer taub für Melodie und Rhythmus werden, gefühllos gegenüber den Elementen der gleichzeitig spirituellsten und sinnlichsten Sprache? Oder verlieren wir nur die innere Beziehung und das tiefere Verständnis für ein kleines Segment der musikalischen Universalsprache, an der die Völker aller Zeiten gewoben haben, nämlich zur liturgisch inspirierten Innenwelt der Kirchenmusik, die sich schon im frühen Mittelalter mit den weltlichen Improvisationen der Sänger und Spielleute vermischte.[184]

Wenn die Benediktiner in Maria Laach in den traditionellen Formen und melodischen Formeln des gregorianischen Gesangs ihr Kloster gleichsam vor unseren Ohren noch einmal bauen: ist uns dann der Zugang zu ihm versperrt, wenn wir nicht mehr verstehen, was ein Kloster ist und dass sein Gesang zum Ruhme Gottes und zur

Selbstfeier der klösterlichen Gemeinschaft erschaffen ist, oder genügt es uns zu wissen, dass die Formensprache der Musik jenseits aller Zwecke, Gesinnungen und Gefühle ihre Wahrheit und ihre Führungs- und Verführungskunst beweist?

Heute Nachmittag saß Pitt selbdritt in der St. Gertrud-Kirche am Hamburger Immenhof und lauschte dem Orgelkonzert von Judith Viesel-Bestert. Er ist ein unkonzentrierter Hörer, und seine Augen betrachteten die Statue der Heiligen Gertrud von Helfta, die man im 13. Jahrhundert die Große nannte, und irgendwo zwischen Buxtehude, Berlinski und Bach notierte er verstohlen die Bibelstelle hinter dem Haupt der Heiligen: 2. Kor. 3, 17. Später las er: „Der Herr ist der Geist; wo aber der Geist des Herrn ist, da ist Freiheit." Das war auch der Kern der Philosophie der Hochgelehrten: die „Freiheit des lebendigen Geistes". (Pitt erschrak allerdings, als er im 4. Kapitel las, das ihm als Ungläubigen der „Sinn verblendet" sei).

St. Gertrud am Immenhof: Die Bienen, die in den Kirschblüten des Alten Landes summen, und die Vögel, die in ihnen singen, haben kein anderes Motiv als Eifer und Lust, und wenn wir auf dem Lühedeich die Kirche St. Martini und Nicolai erreichen, lesen wir auf der kostbaren Arp-Schnitger-Orgel aus dem Jahre 1687, dass ihre 28 Register nicht allein aus künstlerischen Gründen ersonnen worden sind: „Lobet Gott mit Saiten und Pfeiffen, lobt ihn mit hellen Cymbeln, lobt ihn mit wohlklingenden Cymbeln. Alles was Odem hat Lobe den Herrn. Halleluja."

Als in der Renaissance und im Barock die „freien Geister" auftauchten und die bildenden Künste längst aus dem Goldgrund der alles erfüllenden mittelalterlichen Frömmigkeit herausgetreten waren, blieb die Musik noch lange „angewandte Kunst" und an ihre liturgische und höfisch-gesellschaftliche Dienstfunktion gebunden, und der Komponist war mehr für Andacht und Unterhaltung als für die künstlerische Innovation zuständig. Noch Mozart schuf sein frei-revolutionäres Werk in den Bindungen der fürst-bischöflichen Auftragskunst, und Franz Werfel lässt, noch im späten 19. Jahrhundert, seinen Verdi über seine

„gebundene Rolle" – im Gegensatz zum „freien" Werk Richard Wagners – nachdenken: „Er selbst war eingeordnet in dieses Gefüge, dem er dienen musste, nicht anders als die Maler der stärksten Zeiten, die auch nicht malten, um Probleme des Lichts und der Form zu lösen, sondern weil die Frommen Bilder für Aug' und Herz brauchten." [185]

Der Glaube und die religiösen Motive des Alten und Neuen Testaments haben die Entfaltung von Malerei und Skulptur eingeschränkt und die Phantasie einspurig befeuert, obwohl ihre Präsenz insbesondere die katholischen Kirchen erfüllt. Der Durchbruch der „freien Geister" in Renaissance und Barock zu „losgelösten" freien Formen ihrer Kunst führte aus der Kirche hinaus, auch wenn sie und die frommen Fürsten ihre Auftraggeber waren. Die Künstler sind Ich-Künstler und verherrlichen Gott als Person, die sie selber sind. Albrecht Dürer musste sich der „Abgötterei" bezichtigen lassen, und er wehrte sich: „Denn ein jeglicher Christenmensch wird durch ein Gemälde oder Bildnis ebenso wenig zum Aberglauben verleitet, als ein rechtschaffener Mann zu einem Morde dadurch, dass er eine Waffe an seiner Seite trägt."[186] Philipp Otto Runge zitiert in einem Brief an seinen Vater, 1798, einen Brief Albrecht Dürers, in dem er „jedem junge Künstlern die Bibel als einen unerschöpflichen Brunnen für die Kunst anempfiehlt". Runge wollte seinen alten Herrn überzeugen, dass er seine Kunst „nie zu etwas Lasterhaftem" gebrauchen wolle. Der Verdacht liegt bei Kunstwerken jenseits von Altarbild, Bischofsporträt und Kirchenfenster immer nahe.

„Lasterhaft" ist die Kunst der freien Geister, der Sonderlinge, die ungebundene Kunst. Mag Friedrich Nietzsche vor Wagners „Parsifal", dem „Bühnenweihfestspiel", ob seiner „Christlichkeit" verzweifeln, in den Raum der Kirche gehört es nicht („Die Gläubigkeit nicht glaubhaft", meint Thomas Mann in seinem Tagebuch[187]). Wenn Pitt unter dem bunten Himmel des Staatstheaters an der Saar Gustav Mahlers Symphonie Nr. 2 c-Moll, die „Auferstehungssymphonie", in ihrer effektvollen Aufgeregtheit auf sich wirken lässt, dann hört er aus dem Tamtam der Trommeln und dem Pizzicato der Streicher nicht die Stimme des gläubigen

Menschen, sondern die des Bekenners einer Privatreligion. Doch nicht der Komponist hat der Symphonie den Beinamen gegeben, sondern das Publikum, weil ihr das Gedicht von Klopstock zugrunde liegt.

Auf eine Kunst wie die Poesie, die nach Burckhardt „Organ der Religion" ist, hat das Christentum kein kreatives Monopol. Aus allen Weltreligionen sprießen die episch-poetischen Jahrtausendwerke im Wetteifer global-humaner Phantasie und Expression. Oft hat die Poesie die Götter geschaffen, und nichts ist poetischer als das aus Blitz und Donner geformte göttliche Wort. Dass der Monotheismus der Juden, der Christen und der Muslime poetisch hochbegabte Verkünder gefunden hat, mag ein Grund für seine Durchsetzungskraft im Wettbewerb der Götterwelten gewesen sein.

Hierzulande haben die Poeten – seit dem Niedergang des protestantischen Kirchenlieds – dem Christentum und seiner Geltung keinen Dienst mehr erwiesen, wenn sie „christlich" schrieben. Allenfalls waren es die gottlosen Artisten, die in ihren künstlerischen Revolutionen zeigten, dass sie ein gewaltiges Feuer entfachen mussten, um etwas Großes und Übermächtiges verbrennen zu können. Nein, die Sprache der Poesie werden wir auch außerhalb der Kirche sehr gut verstehen. Auch ohne die Kirche wird wohl die Bibel, das „Buch der Bücher", als eines der großen Weltepen seine Leser finden und, wie jedes große Buch, seine subtile pädagogische Wirkung entfalten, so wie sie das „heitre Naturkind" Goethe in „Dichtung und Wahrheit", dem „Bruchstück einer großen Konfession", beschrieben hat: „Ich für meine Person halte sie lieb und wert: denn fast ihr allein war ich meine sittliche Bildung schuldig, und die Begebenheiten, die Lehren, die Symbole, die Gleichnisse, alles hatte sich tief bei mir eingedrückt und war auf eine oder die andere Weise wirksam gewesen."[188] Das ist die schönste Beschreibung der Christusfalte, die Pitt kennt.

Es bedurfte nicht des post-paradiesischen Arbeitsgebots der Genesis („im Schweiße deines Angesichts"), um die Menschen zu ihrer größten Kulturleistung, den Schöpfungen ihrer Arbeit, zu zwingen. Das abendländische Kulturgebäude war zu allererst ein Arbeitshaus. Da Pitt Ökonom ist und mütterliche Vorfahren den Namen Klostermeier trugen, darf er die kulturstiftende Benediktinische Regel des „ora et labora" nicht vergessen, die materielle Seite des Kulturgeschäfts der Kirchen, genauer: der Klöster. Möglicherweise haben sie die Spuren ihres Wirkens und Lehrens am tiefsten in die Furchen des Kulturbodens gepflügt.

Das Mönchtum, im 4. Jahrhundert in Ägypten und Syrien als mystisch-weltflüchtige Bruderschaft entstanden, entfaltete vor der Jahrtausendwende eine dynamische weltliche Energie, die sich auf die Gestaltung des Irdischen warf und daraus auch die Autorität für eine intensive geistige und politische Wirkung gewann.[189]

Die Klosterschulen wurden Träger der Kultur, die praktisch arbeitenden Mönche Kultivatoren („Kirchrode" heißt der Ort, in dem Pitt aufwuchs). Ganze Landstriche wurden von glaubensstark-praktischen Gemeinschaften – ähnlich den israelischen Kibbuzim im 20. Jahrhundert – kultiviert. Aus Mönchszellen wuchsen Güter, und der sichtbare wirtschaftliche Erfolg wurde durch umfangreiche Schenkungen wohlhabender Laien vermehrt. Durch Verpachtung von Land oder durch die Beschäftigung von Hörigen wurde das know how verbreitet. Passau, Chiemsee, Benediktbeuren z. B in Bayern, in Franken Lorsch und Prüm, im Elsass Weißenburg, Korvey im damaligen Gebiet der Sachsen und die Nonnenkloster Gandersheim, Quedlinburg und Nordhausen wurden bedeutende Kulturmittelpunkte.

Geradezu hymnisch beschreibt die unvergleichliche Ricarda Huch die Ökonomie des Kreuzes: „Nie wieder hat es eine Einrichtung gegeben, die wie das Kloster der karolingischen und ottonischen Zeit so vielen nützlichen Zwecken und großen Ideen diente. Von ihnen, wenn auch nicht nur von ihnen, ging die Kultivierung des Bodens aus, sie lichteten Wälder, bestellten Äcker, bauten Reben, gaben ein Vorbild umsichtiger Wirtschaft; sie beschäftigen Handwerker und Künstler. pflegten die Musik, förderten die Wissenschaft, unterrichteten die

Kinder, waren Schule, Akademie, Universität."[190] Was die Christen jahrhundertelang waren, nämlich die „Diakone und Samariter der Welt" (H. Thielicke) – von den Klöstern wurde es zuerst in hingebungsvoller Perfektion betrieben. Auch wenn die Mönche und Nonnen nicht arbeiteten, wenn sie sich der Kontemplation ergaben, gehörten sie zu den „wichtigen Trägern des kulturellen Bewusstseins" (C.F. v. Weizsäcker). Wie immer wir zur Kirche stehen mögen, wir erkennen an einer Fülle kräftiger und blasser Spuren, tiefer und schwacher „Falten" in der Kulturlandschaft noch der Gegenwart: die Kirche hat ihr Saatgut aus einem riesengroßen Tuch gestreut.

Und dann gehen wir als Touristen in die wunderschönen christlichen Kirchen der Welt und bestaunen nicht nur die Kunstwerke, sondern lassen uns auch vom ästhetischen Zauber der Liturgien, der theologischen Rhetorik, der Gesänge, der Gewänder in der ganzen Bandbreite ihrer Expressivität, vom Kargen einer schwedischen bis zur Üppigkeit einer griechisch-orthodoxen Kirche, verzaubern. Der geistvolle Gregor von Rezzori, der das auch tut, sieht sich als „glücklichen heidnischen Erben des Christentums" bei seinem Eintauchen in frühe Erlebniswelten – „das alles ist gewiss nicht spurlos, aber ohne Tiefenwirkung" an ihm vorbeigegangen, er glaubt nicht und schlägt doch heimlich ein Kreuz.[191] Goethe schreibt am 3. Februar 1787 aus der Ostermesse „unter der Peterskuppel", die er von einer Tribüne an den „Pfeilern" erlebt hat, an seinen Chef Carl August: „…man glaubt in gewißen Augenblicken seinen Augen kaum, was da für eine Kunst, ein Verstand, ein Geschmack durch Jahrhunderte zusammengearbeitet haben um einen Menschen bey lebendigem Leibe zu vergöttern." Wie erklären wir uns unser maßloses Erschrecken in der Karwoche 2019, als wir die Bilder der brennenden Notre Dame de Paris sahen?

Als Papst Johannes Paul II. am 21. April 1990 in Prag aus dem Flugzeug stieg und die Piste küsste, sagte Vaclav Havel: „Jahrzehntelang wurde aus unserer Heimat der Geist ausgetrieben. Ich habe die Ehre, ein Zeuge des Augenblicks zu sein, in dem ihren Boden der Apostel des

Geistes und der Seele küsst." Was meinte der Dichterpräsident, der Mann des Geistes, mit „Geist"? Sieht er im Gesicht des Papstes die zweitausendjährigen Falten? Sieht er unterm Beton, der den päpstlichen Kuss empfängt, den „religiösen Mutterboden"?

Sollte sich Pitt entschließen müssen, die Kirchentür hinter sich zuzumachen, wird er sie sanft ins Schloss fallen lassen. Ob drinnen oder draußen: da ist ein Mutterboden, der ihn trägt. Auch er, der Ungläubige, hört lesend die Worte, die in jener dreitausend Jahre alten Geschichte Gott zu Moses spricht: „Tritt nicht herzu, ziehe deine Schuhe aus von deinen Füßen, denn der Ort darauf du stehst, ist ein heilig Land." Pitt hat einmal die Laienpredigt Carl Friedrich von Weizsäckers in der nachbarschaftlichen Wellingsbütteler Kirche gehört, die er über diesen Text gehalten hat. Im Geiste zieht er immer die Schuhe aus, wenn er eine Kirche betritt, was er in seinem Haus nie tut.

160

14

Das Honorar

Oft fragt sich Pitt, ob er mit seiner Kirchensteuer nicht ein außerordentlich günstiges Honorar für die historischen Anwälte seiner Menschenrechte zahlt.

Nach dem Papstbesuch in Prag strömten Hunderttausende junger Menschen in der damaligen Tschechoslowakei und anderswo in Ost- und Westeuropa wie über eine breite Brücke in die Kirchen, als gingen sie zum Popkonzert. Wenige Wochen später forderten die katholischen und evangelischen Bischöfe in Deutschland „ein Gemeinwesen, das die Anerkennung der Würde jedes einzelnen Menschen und seiner grundlegenden Menschenrechte zu Eckpfeilern macht."[192] Eine Erklärung von hoher Kompetenz: die Christen und Kirchenführer haben sich für Freiheit, Würde und Demokratie und die Autonomie der christlichen Gemeinschaft eingesetzt und gezeigt, dass Wasserwerfer brennende Kerzen nicht löschen können. Sie müssen die Vitalität der christlichen Botschaft nicht herbeipredigen.

Freiheit, Würde, Demokratie: ein unauflösbarer Begriffsknoten, der die in eine zerbrechliche Selbstverständlichkeit gehüllte Artikel-1-Wahrheit sichert. „Die Würde des Menschen ist unantastbar". Sie ist unter den Schutz der staatlichen Gewalt gestellt. So auch Artikel 1 der Menschenrechtserklärung der Vereinten Nationen von 1948, der weitere sichernde Bedingungen hinzufügt: „Alle Menschen werden frei und gleich in Würde und Rechten geboren. Sie sind mit Vernunft und Gewissen begabt und sollten sich zueinander im Geiste der Brüderlichkeit verhalten".

Hans Joas hat gezeigt, dass an dieser universellen Erklärung in einem Komitee unter dem Vorsitz von Eleanor Roosevelt der französische Jurist René Cassin, Sohn einer orthodox-jüdischen Mutter und eines säkular-republikanischen Vaters, selbst säkularer Rationalist mit Sympathie für den Katholizismus, Charles Malik, ein christlicher Araber und griechisch-orthodoxer Philosoph aus dem Libanon, Peng-chun Chang, chinesischer Philosoph, Dichter und Diplomat mit konfuzianischem Hintergrund sowie der französische, vom Protestantismus zum Katholizismus konvertierte Philosoph Jaques Maritain, der schon einen eigenen Menschenrechts-Katalog entworfen hatte, mitgewirkt haben.[193] Dreitausend Jahre haben an diesen Sätzen der hochgeistigen Ghostwriter mitgeschrieben, vor allem aber das letzte Jahrhundert mit seinen Paroxysmen an Menschenverachtung, und haben das humane Ideal aus dem groben schmutzigen Stoff des geschichtlichen Leidens befreit wie Michelangelo die Figur des Moses aus dem Stein in San Pietro in Vincoli.

Viele sagen, die Wahrheit des Artikels 1 habe eine starke Wurzel in der Offenbarung des Jahres 1 unserer christlichen Zeitrechnung. Große Aufklärer des 20. Jahrhunderts gingen auf das Jahr 1 zurück, wenn sie den Artikel 1 reflektierten. So Jürgen Habermas: „So glaube ich nicht, das wir als Europäer Begriffe wie Moralität und Sittlichkeit, Person und Individualität, Freiheit und Emanzipation … ernstlich verstehen können, ohne uns die Substanz des heilsgeschichtlichen Denkens jüdisch-christlicher Herkunft anzueignen."[194] Oder Walter Lippmann, dessen freiheitliches Ordnungsdenken auf der Überzeugung beruht, dass „Politik, Recht und Moral des Westens sich aus der religiösen Überzeugung herausgeschält haben, dass alle Menschen individuelle Wesen sind und dass die menschliche Person unantastbar ist."[195] Und Max Horkheimer, der nach einer Vorlesungsnachschrift gesagt haben soll, dass die Vorstellung der Aufklärung, jeder Einzelne sei Zweck und jedes menschliche Wesen heilig, ohne Christentum nicht denkbar sei.[196] Schließlich – und vielleicht besonders erstaunlich – Karl R. Popper, der „betont", dass „wir zahlreiche Ziele und Ideale unserer abendländischen Kultur, wie die Freiheit und die Gleichheit, dem Einfluss des Christentums verdanken."[197]

Die religiöse Sicherung seiner Grundrechte müsste Pitt davon abhalten, die Kirche zu verlassen, zumal ihm als glaubenslosen Christen der Zugang zur „Substanz" des christlichen Denkens, der Heilshoffnung, versperrt ist. Auch die pro-domo-Analysen der Theologen und Priester könnten ihn nicht hindern, seine Freiheit als eine in der staatlich gesicherten Rechtsordnung allein geborgene Person zu genießen, so wie er sich im Schein seiner Leselampe keine Gedanken über die physikalische Natur der Elektrizität zu machen braucht. Habe ich Probleme mit meiner Freiheit, wende ich mich an die rechtsstaatlichen Instanzen, die ich als Staatsbürger trage. Aber auch in meinem Vertrauen auf die staatliche Rechtsordnung hänge ich an der kirchlichen Nabelschnur. Die Kirche war die erste „Anstalt" mit rational bürokratischem Amtscharakter, die wie keine andere religiöse Gemeinschaft schon früh – nach dem Ende ihres eschatologischen take-off – den Weg der Rechtsschöpfung durch rationale Satzung beschritten hat und ihr heiliges Recht an streng formaler juristischer Technik orientierte. Sogar die grauenhafte Inquisition, die ja eine mörderische Glaubensbefragung war, hatte ihre gegen Willkür gerichteten Regeln. Die Kirche ist das Urbild einer die Zeit überdauernden Rechtsinstitution. Es ist dieser Rationalismus, der die Wahrheitsermittlung nicht der Parteiwillkür überlässt. Das kanonische Recht wurde, wie Max Weber gezeigt hat, für das profane Recht einer der Führer auf dem Weg zur freiheitssichernden Rationalität.[198]

Es gibt keine päpstliche Enzyklika und kaum einen bischöflichen Hirtenbrief, die nicht die Würde des Menschen in den Mittelpunkt aller Reflexionen über das Gute und Richtige stellten. Für die Arbeitenden geschieht das besonders eindringlich im Hirtenbrief der katholischen Bischöfe der USA zur „Wirtschaftlichen Gerechtigkeit für alle" aus dem Jahre 1986, der den amerikanischen, nicht gerade durch soziale Sensibilität geprägten Kapitalismus rigoros an die christliche Messlatte hält: „Unser Glaube fordert uns auf, diese Wirtschaft nicht nur daran zu messen, was sie hervorbringt, sondern auch daran, wie sie das Leben der Menschen berührt und ob sie die Würde der menschlichen Person schützt oder verletzt."[199] Sie sind stolz, diese Hirten und ökonomischen Laien, auf die traditionellen amerikanischen Werte, aber sie tauchen das Gesicht des reichsten Landes der Welt ins helle Licht der katholischen Soziallehre, und da entdecken sie viele hässliche Falten.

In ihrer Kritik an der Vernachlässigung des „ausgelieferten" Menschen bauen sie einen Hoffnungsbogen von den hebräischen Propheten über die Bergpredigt zum wirkungsmächtigen Papst Johannes Paul II., der auf seinen Weltreisen wie keiner seiner Vorgänger die Würde der menschlichen Person verteidigt hat. Der Hirtenbrief räumt ein, dass der Inhalt des Leitbegriffs „Würde" historischen Akzentuierungen unterlag und die Wahl der Mittel, sie zu schützen, innerkirchlich kontrovers war. „Jetzt fordert Gott von uns Opfer und Nachdenken über unsere Ehrfurcht vor der Menschenwürde" (Ziffer 365).

Walter Lippmann preist die Weisheit des menschlichen Strebens, ein universales Gesetz gegen die Willkür zu finden, Rechte zum Schutz des Menschen „gegen Könige, Barone, Magnaten, Mehrheiten und Pöbelhaufen zu schaffen".[200] Darin liegt die Freiheit des Artikels 1. Man suchte dieses Gesetz im Brauchtum, in der religiösen Offenbarung, in einer Vernunftordnung des so genannten Naturrechts, in der idealistischen Philosophie. Welche Wurzel ist die kräftigste? Die katholische Kirche, gleichzeitig volkstümlicher und geistiger als die evangelische, hat das Misstrauen gegen staatliche Omnipotenz wachgehalten, oft freilich auch als Konkurrentin der weltlichen Macht und nicht frei von der Versuchung, die zeitweilig besetzte Macht zu missbrauchen.

Der Protestantismus neigt – nachdem Luther seine Kirche notgedrungen aus der Universalität in die Obhut der kleinstaatlichen Landesherren geführt hatte – zu einem Denken, in dem der Staat als Quelle des Rechts gilt. Er hing dem Wahn an, der Landesherr sei „weise" oder – wie Hegel es sah – der Staat sei die Verkörperung der höchsten Sittlichkeit. Als die Christen „deutsch" wurden, wurde auch Gott ein Deutscher, der die Menschen nur noch als seine schutzwürdigen Geschöpfe ansah, wenn sie den Arier- und Parteistempel hatten. Die katholische Soziallehre ist, auch nach Luther, sehr viel reicher als die evangelische.

Im Mittelalter und seinen Übergangskämpfen zur Neuzeit standen die Ungläubigen außerhalb des christlich-totalitären Gemeinwesens. Indem die Kirche die staatliche Gewalt in eigenem Totalitätsanspruch bekämpfte, schuf sie die Voraussetzung für die immer schon angelegte Trennung von Kirche und Staat, ohne die es keine Freiheit gibt. Die Kirche hat den Kampf gegen den Staat nicht verloren: sie hat sich auf eine stärkere Bastion zurückgezogen, auf der nicht mehr mit weltlichen Waffen gekämpft wird.

Es hat immer wieder intellektuelle, nicht eben intelligente Versuche gegeben, eine moderne Gesellschaft in einen christlichen Humus ein- oder umzupflanzen. Vor und gegen Hitler mit seinem Götzentraum eines europäisch-mittelalterlichen Tausendjährigen Reichs gab es die Träume christlich-nationalkonservativer Republikfeinde, die ständische Ordnung des Mittelalters unter elitärer Führung zurückzurufen, wie es zum Beispiel im Umkreis der Deutschen Rundschau der Redenschreiber des Vizekanzlers von Papen, Edgar Jung, mit einem qualmig üblen Pamphlet versuchte, wofür er den Meuchelmord durch seine Konkurrenten im finsteren Geist erleiden musste.[201]

Einer der Autoren der UN-Erklärung der Menschenrechte von 1948, Jacques Maritain, hat versucht, die anti-metaphysischen Humanisten der Neuzeit mit ihrem Ideal von Menschenwürde, Freiheit und uneigennützigen Werten zu versöhnen mit einer neuen Zivilisation, die ihre Impulse aus dem „Ideal einer brüderlichen Gemeinschaft"[202] erfährt. Er will den Weg in einen „christlichen Humanismus" öffnen, der die Tischflüchtigen unter Achtung ihrer Autonomie an den Tisch und in die Ordnung der Tischgemeinschaft zurückruft, in ein „säkulares oder profanes Christentum", das mit dem Erbe behutsam, wie mit einem Stiftungsvermögen, umgehen möge. Die tischflüchtig gewordenen Söhne haben die Normen des Vaters mit in die Welt genommen und aus ihnen einen neuen Stil des Denkens geformt. Verwundert stellt Maritain fest, dass ausgerechnet solche „vormals christlichen Kräfte" in ihrer Umformung dazu dienten, die Verbreitung von Ideen zu fördern, die dem Christentum entgegengesetzt seien. „Das hat sich der große Thomas nicht träumen lassen" – das hörte Pitt von seinem ersten Chef, Werner Gebauer-Rehlen, dem deutschen Übersetzer Maritains, der bei Edgar Salin in Basel als Volkswirt über den Naturrechtslehrer Thomas von Aquin promoviert worden war. Jacques Maritain, als junger Mann zur katholischen Kirche übergetreten, starb 1973 hochbetagt als Novize in der Ordensgemeinschaft der Kleinen Brüder Jesu.

Ob Vater- oder Mutterschaft Gottes: die Geschwisterlichkeit in der Gotteskindschaft ist wohl das stärkste Fundament, das man der Achtung der Menschenwürde oder dem Respekt vor dem So-und-nicht-anders-sein des Menschen bauen kann. Ohne die Tischgerechtigkeit des Vaters oder der Mutter – sie fügt nicht ein Feminist, sondern ein Vaterloser hinzu – verfallen wir der Terrorherrschaft des stärksten Bruders, der vielleicht auch gerecht sein will, aber doch die Freiheit einschränkt, weil er doch das größte Stück Brot für sich ergattern und in allem etwas „gleicher" (George Orwell) sein will.

Würde des Menschen: sie beschreibt auch seine Möglichkeit und Fähigkeit, frei zu entscheiden. Seit der Erstentscheidung im Paradies des Alten Testaments ist das klar. Die Entscheidungsfreiheit darf auch nicht dadurch beschränkt werden, dass die Möglichkeiten beschränkt sind. Ohne Berufung auf die Keckheit eines ethisch noch unbedarften ersten Menschenpaars hat Immanuel Kant dem Vernunftwesen Mensch die Kompetenz zugeschrieben, in seiner persönlichen freien Entscheidung gleichzeitig Gesetzgeber für alle zu sein, sofern er das Interesse aller Menschen berücksichtigt, ohne sich von seinem eigenen lenken oder bestechen zu lassen. Das setzt ein starkes Abstraktionsvermögen voraus, ja, ein fast übermenschliches.

Auch der abstrakte Philosoph Kant war noch so starr in seiner Epoche gefangen, dass er den Menschen in seiner Republik nicht die gleichen Entscheidungsrechte zugestehen mochte. Alle, die von anderen Menschen befehligt oder beschützt werden und damit keine bürgerliche Selbstständigkeit besitzen, können nicht als Staatsbürger an der Bildung des allgemeinen Willens teilnehmen. Sie sind nicht Staatsbürger, sondern nur „Staatsgenossen"[203]; sie können nach dem Gesetz einer natürlichen Freiheit und Gleichheit zwar passive Glieder des Staates sein, nicht aber aktiv mitgestaltende. Sie haben eine Chance, sich „empor zu arbeiten", aber sie sind nicht gleichberechtigt. Zu ihnen gehören die „Gesellen des Kaufmanns", also die Angestellten, die Dienstboten, aber nicht die Staatsdiener, und „natürlich" alle „Frauenzimmer". Sie „entbehren der bürgerlichen Persönlichkeit" – der Persönlichkeit!

Die sittliche Autonomie des Menschen ist bei Kant nicht mit der demokratischen Solidarität der Menschen in ihrer Würde logisch verknüpft. Es ist ein Zwischenglied erforderlich. Eine der Quellen für die Bereitschaft, die Gleichberechtigung der Menschen anzuerkennen, ist die Religiosität der Tischgemeinschaft. Gewiss nicht allein die Religion und nicht die christliche Religion allein, denn das Ethos des gemeinsamen Mahls mit allen den Verantwortlichkeiten der Tischgenossen für einander ist wohl in der ganzen Welt, sofern sie einen gewissen metaphysischen Sinn hat, gegeben.

Sind wir Kinder der „abendländischen Gottlosigkeit", wir Menschen, die „es selber nicht mehr wagen würden, sich einen Christen zu nennen" (Bonhoeffer)[204], noch Geschöpfe der Christlichkeit?

„Erbe und Verfall" – wer vergessen hat, Erbe zu sein und sei es der Erbe eines unbewohnbaren, unveräußerlichen Hauses, dessen Hypothek noch nicht getilgt ist, dem drohe, sagt Dietrich Bonhoeffer in seiner „Ethik", das „gewalttätige gott- und menschenfeindliche Nichts", oder, weniger dramatisch ausgedrückt, ein kultureller Analphabetismus, dem „Leben, Geschichte, Familie, Volk, Sprache, Glaube" zum Opfer fielen. Der Mann, der das geschrieben hat, steht vor Hamburgs St. Petri mit gefesselten Händen. Die Seele ohne „Falte" in ihrer dicken Haut nimmt von nichts mehr Spuren auf, der Mensch wird sich selbst gegenüber vergesslich. „Es gibt kein persönliches Schicksal und darum keine persönliche Würde." Übersieht der Kritiker nicht, dass die abendländische Welt voller christlicher Symbole ist, voller Botschaften, Stimmen, die den Knoten ins Taschentuch knüpfen: da war doch noch was ...

Jürgen Habermas berichtet von der Totenfeier für Max Frisch in der Stiftskirche St. Petri in Zürich. Eine Feier in der Kirche – der Sarg stand dort –, aber ausdrücklich ohne Kirche. Wer von den vielen Anwesenden mochte viel mit Religion und Kirche im Sinn gehabt haben? „Max Frisch – ein Agnostiker, der jedes Glaubensbekenntnis verweigerte – hat offenbar die Peinlichkeit der nicht religiösen Bestattungsform empfunden." Sein Erlebnis führt den Philosophen zu einer Bestimmung des Verhältnisses von Glaube und Wissen als zweier, aufeinander bezogener unabhängiger Wahrheitsquellen. Die praktische Vernunft mit ihren „Geboten der Gerechtigkeitsmoral" verfehle ihre eigene Bestimmung, wenn sie nicht die Kraft habe, „in profanen Gemütern ein Bewusstsein für die weltweit verletzte Solidarität, ein Bewusstsein von dem, was fehlt, von dem, was zum Himmel schreit, zu wecken und wachzuhalten". Der demokratische Rechtsstaat sei auf eine in Überzeugungen verwurzelte Legitimation angewiesen. Sie müsse von allen Bürgern der pluralistischen Gesellschaft anerkannt werden, von Gläubigen, Andersgläubigen und Ungläubigen. Ausgefüllt kann das, was fehlt, nur in einem „komplementären Lernprozess", in dem sich „die säkulare und die religiöse Seite gegenseitig verstricken".[205] Dass Pitt den Bericht Habermas' nacherzählen kann, rechtfertigt allein seinen Versuch über die ungläubigen Christen. Er ist gewissermaßen ein Mensch dieser „Verstrickung", als Ungläubiger gebunden in einer religiösen Institution.

„Der Kontinent", sagt Klaus Mann in seinem glänzenden Lebensbericht[206], „setzt seine Würde, ja seine Existenz aufs Spiel, sobald er diese doppelte Verpflichtung – Hellas plus Christentum – verleugnet und vergisst." Golgatha und die Akropolis seien die Garanten europäischer Zivilisation. Ernsthafte Formulierungen: aber der Kontinuitätsanspruch der Formel „römischer Weltstaat griechischer Kultur empfängt und trägt die Offenbarung des Christentums" ist eine feuilletonistische Fiktion. Aristoteles musste, um die Sklaverei zu verteidigen, noch vorgeben, alle Sklaven sein von Natur aus Sklaven – darauf hat Walter Lippmann hingewiesen.[207] Die christliche Botschaft verkündigte allen Menschen, vor allen den Unfreien und Schwachen, dass sie nicht leblose Dinge oder rechtlose „Sachen" oder „Abhängige" á la Kant, sondern Träger einer unsterblichen Seele seien. So wurden sie auch unangreifbar: nur mit schlechtem Gewissen konnte Besitz- und Machtgier den Menschen noch versklaven. „Der Einfluss dieser Botschaft war unermesslich", sagt Lippmann, sie habe die Gesellschaft freier Menschen konstituiert. Aber auf dem Kontinent, tatsächlich? Die Kirchen blieben ja in ihrem verbockten Bündnis von Thron und Altar hinter ihrer Christlichkeit weit zurück. Die zivile und politische Gleichberechtigung ist eben eine Errungenschaft der Revolution der Schwachen und Abhängigen und der gegen die Kirche Protestierenden gewesen.

Alle Zwangssysteme müssen irreligiös sein oder Gott als Altpräsidenten mit pompösen Titeln wie „höchstes Wesen" oder „Vorsehung" oder „sittliche Idee" in die Machtlosigkeit befördern. Voller Bewunderung, die Pitt teilt, hat Lippmann daran erinnert, dass die stärkste offene Kampfansage an den totalitären Staat von Männern und Frauen tiefen religiösen Glaubens ausging, oder von Männern und Frauen, die in Gefängnis und Exil die alte christliche Wahrheit neu entdeckten (Klaus Mann z. B. hat erwogen, in die katholische Kirche der USA einzutreten[208]).

Die Christusfalte, die Jakob Burckhardt in das frühe Leben des Volkes gelegt sah, kann auch ein Plagegeist im Persönlichen sein. Die Einlegesohle im Schuh, die sich unglücklich verfaltet hat, die Quetschfalte im Kopfkissen können Pein verursachen und den Schlaf rauben, die falsche Bügelfalte am Kragen kann eine Ahnung der Guillotine vermitteln. So kann die Christusfalte schmerzvolle Erinnerung, kann Mahnung, kann Nötigung sein. Hier „fehlt" nichts, hier ist etwas Störendes, Aufstörendes, das nach Glättung schreit um des mentalen oder geistigen

Komforts willen. Hat das prachtvolle Gewand der hohen Priester, zwar faltenreich, doch locker fallend, vielleicht die Funktion gehabt, die Drohung einer versteckten Falte nicht fürchten zu müssen? Oder scheuern auch in seinem Innern die Falten wie ein dorniges Büßerhemd unter einer Rüstung?

Als Konfirmand sah Pitt den amerikanischen Monumentalfilm „Das Gewand" von Henry Koster (den ersten im CinemaScope-Format!), Weihnachten 1953. Der Tribun Marcellus, von Pontius Pilatus mit der Aufsicht über die Kreuzigung beauftragt, gewinnt im Würfelspiel das unter dem Kreuz liegende Gewand. Als er es sich im Unwetter von seinem Diener Demetrius, einem Anhänger Jesu, umlegen lässt, verfällt er in Krampf und Koma. Die ergreifend zärtliche Geste, in der Victor Mature-Demetrius das rächende Gewand faltet und über seinen Arm legt! Übrigens: Marcellus gewinnt eben durch die Gnade des Gewands sein Leben zurück und verliert es schließlich als Christ nach einem Todesurteil des Caligula.

Die Künstler der Renaissance haben die Begegnung der ersten Zeugin der Auferstehung, Maria Magdalena, mit dem gerade Auferstandenen oft dargestellt: „rühr mich nicht an!" Bei Giotto erscheint Christus als vollständig bekleidet, bei Corregio ist er halb bekleidet, bei Tizian, dessen Bild Pitt gerade im Frankfurter Städel sehen konnte, ist er fast nackt, umweht von leichtem Schurz und flatterndem Tuch, die den Leichnam im Grab des Joseph von Arimathia bedeckt haben mochten. Die reine Spiritualität ist frei von Falten.

15

Gottes Mitarbeiter im ewigen Haus

Solange Petrus den Schlüssel in der Hand hält – in der Regensburger Bischofskirche St. Peter[209] trägt er ihn in hundert Bildern und Statuen, auch zweifach –, wird die universale Kirche keine demokratische Organisation sein können. Hätte der christliche Glaube auch nur im Keim demokratische Impulse in sich getragen, hätte sich das monarchisch-absolutistische Prinzip im Europa nicht bis zu den Eckdaten 1688, 1789 oder 1919 halten können. Demokratische Lebensformen, in denen die Artikel-1-Wahrheit am besten geschützt ist, verdanken wir nicht der Kirche, sondern den Christen, die in radikal-ungeduldiger Frömmigkeit das Reich Gottes auf Erden, im Hier und Jetzt, für ihr eigenes Lebens schaffen wollten. Christus wollten sie gehorchen, nicht Bischöfen und Monarchen, die im Wartesaal zum ewigen Heil ihre Herrschaft in institutioneller Ewigkeitsgeduld etabliert hatten. Sie wollten das „Reich" erleben, „in dem es keine Gesetze, keine Sünde, keine Sakramente gibt, sondern wo Menschen ohne staatlichen Zwang und befreit von ihrem alten Sklaventum sich aller Güter gleichmäßig erfreuen, essen, trinken und Kinder erzeugen."[210] Dem politisch explosiven Pluralismus, der Oliver Cromwell zum Vorkämpfer der Demokratie in England machte, ging es nicht um die demokratische Staatsform, sondern um das Menschenrecht der Religions- und Gewissensfreiheit. Die ersten Staaten Nordamerikas mit ihren „Mayflower"-Republikanern waren nach dem Vorbild der reformierten Kirchenverfassung demokratisch organisiert, aber ihr theokratisches Leitbild – Jesus allein ist Herrscher – gewährte Andersdenkenden natürlich keine Gewissensfreiheit. Wird das

Menschenrecht aber hochgehalten, ist der Schritt zur demokratischen Verfassung klein. Dass Gläubige nicht über den Glauben demokratisch diskutieren und beschließen können, ist eine Binsenwahrheit: er ist und bleibt jenseits aller Formen und Regeln das Pfingstwunder.

Die puritanisch-calvinistischen Querelen waren Geburtshelferinnen des modernen demokratischen Rechtsstaates. Das amerikanische Verständnis der Demokratie beruht auf einer Glaubensforderung, die in einer Predigt des Kongregationalisten Thomas Hooker 1638 formuliert wurde. Die Erklärung der Menschenrechte von 1776 in Virginia und die Bundesverfassung der USA von 1787 sind für ihre Autoren aus Gottes Hand. Religiös ist vor allem das abgrundtiefe Misstrauen gegen den Staat mit seinem Totalitätsanspruch. Auch der Staatsrechtler Georg Jellinek, der die Artikel-1-Wahrheiten der französischen Revolution von 1789 mit denen der Erklärung von 1776 für identisch hält, ist davon überzeugt, der Gedanke, das Individualrecht als unantastbar zu betrachten, sei nicht politischen, sondern religiösen Ursprungs.[211] Dass die Tyrannen ihre Untertanen in religiösen Dingen bevormundeten, war ihr Untergang. Der Kirchenhistoriker Erich Wolf sieht den protestantisch-calvinistischen Glauben bei den Verfassungsquellen: „Die Freiheit zu Gott, die Gleichheit vor Gott, die Brüderlichkeit mit den Nächsten ist eben auch ein Wesenszug des rechten Staates als Freiheit von Tyrannis, Gleichheit vor dem Gesetz und Brüderlichkeit in der Verwaltung zeitlicher Güter."[212]

Neben den christlichen haben die starken säkularen Kräfte, vor allem die scharfsinnigen Staatslehren großer Philosophen, die Institutionen der Demokratie geprägt. Die modernen freien Gesellschaften, sagt der amerikanische Theologe Reinhold Niebuhr, hätten ihre Wurzeln gleichermaßen im Christentum und im Säkularismus der Neuzeit.[213] Der Kirchenhistoriker Adolf von Harnack, ein halbes Jahrhundert älter, geht weiter und meint, ein großer Teil des Rechts, ja die Idee des Rechts sei aus der Religion entstanden. Auch er nennt seine Erkenntnis eine „geschichtliche Erinnerung". Hinter dem Recht, das formal sein müsse, stehe stets ein bestimmter materieller, sozialer Wille, eine Vorstellung vom „richtigen Recht", eine „Rechtsgesinnung", und in ihr wirke sich die christliche Religion als Herrschaft des Gotteswillens oder als Herrschaft des Guten „in den Herzen der Einzelnen und in dem Gesamtleben" aus. Gottes guter und gnädiger Wille sei es, der positiv die Menschen durchdringe, und mit diesem Ziele wolle der Christ „Gottes Mitarbeiter" sein.[214]

Das Wort von den „cooperatores veritates", das ein Wahlspruch des zweiten deutschen Papstes gewesen ist, wird mal mit „Mitarbeiter", mal als „Gehilfe" der Wahrheit übersetzt. Im dritten Brief des Johannes, aus dem das Wort stammt (8,11), steht der lapidare Satz: „Wer Gutes tut, der ist von Gott." – oder eben: ist ein Mitarbeiter Gottes.

Pitt hat in seinem langen Leben viele Mitarbeiter Gottes getroffen, Frauen und Männer, die mit ihrem Wesen, ihrer Offenheit und Spontaneität, der Liebenswürdigkeit ihrer humanen Dienstgesinnung, der gegründeten Festigkeit ihres Auftretens und ihrer Haltung, ihrem Mut und ihrer inneren Unabhängigkeit, ihrem commitment (wie Manager gern sagen) und einem tatkräftigen Taktgefühl Menschliches, Dinge und Verhältnisse „durchdringen" und sie damit „besser" und „richtiger" machen (und andere hat er auch getroffen, die aus dem Johannes-Brief, die „Böses" tun und Gott selbst in seiner Kirche offenbar nie gesehen haben).

Diese Mitarbeiter*innen Gottes fördern die humane Gesittung im Alltäglichen und Banalen, aus dem ja unser Leben zu sechs Siebteln besteht. Sie sind keine Heiligen. Sie werden so sein, wie alle Mitarbeiter irgendeines Chefs sind, mal fleißiger, mal lässiger, mal loyal, mal renitent, mal tüchtiger, mal fehlbar. Aber sie bringen Gottes Weltunternehmen voran. Da Gottes Unternehmen keine Gläubiger und keine Aktionäre hat, ist es in der Motivation unabhängig von Aufwand und Ertrag und keinem Wachstumszwang unterworfen. Die Konkursgefahr besteht nicht (auch wenn der Erzbischof in Hamburg gegen den heftigen Protest katholischer Eltern aus wirtschaftlichen Gründen Schulen schließen muss). Man kann die cooperatores nicht am Status, am Titel, an

Ausweisen, an Berufsbezeichnungen erkennen. Man kann nur erkennen, ob sie die christliche Gesinnung haben. Man spürt, ob sie „durchdrungen" sind. Pitt weiß von ihnen nur, dass ohne sie die Welt, in der er lebt, ärmer und kälter wäre.

Der aus christlicher Überzeugung lehrende Sozial- und Politpädagoge Friedrich Wilhelm Foerster erzählte vor dem 1. Weltkrieg eine Anekdote[215] aus dem Russisch-Japanischen Krieg: Ein verwundeter russischer Offizier wurde von einem japanischen Krankenpfleger behandelt. „Sind Sie Christ?" fragte der Russe. Der Japaner bejahte. „Ich merkte es an der Art, wie Sie mich anfassten", sagte der Russe. Daran erkennt man wohl die Mitarbeiterinnen und Mitarbeiter Gottes.

Die Atmosphäre umhüllt die Erde, auf der wir leben, mit allen Stoffen, die wir brauchen, damit sich unser Leben entfalte. So hüllen viele christliche Wertbegriffe ein wie Coco Chanels Kleider: schlicht, zeitlos und schön. Der christlichen Atmosphäre kann sich niemand entziehen. Selbst die russischen Astronauten hielten in ihrem Raumschiff auf ihrer exterrestrischen Reise Ausschau nach Gott und meldeten mit einer gewissen Erleichterung (oder Enttäuschung?), dass sie ihn nicht getroffen hätten. „Die christliche Vorstellung vom Menschen bleibt selbst bei denen, die den Glauben aufgegeben haben, übermächtig", sagt Jouvenel. Auch er spricht von „unserer tief vom Christentum durchdrungenen Gesellschaft."[216]

Wenn das so ist, haben wir Ungläubigen ohne Testament den Nießbrauch an einem fremden Eigentum. Für uns gilt mehr als für alle: „Der Mensch ist wesentlich ein Erbe, der die Erbschaft von Generationen an- und als Teilhaber in eine sehr reiche Vereinigung eintritt" (Jouvenel). Pitt fragte einmal – als er seinen Geburtstag an einem Erntedanktag feierte – seine Mutter, wem an diesem Sonntag gedankt werde, und sie sagte: „Allen Menschen, aber vor allem dem Opa" (weil der den Garten bestellte), und wenn sie fromm gewesen wäre, hätte sie wohl „Gott" gesagt. Jouvenel spricht von „Dankespflicht gegenüber der menschlichen Gemeinschaft".

Das Bewusstsein, Schuldner zu sein, verbindet sich mit dem Bewusstsein einer dauernden Verpflichtung. Und das kann auch eine zins- oder tributpflichtige Last sein. Der Erbe muss sein Erbe annehmen. Wollte man ihn zur Annahme des Erbes zwingen, würde er es ablehnen, argwöhnend, Belastungen in Kauf nehmen zu müssen, denen er nicht gewachsen ist. Auch das christliche Erbe, der in zweitausend Jahren herangewachsene kulturelle Schatz, will freiwillig und nicht unter dem schmerzlichen Zwang des „Weh dir, dass du ein Enkel bist" angenommen werden. Zum Beispiel dadurch, dass man die Kirche als Treuhänderin des gewaltigen Kulturschatzes und Humankapitals (als Volkswirt darf Pitt das Wort benutzen) nicht verlässt.

Das Gefühl, vom Atmosphärischen des Christentums nicht nur umfangen, sondern bis zu den vitalen Wurzeln berührt und seinem prägenden Einfluss unterworfen zu sein, muss die Glaubenslosen nicht zwingen, an der Institution „christliche Gemeinde" oder „Kirche" festzuhalten. Aber ist es für sie sinnvoll, der Kirche anzugehören, wenn ihnen doch die Teilhabe an den normativ-immateriellen Institutionen nicht möglich ist, also der Heils- und der Sakramentsordnung, oder wenn sie die Symbole und Rituale, in denen sich Institutionen äußern, nur äußerlich erkennen. Was aber bedeuten die christlichen Ordnungs- und Prägekräfte, wenn sie nur im Atmosphärischen ihre Luftwurzeln haben wie der indische Banyanbaum und nicht in einer Loyalitätspflicht (die z. B. in Parteien und Unternehmen selbstverständlich ist)?

Loyalität? Heißt das: Ausschluss aller ungläubigen Christen, die nur durch das spinnwebdünne Band atmosphärischer Berührung an kirchliche Institutionen und nicht mehr an ihren substantiellen Mutterboden gebunden sind? Wäre es aus der Sicht der Kirche nicht ein Akt der Selbstbewahrung, wenn eine Bindung an die Kirche ohne die Verwurzelung im geistlichen Grund als Basis für die Kirchenmitgliedschaft nicht anerkannt würde? Bei den Protestanten gibt es die Unterscheidung zwischen der sichtbaren und der unsichtbaren Kirche. Sie hatte bei Luther eine klare antipäpstliche Spitze: er, der Papst, der Antichrist in

Rom, kann als Herrscher der sichtbaren Kirche nur den „äußeren" Bann verhängen, mit einem Ausschluss aus der Gemeinschaft Christi kann nur Gott strafen.[217] Ja, die Nichtzugehörigkeit zur sichtbaren Kirche könne sogar, so denken viele moderne außerkirchliche Christen, ein Beweis für wahre „innere" Christlichkeit sein. Luthers Protest kommt ja aus der Freiheit des Christenmenschen, im Neuen Testament lesen zu dürfen, und sei es mit der Folge, dass er mit seiner persönlichen Bibel dem kirchlichen Haus nicht gleich das Fundament, doch den Estrich schädigt.

Diese Freiheit könnte auch der Ungläubige für sich in Anspruch nehmen, denn das Neue Testament sagt wenig über die Kirche, schon gar nichts über die verpflichtenden Institutionen oder die Kriterien einer erfüllten Mitgliedschaft. Stellt die Kirche selbst keine Anforderungen mehr an die Glaubensfähigkeit ihrer Mitglieder, dann kommt es zur Figur des liberalisierten Christen, der nach einem Wort des amerikanischen Kirchenhistorikers Richard Niebuhr (des jüngeren Bruders von Reinhold) dem Glauben anhängt, dass „ein Gott ohne Zorn Menschen ohne Sünde in ein Reich ohne Gericht geführt habe, und zwar unter Mitwirkung eines Jesus ohne Kreuz".[218] Oder es kommt zur Figur des „moralischen" Christen, der sich nur durch sein Gut-sein für die Kirchenmitgliedschaft qualifiziert, ein Typ, von dem Hermann Hesse in seinem Zukunftsroman „Glasperlenspiel" sagt, dass er die protestantische Kirche zerstört habe, denn eine Kirche sei mehr als eine Versammlung „vorbildlicher Männer".[219] Der spanische Romancier Rafael Chirbes hat dafür das schöne Wort „moralische Koloratur eines Christentums ohne Glauben"[220] gefunden.

Pater Augustinus – bürgerlich hieß er Graf Henckell von Donnersmarck und sein Ordenstitel war ein einfacher „Herr" –, das Kinn mit dem Grandenbart hochhebend und den Blick seiner faszinierten Zuhörer auf seinen Priesterkragen freigebend, stellte sich den Delegierten der Managertagung als der „Vertreter des ältesten Unternehmens der Welt" vor; und er erzählte, dass Otto Dibelius, der Bischof von Berlin-Brandenburg, gesagt habe, die Kirche sei die einzige Organisation, in der man auf einen schwierigen Vorgang schreiben könne: zur Wiedervorlage in hundert Jahren.

In Fulda diktierte der Erzbischof Dr. Johannes Dyba, im Mai 1991, einem Redakteur in die Stenorette: „Sind nicht alle von Menschen begründeten Vereinigungen der Vergänglichkeit anheimgefallen – stolze Reiche, mächtige Regierungen, schreckliche Regime? Und was ist mit der Kirche? Die Kirche ist immer noch da. Seit zwei Jahrtausenden! Und die Kirche sagt: ‚Herr, Dein Wille geschehe' – das ist natürlich etwas völlig anderes als beispielsweise die Demokratie, in der es heißt: ‚unser Wille geschehe'.“[221]

Dreihundert Jahre früher, am 26. Juli 1691: Madame de Sévigné, eine brillante Briefschreiberin, erinnert ihren Vetter Philippe-Emanuel von Coulanges, der sich über das Konklave der Wahl Innozenz' XII. geärgert hat und um „seinen Glauben verlegen" ist, an den Märtyrertod von 37 Päpsten: „Und da wird behauptet, dass eine Religion, die allein schon durch ihr Dasein und ihre Dauer aus lauter Wundern besteht, nur menschliche Einbildung sei.“[222]

Sechzig Jahre vor Dyba, Juli 1931: Der kommunistische Arbeiter Bruno Tesch, zwanzig Jahre alt, in der Todeszelle des Altonaer Gefängnisses, mit drei Genossen zum Tode verurteilt wegen seiner „Schuld" am „Blutsonntag", an dem eine Schießerei zwischen SA-Leuten und Kommunisten zwölf Tote gefordert hatte. „Ich habe hier die Bibel durchgelesen", schrieb er, der vor fünf Jahren in der Altonaer Hauptkirche konfirmiert worden war, in sein Tagebuch, „ und ich denke mir, die Lehre des Evangeliums, die Jesus gepredigt hat, muss doch ein Körnchen Wahres haben. Denn sonst müsste sie in den zwei Jahrtausenden, die verflossen sind, ihre Kraft verloren haben.“[223] Er, Karl Wolff, Walter Möller und August Lütjens waren die ersten von Tausenden, die von der nationalsozialistischen „Volksgemeinschaft" am 1. August 1933 als erste mit Todesfolge ausgeschlossen wurden.

Arnold Zweig hat in seinem Roman „Das Beil von Wandsbek" das Altonaer Geschehen um den Henker der Vier nach Wandsbek, damals noch eine selbständige Stadt, verlegt. Dort lebte Matthias Claudius, der in den Lebensregeln für seinen Sohn Johannes geschrieben hat: „Es ist nicht groß was nicht gut ist, und ist nichts wahr, was nicht besteht."[224]

Dazu auch die Philosophen[225]: Carl Friedrich von Weizsäcker meint, die christliche Kirche hätte nicht zweitausend Jahre überlebt, wenn ihr Wahrheitsanspruch nicht „etwas Berechtigtes" gewesen wäre. Immanuel Kant, über den er an der Universität Hamburg eine spannende Vorlesung gehalten hat, sieht in der Erhaltung des Christentums durch die Jahrhunderte einen Beweis dafür, dass in ihm Momente von allgemeingültiger Bedeutung liegen müssten. Und Jacques Maritain: „Die Zivilisationen sterben, aber die Kirche stirbt nicht."

Die Dauer der Kirche vor dem Hintergrund der geschichtlichen Hinfälligkeit und Vorläufigkeit aller menschlichen Organisationen ist ein staunenswertes Phänomen, das sich der Gläubige aus Gottes Macht, der Ungläubige, für den auch die Kirche nur Menschenwerk sein kann, allein aus der Klugheit der Institution an sich erklären kann. Wo ist aber die Kraft, in der diese Klugheit wurzelt? Entzieht sie sich nicht den Erklärungsmustern jeder Institutionenlehre und Organisationssoziologie? Der Glaube allein kann sie nicht erklären, denn er allein führt oft genug auf sektiererischen Nebenpfaden ins geschichtliche Niemandsland. In einer Diskussion in der Europäischen Akademie im saarländischen Otzenhausen 2006 hat Pitt mit Professor Hans Joas, der unendlich viel über die Vielfalt religiöser Erfahrungen weiß, gewettet, dass die Pfingstkirchen aller Art nicht 500 Jahre alt werden – ob Joas, der dagegen gehalten hat, seine Wette gewinnt? Über die puritanischen Sekten in ihrer vielfältigen Form hat Max Weber in einem Brief an Adolf von Harnack von der „Überlegenheit des Anstalts-Kirchentums"[226] bei aller Respektierung des asketisch-ethischen Geistes auf seinen Inseln gesprochen. Der große Bewunderer und Kenner der institutionalisierten Welt denkt dabei gewiss an die strukturierte und strukturierende Rolle der Institution, ohne die alles verfließt.

Pitt, der als teilnehmender Beobachter große Unternehmensgebilde mit langer Tradition zerschlagen und untergehen gesehen hat (darunter seine konsumgenossenschaftliche Gruppe, die 150 Jahre fruchtbar gewirkt hat), kann nur eine Erklärung institutioneller Dauer anbieten, und die ist dem Werk Ferdinand Tönnies' entlehnt: Dauer konnte die Kirche nur gewinnen, weil sie ihren Wesenswillen in der Verbindung von Inhalt und Form oder Glaube und Institution am vollkommensten ausgedrückt hat. Reformen oder Veränderungen, die nicht mehr an den Wesenswillen gebunden sind, sondern dem beliebigen Kürwillen folgen, führen in Schwächung und Chaos.

So wie immer wieder Inhalt und Form gegeneinander ausgespielt werden, so auch Glaube und Institution. Das Institutionelle wird als Äußerlichkeit, als Machttechnik, als Manipulationsarsenal und als Herrschaftswille gegen die Innerlichkeit, gegen das „Herz" als Sitz des Glaubens, gegen die Spontaneität und menschliche Autonomie gesetzt. Aber das Ungeformte ist das Nichts. Die Schöpfungsgeschichte lehrt, dass Gott ein Meister der systematischen Ordnung und ein formaler Kopf sei. Er hat das dauerhafteste Werk geschaffen, das nur zerstört werden kann, wenn der Mensch gegen den Geist der Schöpfungsregeln verstößt (Aber der Glaubenslose darf sich nicht zu seinem Anwalt machen). Der Satz gilt natürlich auch für die „gottlose" Evolutionstheorie. Der Glaube ist in seinem dauerhaften Sein Form. Dichter können diesen Gedanken überzeugend formulieren, wie es Joseph Roth in seinem Roman „Die Kapuzinergruft" (1938) getan hat: Der ungläubige Protagonist, der die Kirche besucht, erkennt an Freunden, dass sie gegen Formen der Tradition rebellieren, „denn sie wussten nicht, das wahre Form mit dem Wesen identisch sei und dass es kindisch war, eines von dem anderen zu trennen." Ein anderer aus diesem Kreis sagt über die katholische Kirche, sie sei „in dieser morschen Welt noch die einzige Formgeberin, Formerhalterin", ja, mehr noch „Formspenderin".[227] Was das Beiwort „einzige" betrifft: Dichter dürfen übertreiben, um das Wesentliche auszudrücken.

Die Kirche dauert, weil sie ein großes Kunstwerk ist, dessen formales Prinzip vom Betrachter als notwendig angesehen wird, bis zum symbolischen Dekor und zur liturgischen Linie, nicht nur zum Kreuz als Bild der Kernbotschaft. Es war ein Dichter, der von der „Häresie der Formlosigkeit" gesprochen hat, Martin Mosebach[228]. Ein nicht so strenger, eher schwärmerischer Kopf, der Angelus Silesius, hat das Formprinzip der Kirche in den Versen der „Heiligen Seelenlust" beschrieben: „Sie ist die wohlgefügte Stadt, /Die sich noch nie empöret hat." Die Seele dieses „schlesischen Engels" freut sich an der Dauer der „schönen" christlichen Kirche und reimt die institutionellen auf die spirituellen Voraussetzungen: „Ewiglich bleibt bei ihrem Geschlecht / Gottes Gesetz, Wort, Richtschnur und Recht. / Ewiglich will er sie gläubig erhalten, /Nimmermehr lassen vergehen noch erkalten."[229]

Wenn es richtig ist, was Madame de Staël, eine moderne und freie Frau, über die „freien Geister" ihrer Zeit gesagt hat, dass nämlich die Aufklärung durch die „Emanzipation des Geistes von der Institution" gekennzeichnet sei – was denn, um Himmels willen, kann die ungläubigen Christen veranlassen, mit Angelus zu rufen: „O Herr, lass mich auch ein Stein in dieser deiner Kirche sein"?

Mit Staunen folgt Pitt dem theologischen Disput, ob Jesus überhaupt eine Kirche gewollt, ob er sie gegründet, gestiftet, inspiriert habe. Viele Theologen meinen offenbar, dass Jesus in der Naherwartung des väterlichen Reichs überhaupt keinen Gedanken daran verschwendet habe, der Offenbarung, die ja nur in ihm als Gewissheit und Glaube lebte, eine überlebensfähige Form und Fassung zu geben. Oder hat er einfach auf die massenpsychologische Überzeugungskraft des leeren Grabes gesetzt? Oder wollte er die Nachwelt seine Sohnschaft in Opfer und Heimkehr vergessen lassen wie eine geistige Singularität außerhalb der Zeit? Hatte er nicht versprochen, immer wieder an den Tisch zurückzukehren? – weil er doch wohl wusste oder wenigstens ahnte, das Warten auf das ewige Reich könne nicht eine Sache von Monaten oder Jahren sein. Das Gedächtnis ist in der Ordnung des Tisches, der lebendigsten und strengsten Ordnung, die man sich vorstellen kann. Die Organisationsleistung der Petrus und Paulus war nachhaltig genug, um nach zweitausend Jahren noch die Pitts zu binden, die das Organisationsmotiv längst verloren haben.

„Kirche", sagt Karl Barth, „ist die nicht zu umgehende geschichtliche Fassung, Leitung und Kanalisierung des selbst nie Geschichte werdenden göttlichen Tuns an den Menschen."[230] In der Definition schwingt eine Spur von Enttäuschung darüber mit, dass es so etwas wie Kirche überhaupt geben müsse. Sie entsteht aus der konstruktiven Ernüchterung der urchristlichen Gemeinden, denen sich im Ausbleiben des verheißenen Reichs der Zwang aufdrängte, die spontanen Assoziationen der von der frohen Botschaft Ergriffenen in eine stabile Gemeinschaft der auf langer Durststrecke Wandernden umwandeln zu müssen. Sie klingt technisch, diese Definition des Theologen, der in der Unendlichkeit der Distanz zwischen Gott und Menschen im Grunde keinen Raum für eine vermittelnde Institution sieht, etwa eine Gewerkschaft der Frommen, die eine göttliche Gerechtigkeit einfordert. Verheimlicht die Institution ihren Trägern nicht die niederschmetternde Wahrheit, dass in der göttlichen Prädestination über ihr Wohl und Wehe – Kirche hin, Kirche her – von Anfang an unwiderruflich, nicht korrigierbar entschieden ist?

Kirche: sie demonstriert die technische Notwendigkeit eines „Apparats zur Herstellung, Aufrechterhaltung und Ordnung der Beziehung zu Gott", gleichzeitig die „Unmöglichkeit des religiös-kirchlichen Unternehmens". Die Kirche sei der Versuch, das Göttliche zu vermenschlichen, zu verweltlichen, zu einem „praktischen Etwas" zu machen, sei ein technisch-manipulatives Experiment, den „himmlischen Blitz zu einem irdischen Dauerbrenner" zu machen. Und wenn Barth die Kirche so betrachtet, dann muss er einfach Dostojewskij zitieren, der in seiner existentiell inbrünstigen, direkten Ich-Christus-Beziehung die düster-großartige Figur des Großinquisitors als Repräsentanten des kirchlichen Ordnungsstrebens erfunden hat, dem der „unerwünschte" Christus die fahlen, vom Tode gezeichneten Lippen küsst.

Oder er muss gleich, wie Sören Kierkegaard[231] es tat, die ganze organisierte Christlichkeit zur Schimäre erklären. Wenn alle im Verein Christen sind, dann entfalle das „Gegensatzverhältnis" als Kampf und Anstrengung, aus dem nur der „einzelne" als wahrer Christ hervorgehen könne, als ein Solitär-Christ, „etwas noch Selteneres als ein Genie". Dann steht vor Pitts Augen auch wieder das Pastorenpaar, das beim Tod der Mutter kam, als verkörperter Kierkegaard'schen Protest gegen die „1000 Samt-, Seiden-, Tuch-, Bombastpfarrer", gegen die „Förmlichkeit", in der sich alles, was Form ist, äußert. Bei Helmut Thielicke kommt dieser Protest auf etwas dünneren Beinen: „Religion bindet sich lieber an die Textilien als an den Text."[232] Es läuft immer auf „Blitz" und „Dauerbrenner" hinaus, wenn Kierkegaard sagt, das „offizielle" oder kirchliche Christentum sei nicht das des Neuen Testaments oder wenn Barth in einer seiner brillanten dialektischen Verdrehungen meint, das Evangelium sei die Aufhebung der Kirche wie die Kirche die Aufhebung des Evangeliums.

Pitt, gefangen in seiner unglaubwürdigen Mitgliedschaft in einer auf Menschheitsdauer angelegten Gemeinschaft, deren Wert für ihn auf einer bloßen Wert-Schätzung beruht, nimmt an, die von Barth und Vorgängern geförderte wechselseitige Entrückung von Geist und Institution könne beiden schaden. Da sind die Fernsehbilder von den Evangelischen Kirchentagen, dem in tausend Gruppen zerfallenden Disputgeist, die auf „Märkten der Möglichkeiten" hin- und her plätschernde Kommunikation, die sich in physischer Zärtlichkeit – in Anfassen, Tanz, Salbung – gefallende gefühlselige Gemeinschaftlichkeit, und er vermag weder den Geist noch seine Verfassung, weder die Idee noch die strukturierende Institution zu erkennen.

„Heute noch existiert dieses Geschlecht der Christen." Die Verwunderung darüber ist heute so groß wie vor fast zweitausend Jahren, als Josephus Flavius am Ende des 1. Jahrhunderts über „den Christus", den „Lehrer wahrheitsliebender Menschen", schrieb und über diese merkwürdige Gruppe, die „in seiner Verehrung verharrte"[233], obwohl ihr

Meister doch diesen schändlichen Kreuzestod erlitten hatte. Die tanzenden und singenden Christen in den Stadien vermögen das Wunder der Dauer nicht zu erklären, nicht das „Rätsel", das Adolf Harnack in der Frage sieht, wie aus dem „pneumatischen Anarchismus" der mächtigste Rechtskörper in der Geschichte, die römische Kirche, emporwachsen konnte.[234]

Dabei kann man die Protestanten mit ihrem – allerdings von einem katholischen Theologen diagnostizierten – „antiinstitutionellen Affekt"[235] ruhig vergessen. Zur Stabilisierung der Institution Kirche haben sie nichts beigetragen, wenn man davon absieht – was der Kirchenfeind Nietzsche Luther zum Vorwurf gemacht hat –, dass die Reformation die Kirche aus dem Korruptionssumpf der Renaissance („Cesare Borgia auf dem Papstthron") gezogen und damit ihr gar nicht mehr so selbstverständliches Überleben gesichert hat. Die protestantischen Kirchen sind im Variantenreichtum ihres Weltbundes und ihrer landeskirchlichen Autonomie unanschaulich geworden, aus dem Haus des Herrn ist ein Hotel geworden. Helmut Thielicke erzählt, dass er nach dem Krieg mit einer Delegation des schwäbischen Bischofs Wurm zum Oberkommandierenden Eisenhower ins Frankfurter IG-Farben-Haus gereist sei und den Bischof, den Vorsitzenden des Rats der Evangelischen Kirche in Deutschland, allein zu protokollarischen Zwecken – „um in all unserer Kümmerlichkeit möglichst repräsentativ aufzutreten" – zum „Archbishop" befördert habe.[236] Gewitzt und klug.

Wenn Pitt von „der" Kirche schreibt, will er „die" Kirchen nicht geringschätzen: der Plural wird seine guten theologischen Gründe haben. Sollte die auf Ewigkeit angelegte Kirche, der Singular und geschichtliche Stamm, im irdischen Mahlstrom untergehen, wird auch der Plural, werden auch die facettenreichen Zweige, die keine eigenen Wurzeln haben, zugrunde gehen. Rechtshistoriker, Staatsrechtler, Organisationssoziologen sind mit ihrem Handwerkszeug der zeitlichen Stabilität von Institutionen auf den Grund gegangen. Aber sie hatten es immer mit vergleichsweise ephemeren Gebilden, immer mit Auslaufmodellen zu tun, deren Vitalität und Dynamik schon erschöpft waren, wenn der Gelehrte das Gesetz, wonach sie angetreten, gerade erkannt hatte.

Heinrich Döring hat den Spannungsbogen, der das Kirchenhaus hält, beschrieben: „Da ist auf der einen Seite das Institutionelle, welches gekennzeichnet ist durch das Bleibende, das seinshaft Beständige, das rechtlich Geordnete und Strukturierte, das aus Geschichte und Tradition Überkommene, das immer zu Bewahrende, das in gleichbleibender Lehre und Norm Sich-Darstellende usw. und auf der anderen das Charismatische, welches vorgestellt wird als das Neue, Freie, Schöpferische, Spontane, Unmittelbare, Pneumatische, Unabteilbare, das überschwänglich sich Äußernde, kurzum: als das Ereignis." In der Begegnung mit der Organisation „Kirche" erfahren wir die Irritation, die wir in der Begegnung mit einem Menschen erleben, wenn wir mal auf sein Profil, mal auf sein Gesicht schauen (darüber hat Pitt in einem Roman philosophiert[237]).

Alle Katakomben und alle Krypten wären längst verschüttet, hätten sich über ihnen nicht die Kathedralen getürmt. Die Organisatoren des Christus-Gedächtnisses – Simon Petrus, die Apostel, Paulus – haben die Kirche „gegen den Abbruch der Zeiten" (Walter Rathenau[238]) geschaffen. Der theologische Eigentümer der Welt und sein Erbe haben für ihren irdischen Filialbetrieb Generationen von Managern berufen, die mit unzulänglicher menschlicher Kraft die Verfassung für eine dauerhafte Organisation entwickelt haben, obwohl die wie jede andere mit Spannungen und Konflikten, die immer wieder das Scheitern programmierten, fertig werden mussten. Die Organisationsprobleme, die wir in einem Konzern, einer Partei, einem staatlichen Gebilde erleben, finden sich schon in der Kirchenverfassung der frühchristlichen Gemeinden, wie Adolf Harnack gezeigt hat. Da wächst eine Organisation vom Ganzen zu neuen Teilen und macht die Teile unselbstständig; da schließen sich Teile, von außen nach innen zusammenwachsend, zu einem Ganzen zusammen, hindern es aber an der Entfaltung seiner Kraft; da reiben sich die strategisch führende Zentralorganisation und die operativen

Einheiten im Hier und Jetzt sensibler Lokalorganisationen aneinander. Oft schlagen aus den schöpferischen Funken die Flammen, in denen die Schöpfungen verbrennen. Aus Arbeitsteilungen entstehen hierarchische Ordnungen, aus Professionalität Herrschaft, gegen die sich der Widerstand „von unten" formiert.

In nichts unterscheidet sich die kirchliche Organisation von anderen Organisationen, nur in einem: sie hat ihre eingebauten Probleme überlebt. „In search of excellence" – wie Managementgurus sagen – hat die Kirche den Spitzenplatz errungen. Dabei hat Jesus die Organisation des Überlebenswerks einem Menschen überlassen, dessen streitbarer und wankelmütiger Charakter ihm nicht verborgen geblieben sein wird. Aber der hat einen propagandistisch und organisatorisch hochbegabten Mitarbeiter gefunden.

„Jesus hat zu seinen Lebzeiten keine Kirche gegründet", sagt Hans Küng[239]. Spätestens seit dem Zweiten Vatikanischen Konzil sprechen die Theologen nicht mehr von dem simplen Stiftungsakt durch Jesus, der bei Matthäus (16, 17-19) in den unvergesslichen Fels-Worten angedeutet wird. Schade: der Fels, auf dem Jesus die Kirche baute, und die Dauer der Kirche passen bildlich so gut zusammen. Aber Jesus hat die Kirche wohl gewollt und ihren Aufbau seinem Testamentsvollstrecker, dem ersten gläubigen Christen, überlassen, weil er meinte, dass es für die Menschen wichtig sei, ihn nicht zu vergessen. Gott mag ohne die Kirche existieren können, sein Sohn, der in seiner Menschlichkeit Schwächere, wäre ohne die Kirche verloren.

Und klar: ohne Bürokratie geht es nicht. Für die Mitarbeiterinnen und Mitarbeiter im kirchlichen Haus läge manches im Argen, gäbe es die ARRG nicht, das Arbeitsrechtsregelungsgrundsätzegesetz der EKD, der Evangelischen Kirche in Deutschland und ihrer Diakonie. Auch die Katholische Kirche wird Ähnliches für ihre Caritas haben. Die rund 460 Tausend Mitarbeiterinnen und Mitarbeiter Gottes in der Diakonie und die rund 620 Tausend in der Caritas, also über eine Million Beschäftigte, müssen zu ihrem irdisch-weltlichen Recht kommen.

Im November 2011 geriet Pitt als Kirchenbürger und als Arbeits-weltbürger, als Mitglied seiner Kirche und seiner Dienstleistungsgewerk-schaft ver.di, in einen Loyalitätskonflikt. In Magdeburg demonstrierte seine Gewerkschaft auf dem großen Platz vor dem Dom St. Mauritius und Katharina mit Tausenden, Pitt dabei, gegen die Hartleibigkeit von Kirche und Diakonie, ihren Beschäftigten den Tarifvertrag nach welt-lichen Regeln zu verweigern. Die soziale Arbeit der Kirche folge dem Leitbild der Dienstgemeinschaft, die hilfreichen Arbeitnehmer seien Dienstnehmer, und die besondere Kultur der Kirche sei in den Arbeitsbe-ziehungen nicht auf Kampf und Konfrontation, sondern auf Versöhnung entsprechend dem Auftrag der Kirche eingestellt. Nicht die gleichberech-tigte Verhandlung zwischen Diakonie und Gewerkschaft auf Augenhöhe und mit gleichen Kampfmitteln führe zu fairen Arbeitsbedingungen, son-dern eine Verständigung in so genannten Arbeitsrechtlichen Kommissio-nen. Die sind zwar paritätisch mit „Dienstgebern" und „Dienstnehmern" besetzt, aber ihr Lohnstreit wird eben doch in einem paternalistischem Geist geführt, der in Spuren auf den Gotteslohn schielt. Testament stand gegen Tarifvertrag, und beide sind den Kontrahenten im Arbeitsrecht heilig. In Magdeburg, auf dem Platz vor dem Dom, wurde verhandelt, was Pitt nicht nur bei Ferdinand Tönnies gelernt hat, dass sich natürliche Solidarität zu gesellschaftlich geregelter Solidarität öffnen müsse.

Die Präses der Synode, Katrin Göring-Eckardt, Theologin und profilierte Politikerin der Grünen, war tapfer aufs Podium gestiegen und hatte den „dritten Weg" der kirchlich dominierten Sozialpartnerschaft gerechtfertigt – wie sie die 11. Synode in „Zehn Forderungen zur solida-rischen Ausgestaltung des kirchlichen Arbeitsrechts" bekräftigt hatte – gegen manche Abbröckelungstendenz in den eigenen Reihen. Eine Ause-inandersetzung vor den Toren des Doms, der dem (mit dem schwarzen Gesicht dargestellten) St. Mauritius, dem Heiligen aller Kämpfer, und der heiligen Katharina gewidmet ist, mit den Statuen der törichten und klugen Jungfrauen aus dem Matthäus-Evangelium, das am Ewigkeits-sonntag gelesen wird.

„Denn ihr wisset weder Tag noch Stunde" – eines Tages gab es den von der Gewerkschaft geforderten Tarifvertrag. Einer der verwegenen Schrittmacher war das Diakonische Werk Himmelsthür vor den Toren Hildesheims. In den Kreisen der Diakonie war die Empörung über den vom „dritten Weg" Abgekommenen laut, und das hannoversche Stephansstift forderte den Rauswurf des Abtrünnigen aus der Diakonie. Das Stephansstift betrieb in Pitts Heimatgemeinde u. a. ein Heim für Schwererziehbare, mit dem die Mutter manches Mal ihre vier in der Verwilderung der Vaterlosigkeit aufwachsenden Söhne drohte, wenn sie mit ihrem an sich perfekten erzieherischen Latein am Ende war.[240]

Die sakrale und die weltliche Macht, die Kirche und die Gewerkschaft, haben sich auf einem Versöhnungsweg getroffen. In einem wegweisenden, auf Augenhöhe geschlossenen Tarifvertrag des Diakonischen Dienstgeberverbandes Niedersachsen mit ver.di im Jahr 2014 heißt es: „Der diakonische Dienst ist Wesens- und Lebensäußerung der evangelischen Kirche. Die dem Diakonischen Dienst angeschlossenen Einrichtungen sind dem Auftrag verpflichtet, das Evangelium Jesu Christi in Wort und Tat zu bezeugen. Diesen Auftrag erkennen Arbeitgeber und Arbeitnehmer gleichermaßen an. Die vertragsschließenden Parteien wollen im Miteinander der Evangelischen. Kirche in Niedersachsen und der Gewerkschaften ein neues Kapitel aufschlagen. Dieser Tarifvertrag ist Ausdruck dieses Verhältnisses." Ihn hat im Geist auch ein ungläubiger Christ unterschrieben, der seinen Gewerkschaftsbeitrag ebenso gern zahlt wie seine Kirchensteuer.

Auf einer Durchreise hat Goethe 1805 Magdeburg und seinen Dom und das nahegelegene Kloster Berge(n) besucht. Dort hatte der Abt Steinmetz gewirkt, „in frommem Sinn, vielleicht einseitig, doch redlich und kräftig." Wenn sich gesellschaftliche Mächte in Interessengegensätzen begegnen, dürfen beide „einseitig" sein, bei aller Kompromissbereitschaft. Goethe ergreift Partei für den Abt. „Und wohl bedarf die Welt in ihrer unfrommen Einseitigkeit auch solcher Licht- und

Wärmequellen, um nicht durchaus im egoistischen Irrsale zu erfrieren und zu verdursten."[241]

16

Ist der Zaungast häretisch?

Der Pastor von St. Gabriel hat mit seinem Morgenmahl den Kern der Kirche dargestellt. Die Feier des Abendmahls brauchte von Anfang an eine äußere Ordnung, die Tischordnung. Sie brauchte einen Vorsitzenden an Christi statt, eine „Leitung" (einer muss das Mahl eröffnen). Die mit dem Stellvertreter zu Tisch sitzenden Genossen – ein Wort, das hier buchstäblich zu verstehen ist – saßen dort als Nachfolger der Jünger oder Platzhalter der Apostel. Als die Gemeinden wuchsen und nicht mehr alle am Tisch Platz fanden, saßen nur die, die sich in der Gemeinde ausgezeichnet hatten. Die anderen mussten stehen. Damit war der Unterschied von Klerus und Laien gegeben. Die ausgezeichneten Personen, die als Vertreter der Jünger fungierten, hießen Presbyter und nahmen teil an der Leitungsfunkton, ohne die eine eucharistische Versammlung nicht ordentlich abgehalten werden kann. Adolf Harnack hat die Entstehung dieser „Kirchenverfassung" geschildert.

Die Gaben des Tisches mussten zu den Stehenden gebracht werden. Das taten die Diakonen. So erwuchs nach und nach aus der Ordnung des Abendmahls – das nach Landessitte wohl die Hauptmahlzeit gewesen ist – oder des Tisches die Ordnung der Kirche mit ihren leitenden und dienenden und nur genießenden Funktionen. Da die urchristlichen Gemeinden stärker als heute den Charakter von Hilfsvereinen für Arme, Verfolgte, Witwen und Waisen und Fremde hatten, waren die umfangreichen Opfergaben zu verwalten. Es lag nahe, die Verantwortung dafür dem Vorsitzenden der Tischgemeinschaft und den Mitsitzenden zu übertragen (was ja auch gut die engagierten Stehenden hätten tun können). Die Ausgezeichneten oder die Erwählten bündelten viele Fäden in ihrer Hand und professionalisierten sich bis zu Unersetzbarkeit, was früher oder später zum lebenslänglichen Amt führt (was man auch in weltlichen Genossenschaften beobachten kann).

Pitt steht. Ganz hinten. An der Wand. Mit dem Rücken schon an den Türrahmen gelehnt, als befürchtete er in jedem Augenblick ein Erdbeben. Wenn das Bild zum Ort passen würde, könnte er sagen: er ist der Zaungast. Wenn die Diakonen mit den Gaben des Tisches nahen, achtet er nicht auf ihre Verteilung, obwohl er doch zu ihnen beigesteuert hat. Aber er stellt sich auf die Zehenspitzen, um den Tisch und die subtile Struktur seiner ausstrahlenden Ordnung nicht aus dem Auge zu verlieren. Es ist ja auch seine Veranstaltung. Seine Stimmung hat Martin Walser in seinem poetischen „Spätdienst"[242] ausgedrückt:

„Ich bin an den Sonntag gebunden
wie an eine Melodie,
ich habe keine andere gefunden,
ich glaube nichts, und ich knie."

Dass sich um den Tisch die Struktur einer höchst stabilen, ja dauerhaften Gemeinschaft bildet: welch ein kühner konstruktiver Gedanke der Weltgeschichte! Der Tisch als Inbegriff vitaler Kommunikation, wechselseitiger Fürsorge, Gastlichkeit, von Dankbarkeit und Fürbitte, des gleichzeitig egalitären wie hierarchischen Miteinander: welch ein verfassunggebendes Ingenium! Der Tisch ist der nie erstarrende Ort physischer, mentaler, sozialer, geistiger und sittlicher Regeneration als Grund der Gemeinschaftsbildung. Die modernen Tafeln für die Bedürftigen einer generell gut versorgten Gesellschaft, an denen alle Gäste in der Regel stehen müssen, enthalten Sporen dieser alten Geschichte.

Jesus Christus hat ja die Jünger nicht einfach zu einem Abendmahl eingeladen. Er hat gesagt: Dieses Mahl, wohl das letzte (wusste er das?), soll das erste in einer Kette ständig neuer Mahle sein, bei denen wir zusammensitzen wie heute, immer wieder, bis an das Ende dieser Welt, das den Tisch ins Reich Gottes erhebt – aus dem irdischen

Souterrain in den festlich geschmückten Saal, wie in manchen königlichen Schlössern. Jedes Mahl ist eine Veranstaltung weit jenseits des Bedürfnisses, das die Teilnehmer zusammenführt, obwohl gewiss Hunger und Durst die elementaren Brennpunkte der Gesellung sind. Jesus hat wohl keine Kirche gegründet, sondern „nur" diese dauernde Tischgemeinschaft: das ist die dauerhaft abstrahlende Substanz mit immenser Halbwertzeit, die vom Kirchlich-Institutionellen gefasst wird wie der Edelstein im Bischofsring oder das Stück Steinkohle im Ring des Ruhrbischofs Hengsbach (das jedoch nicht mehr gefördert wird).

In einem Sakralbau unserer Zeit, dem von Hans Hollein geschaffenen Frankfurter Museum für Moderne Kunst in Sichtweite des Kaiserdoms, steht in einem Saal in luzid formaler Strenge die „Tischgesellschaft". Am langen schmalen Tisch sitzen gleichförmige, gleichfarbige, aus Polyester gestanzte Figuren in abgezirkelter Äquidistanz nebeneinander, ohne Blicke aufs Gegenüber, starr in sich versunken und in ihrer herausgesägten Isolation gefangen, 32 an der Zahl. Katharina Fritsch mag Ferdinand Tönnies gelesen haben oder nicht: aber „Tischgemeinschaft" konnte sie ihr bestürzendes, uns in eine teilnahmsvolle Ratlosigkeit stürzendes Werk nicht nennen. Die Betrachter, die den Figuren in zudringlicher Neugier in den Rücken fallen, erleben eine asoziale Konfiguration. Die Künstlerin zeigt auch, dass sich der Kollektivismus nicht aus der Gemeinschaft entwickelt, sondern aus der Gesellschaft von Individuen, die ihr Selbst bis zur Austauschbarkeit stilisieren. Sie modelliert den meditativen Egozentrismus in der zufälligen Gesellung, die stumme Feier des Selbstgedächtnisses, die in der Gleichrichtung ohne äußeren Zwang zur totalen Egalität führt. Da die Betrachter im Saal das Erlebnis eigener Tischgemeinschaften in sich tragen, stehen sie fassungslos-fasziniert am Rand der „Tischgesellschaft" hinter der Absperrung, als Kordelgäste.

Stabile Organisationen entstehen nicht in einem Kopf, sondern in einem langwierigen trial-and-error-Verfahren. Die organisatorische Innovation ist angelegt in den geradezu idealtypischen Stifterworten:

„wo zwei oder drei versammelt sind in meinem Namen, da bin ich mitten unter ihnen" (Matth. 18, 20). Warum nicht einer, der allein den Namen anruft? Wer anfängt zu zählen, hört bis ins Unendliche nicht auf, bis zur Zahl der 2,2 Milliarden Christen in der Welt, mindestens.

Die Versuchung ist bei manchen groß, das Bild lebendiger, vom Geist erfüllter Primärgruppen auf die globale Kirche zu übertragen. Für sie wohnt dann die Kirche nicht in Kathedralen, sondern in Zelten. Was die Kirche mächtig und dauerhaft macht, nämlich das auch finanziell gut gefederte Institutionengefüge, die verfasste Form, die Struktur, das abgrenzende Statut, erscheint ihnen als ein Zwangskleid, dass immer wieder abgestreift werden muss wie die Textilien der Lebensreformer. Das Recht, das Körperschaften begründet, also auch das Kirchenrecht, das die Kirche als „Leib Christi" (Bonhoeffer) begründet, wird als etwas Künstliches angesehen, das dem nicht definierten, doch tief empfundenen Wesen der Kirche widerspreche. Sogar die katholische Kirche mit ihrem auf uralter Rechtstradition beruhenden körperschaftlichen Esprit ist seit dem Zweiten Vatikanischen Konzil von einem Geist der Bewegung ergriffen und träumt von der „communio", dem in Glaube und Liebe verbundenen pilgernden Gottesvolk.

Adolf Harnack hat sich energisch gegen die Auffassung gewandt, der „Leib Christi" sei keine Körperschaft, die Kirche sei allein eine geistige Größe und nicht zugleich rechtliche Einheit. Das Stifterwort Jesu – „zwei oder drei" – mache gebieterisch deutlich, dass es ihm nicht unwesentlich um die Versammlung gegangen sei. Von Anfang an habe Christus gewollt, dass die zum Glauben Berufenen ihm nicht als Individuen folgen, sondern dass sie sich zur Christenschaft versammeln und verbinden, die sie „miteinander kraftvoll verbindet", gewissermaßen wie eine Atomhülle. „Das Genossenschaftliche, Korporative kann auch vom sublimen Begriff der Kirche nicht getrennt werden." Das Genossenschaftliche sei die Form der irdischen Verwirklichung der Kirche des Glaubens. Die Ordnung im Zeitlichen müsse nicht der göttlichen Ordnungsvorstellung entsprechen. Das beschreibe den „komplizierten

Zustand" der verfassten Kirche. Einerseits seien ihre Mitglieder der absoluten Autorität Gottes unterworfen. Andererseits verlangte sie auch Respekt vor den Ordnungen, die das genossenschaftliche Leben regeln und schlösse sogar die Widerstrebenden aus ihrer Mitte aus.

Das Kirchenrecht sei sich dieser Unbestimmtheit bewusst und versuche nicht, religiöse Bestimmungen im eigentlichen Sinn in sich aufzunehmen. Ein Kirchenrecht, das z. B. behaupte, es könne Regeln aufstellen, nach welchen jemand aus der Kirche Jesu Christi auszuschließen sei, behaupte damit „offenbar eine frivole Absurdität" und vernichte das Wesen der Kirche. So kann ein Vater den ungehorsamen Sohn von seinem Tisch verbannen, ihn aber nicht aus der familiären Liebe entlassen, es sei denn, er wolle die Familie zerstören (z. B. im Fall des Vatermords).

Im Weltlichen, im Irdischen, im Äußerlichen möchte Pitt dazu beitragen, eine Ordnung zu erhalten, ja, zu verteidigen. Er kann aber nur die Ordnung als Gefäß meinen, das den Glauben einschließt. Den Glauben der anderen? Den Glauben von Menschen, dass sie „in den Himmel kommen" (Thielicke), dass sie Kinder Gottes seien und zu ihm gelangen? Ja, den. Er muss ihn nicht annehmen, aber er kann die Form, in der sich Geistiges dauerhaft organisiert, also die notwendige Form für die gemeinschaftsbildende Kraft der ältesten Institution unserer westlichen Welt, durch ein Dabeisein zu erhalten helfen, in seinem marginalen Beitrag. Vielleicht tragen wir die intelligible Gemeinschaft mit ihren beiden Wurzeln im Glauben an die gemeinsame Gotteskindschaft und in der Idee einer irdischen Genossenschaft in uns? Vielleicht ist im Bekenntnis zur äußeren Form ein anderes zu einem verborgenen Kern, der mehr als den Glauben umfasst, eingeschlossen? Vielleicht gibt es überhaupt nichts Trennendes zwischen dem Gedanken, die menschliche Würde in der Idee der Gotteskindschaft geborgen zu sehen, und dem, sie in den rechtlich-konstitutionellen Regeln der irdischen Gemeinschaft der „Mit- und Gegenmenschen" (Goethe)[243] zu sichern. Der Gläubige trägt den Ungläubigen, der Ungläubige trägt dazu bei, den Glauben in seiner zeitlichen Verfasstheit leuchten zu lassen.

Eine Einladung zum Mitmachen der Ungläubigen hat Papst Johannes Paul II. am 8. Oktober 1988 vor dem Straßburger Europarat ausgesprochen: „Das biblische Menschenbild hat es den Europäern gestattet, eine große Vorstellung von der Würde des Menschen als Person zu entwickeln, die einen wesentlichen Wert auch für diejenigen bedeutet, die keinen religiösen Glauben haben." Aber an das Kleingedruckte, die Mitgliedschaft in der Kirche, hat er gewiss nicht gedacht. Für den Ungläubigen gibt es nur zwei positive Grundbeziehungen zur kirchlichen Gemeinschaft der Bekennenden: Er kann Zielperson des Gnadenangebots und damit Objekt einer Mission sein, oder er kann ein Koalitionspartner der Kirche in ihrem weltlichen Status sein. Ruhte die Verfassung der Kirche auf zwei Säulen, auf dem Glauben und einer Gemeinschaft, die kein Bekenntnis einfordert, oder ließe sich das Innere vom Äußeren trennen, dann wäre eine „äußerliche" rechtliche Mitgliedschaft ohne Glaubensbindung und ohne Unwahrhaftigkeit denkbar.

Das Zweite Vatikanische Konzil hat das Bild der einladenden Gemeinschaft gezeichnet in der „ewigen Berufung zur Gemeinschaft".[244] Die Tischflüchtlinge sollen aus der Zerstreuung wieder zur Einheit gesammelt werden. Auch die Ungläubigen stehen im Umkreis des Volkes Gottes, weil alle Menschen in ihm stehen. Die Kirche – gewiss nicht nur die katholische – sieht sich als werbende Gemeinschaft: „für das ganze Menschengeschlecht die unzerstörbare Keimzelle der Einheit, der Hoffnung und des Heils." Die Kirche der Gläubigen ist auch für die Ungläubigen da, die nicht zu ihr gehören können, „damit sie allen und jedem das sichtbare Sakrament dieser heilbringenden Einheit sei." Verhaltet euch, wir ihr wollt, ihr seid gemeint. Ein wenig klingt das nach einer unerklärten Mitgliedschaft.

In ihrer geistigen und geschichtlichen Gestalt steht die Kirche seit zweitausend Jahren dafür, dass Gemeinschaft möglich sei. Wenn die Kirche vergeht, ist auch Gemeinschaft nicht mehr möglich, es sei denn in lokaler Privatheit. Staaten können nie Gemeinschaften sein. Die kirchliche Gemeinschaft ist die einzige Brücke über die Zeit, in der die

Menschen ihre Gotteskindschaft als letzte Begründung menschlicher Gemeinschaft erkennen können. Diese Brücke darf nicht einstürzen. Sie ist wichtig, auch wenn ich selbst nicht über sie gehe.

Die gesellschaftlichen Institutionen, die unsere „unantastbare" Würde sichern, sind in ihrem ausgreifenden Wurzelwerk wie der Essigbaum mit den institutionellen Wurzeln der Kirche verflochten. Immer wieder kommen die Schwarmgeister, die der Kultur den institutionellen Geist austreiben wollen, und oft fangen sie damit bei der Kirche an, weil sie wissen, dass dort das Urmeter aller unserer humanen Institutionen liegt.

Die Deutschen hätten im 20. Jahrhundert etwas „Ungeheuerliches" erlebt, den Zusammenbruch aller Institutionen, sagte Golo Mann[245], zunächst in den politischen, moralischen und ökonomischen Zerrüttungen der Weimarer Zeit, dann im zynischen Voluntarismus wahnhafter Führer, die es leicht mit einem Volk hatten, das seinen Institutionen nicht vertraute und dessen Elite sie leichtfertig demontierte. Der Überflutung des Institutionellen durch die chaotischen Stimmungen habe, so Mann, nur die katholische Kirche widerstanden. Das allein ist ein Grund, aufmerksam hinzuhören, wenn die Kirche Institutionen mit uralten knorrigen Wurzeln verteidigt.

Der unberufene, doch Institutionen gegenüber respektvolle Christ ist ein Falschmünzer: Er bezahlt seine Eintrittskarte für die Gemeinschaft mit einer phantastischen Münze, die nur die eine, die äußerliche, nicht die innere Seite hat. Er bringt sich halb ein, in eine „äußerliche" Beziehung. Wenn der ungläubige Getaufte ein gleichberechtigter Kirchenbürger in der verfassten kirchlichen Gesellschaft – Pitt benutzt hier bewusst den Tönnies'schen Begriff – sein kann, obwohl er an der Glaubensgemeinschaft nicht teilhat, wenn jedoch nach dem Institutionenverständnis der Kirche eine Identität von Innerem und Außerem, von Glaubensereignis und Institution oder von Gemeinschaft und Gesellschaft gegeben ist, steht er dann nicht schon sehr nahe an der Glaubensgemeinschaft? – vielleicht schon in ihrer Aura, nicht als ein Befremdender, ein Störenfried, ein unwillkommener Gast, ein taktlos neugieriger Zaungast oder Emotionstourist. Kann Pitt Thielickes „Randsiedler" eine solche Bedeutung geben?

Die moderne Ekklesiologie differenziert den Gemeinschaftsbegriff, weil er vieldimensional ist und sich nicht auf den Glaubenskern reduzieren lässt. Heinrich Döring spricht auch von der Verständigungsgemeinschaft, der Traditionsgemeinschaft und der Handlungsgemeinschaft. Alle drei lassen sich von der Glaubensgemeinschaft nicht lösen. Diese ist die Sonne, jene sind die Planeten, die sich in einer abhängigen, aber doch eigenständigen Bahn bewegen. Sie werden mit dem Sonnensystem bestehen oder untergehen, aber sie haben in ihm eine selbstständig-unverwechselbare Funktion, ihr Gewicht, ihre Stimme, sozusagen ihr planetarisches Charisma. Pitt kann sich vorstellen, sich einem Verständigungsprozess, der nicht nur auf Glauben beruht, anzuschließen, in der Tradition sieht er nichts Fremdes und in der handelnden Gemeinschaft – sofern sie sich nicht nur eucharistisch vollzieht und erneuert, sondern im Sinne der Botschaft agiert – könnte Pitt eine kleine Rolle spielen. Sind diese Gemeinschaften dagegen nur Unterausschüsse der Glaubensgemeinschaft, dann bleibt dem Ungläubigen die Teilnahme verschlossen – wie dem Kind, das ins Bett geschickt wird, wenn die Erwachsenen anfangen, in ihrer Sprache über Dinge zu reden, die für Kinderohren nicht bestimmt sind.

Pitt ist kein Theologe: er hat oberflächlich im „autodidaktischen Kreisgange" (Goethe) in der Bibel gelesen, ist aber nicht zum „Wort" vorgedrungen, um die Reinheit einer Lehre wirklich begreifen zu können. Der unberufene Christ ist ein nicht streitbares, harmloses Mitglied der Kirche. In seiner Seele ist keine Glut, die ein Kirchengebäude an irgendeiner Ecke oder im Zentrum in Brand setzen könnte. Jeder Gläubige wohl ist in einem dunklen Winkel seines Herzens oder im Darkroom seines Hirns ein Schismatiker, weil er sein ganz persönliches Verhältnis zum Zentrum des Glaubens, das immer auch „sein" Glaube ist, hat. Die nicht engagierten Glieder der Kirche sind die folgsamsten, weil sie keine Ansprüche stellen. Allerdings ist ihr Gehorsam ein spannungsfreies, langweiliges Ding. Der unberufene Christ wird auch nicht wie die Atheisten den christlichen Gott absetzen oder durch Mimen ersetzen wollen und die atheistische Vernunft in Form des politisch gewollten Unglaubens als Gegengott proklamieren. Er bedarf auch nicht einer besonderen religionspädagogischen Betreuung als einer „der Schwachen im Glauben", deren sich die Gemeinde annehmen solle, wie Paulus den Römern (14,1) nahelegte.

Da der unberufene Christ außerhalb des Glaubens steht, ist er kein Mitspieler in der Konkurrenz der Glaubenseiferer, die eine Konstante der Kirchengeschichte ist. Sie hat der glaubenseifrige Hilarius anlässlich des arianischen Streits im Umkreis des Konzils von Nicäa 325 unübertrefflich beschrieben: „Es ist ebenso beklagenswert als gefährlich, dass ebenso viele Glaubensbekenntnisse als Meinungen unter den Menschen, ebenso viele Lehren als Neigungen und ebenso viele Quellen der Gotteslästerung vorhanden sind als es Fehler unter uns gibt, weil wir die Glaubensbekenntnisse willkürlich nehmen und sie ebenso willkürlich auslegen …Wir verdammen entweder die Lehren anderer in uns selbst oder unsere eigene in der anderer, und indem wir einander wechselseitig in Stücke reißen, sind wir einer die Ursache des Verderbens des anderen gewesen."[246] Zu den Verdammten könnte Pitt gehören, zu den Verdammern nie.

Die Häretiker, die ja selten bösgläubig Irrlehren verbreitet haben und oft Märtyrer ihres subjektiven Gutglaubens gewesen sind, zwangen die Kirche immer wieder zu besinnender dogmatischen Auffrischung des unantastbaren Kern- und Markglaubens, der nicht anfaulen darf, damit der Baum nicht verkümmert. Das Kirchenrecht, die Kirchenlehre und die Ämterhierarchie beruhen auf der Notwendigkeit, die Glaubenskompetenz zu bewahren und die Häresien abzuwehren, von denen jede sich zum Schisma auswachsen kann.

Wenn der Schusterglaube[247] von der nur-menschlichen Natur Jesu, wenn in der Beschlussfassung über das nicäische Glaubensbekenntnis ein strategisches Kalkül Konstantins die Trinitätslehre mehr zum Menschlich-Sittlichen hin geprägt und damit einem Bekenntnis zum „maßgeblichen"- Menschen Bahn gebrochen hätte, wenn auch die Dogmen sich stärker auf das Leben Jesu als auf seinen göttlichen Ursprung und Geist hin orientiert hätten (wie es Albert Schweitzer versucht hat) und damit auch der „Gott der Philosophen" in einem Sohn eine gewisse Dignität gewonnen hätte, ja, dann könnten die unberufenen Christen ohne jeden Skrupel auf ihren Taufschein pochen.

Ist der unberufene Christ ein Häretiker? Gibt es eine Häresie der Glaubensunfähigkeit oder – eine Dimension mehr – der Glaubensverweigerung? Leibniz hat vorausgesagt, die letzte Häresie, die alles zum Einsturz und Umsturz bringe, sei der vollendete Unglaube.[248] Das mag für die „freien Geister" gelten, ein wenig für Kant, mehr für Feuerbach, extrem für Nietzsche, der als Atheist mit Hammer und Dynamit hantierte, aber beileibe nicht für die unberufenen Christen à la Pitt, diese harmlosen Häretiker, die sich gleichsam für ihren Unglauben entschuldigen und selber ratlos ihrem widerspruchsvollen, affirmativen Häretikertum gegenüberstehen. Der unberufen-ungläubige Christ hängt keinem Glaubensirrtum an, er hat keine Spaltung im Sinn, er macht nicht Proselyten für seinen Defekt (was ja in unserer pluralistischen Gesellschaft sehr viele tun), er rüttelt nicht an Dogmen, es sei denn an einem der Nichtduldung des Unglaubens in der Glaubensgemeinschaft. Der wachsende Unglaube ist kein Schisma, er hat keine Priesterschaft und kein Oberhaupt, das man exkommunizieren, zwangspensionieren oder dem man die venia legendi entziehen könnte, ihm fehlen das Protestpotential und die Fraktionsdynamik.

Wenn Pitts Genosse Peter Glotz[249] sich über den „reaktionären" Papst Woytila lustig machte, indem er ihn in seinem legendären Papamobil auf einem Kreuzweg Jesus auf dem Esel begegnen ließ, bot er seinem Leser eine Verständnishilfe: ja, den Mann im Papamobil treibt das gleiche um wie den auf dem Esel, nur mit modernen Mitteln. Der Anarchist auf dem Esel war so autoritär und „unfehlbar" wie der im

Papamobil. Er hatte eine andere Erkenntnisquelle als ein nur intelligentes Menschenkind. Viel zu sagen hatte ein Jünger bei Jesus nicht: seine Rolle war die des naiv Fragenden. Gottes Wort ist durch den einen in die Welt gekommen und wird durch andere – zwei oder drei in jeder Generation – amtlich bewahrt Und wie die Jünger und Zuhörer sich oft über die Worte des lehrenden Jesus gewundert haben, so wundern sich heute viele Gläubige und Zuhörer über die Worte des Papstes, die nicht aus den Beschlussprotokollen demokratischer Versammlungen mit sorgfältiger Notierung der Nein-Stimmen und der Enthaltungen, sondern aus dem „Geist" verlesen werden.

Verwunderlich ist, wie eine freiheitliche, offene und pluralistische Gesellschaft an der kantigen Denkstruktur einer Kirche Anstoß nehmen kann, von der doch jeder weiß, dass ihre Bausteine und alle die Brocken des Anstoßes aus einem uralten Fels gebrochen sind. Fühlt sie sich bedroht? Möchte sie die Kirche hineinziehen in den Strudel ihrer eigenen institutionellen Kurzlebigkeit und Lässigkeit und das Fundament zerbröseln lassen, auf dem sie selbst ruht?

Das Verständnis und der Respekt vor dem strukturellen Gesetz der Kirche leuchtet aus den Worten der unendlich klugen, im Widerstand gegen den Ungeist ihrer Zeit gestählten Ricarda Huch, wenn sie über die Kirche schreibt: „Hier ist in Jahrhunderten die Weisheit der Erlesensten mit den Bedürfnissen und Fähigkeiten des Volkes in Einklang gebracht."[250] Wenn wir uns heute gegen Lehren und Forderungen der Kirche kritisch wehren, dann haben wir tausend Gründe, der Kirche nicht recht zu geben, aber sie hat einen Grund, uns dabei ins Unrecht zu setzen, nämlich im Wort ihres Gottes, auch wenn wir argwöhnen müssen, dass sie seine Ermächtigung in den Vorurteilen ihrer Zeit überstrapaziert. Pitt hört das Wort Gottes nicht, aber er hat Respekt vor der Kirche, die versucht, es für ihn in die Zeichensprache und Brailleschrift der Tauben und Blinden zu übersetzen.

Dem unberufenen Christen fehlt jede Feindseligkeit gegenüber der Kirche, und seine biblische „Lauheit" ist nur das Fehlen von Feuer und Flamme für einen Glauben. Er gefährdet nicht die Substanz und die Einheit der christlichen Kirche. Er stärkt sie aber auch nicht, weil er kein Vorbild gelebten Glaubens sein kann. Er will nur heraustreten aus dem Dunkel und dem Schweigen seiner durch und durch unvollkommenen Christlichkeit. Seine Forderung lautet: Lasst mich Christ ohne das Glaubensbekenntnis sein. Ist das ein häretischer Gedanke? Oder apostatischer Starrsinn?

Während wir in unserer säkularisierten Welt das Charisma, die ausstrahlende Begabung, nur den Führerfiguren zuordnen, ist die christliche Gemeinde im Zusammenwirken ihrer Glieder erfüllt von den Charismen, den göttlichen Gnadengaben, die in den gemeindlichen Dienst eingebracht werden und seine Wirksamkeit sichern. Adolf Harnack zählt sie auf: die Prophetie, die Diakonie, der Lehrende, der Tröstende, der Mitteilende, der Vorstehende, der in Barmherzigkeit Tätige[251]. Vielleicht gibt es ein marginal-konstruktives Charisma auch der unberufenen Christen: das der Unterstützenden, der Solidarischen. Oder nur das der Kirchensteuerzahlenden.

17

Gottes zweite Wahl

Ist der Unglaube Schuld oder Schicksal, ist der Glaube Gnade und Geschenk oder sind beide eine Entscheidung des genetischen, biografischen, geistigen Zufalls, der aus dem Topf der Lebensoptionen das Glaubenslos fischt? Eine – vielleicht gar nicht mögliche – Lösung des Glaubensrätsels müsste bestimmend dafür sein, ob die harmlose Häresie des Nicht-Glaubens im Schoß der Kirche aus ihrer Sicht und im Interesse ihrer Einheit, spirituellen Geschlossenheit und Dauer duldbar, tadelnswert, verwerflich oder sanktionspflichtig ist. Es geht gleichermaßen um die Wahrhaftigkeit der kirchlichen Gemeinde und die des ungläubigen Christen. Alle Verantwortung hängt an der freien Entscheidung.

Oder ist Glaube Sache des Talents, Unglaube eine Neigung des Temperaments? Ernst Jünger überlieferte uns die Maxime eines konservativen Freigeistes aus Europas revolutionärer Epoche, des Antoine de Rivarol: „Das Gros unserer Gottlosen rekrutiert sich aus rebellischen Gläubigen."[252] Wer den von dem hartnäckigen Kirchenkritiker Karlheinz Deschner herausgegebenen hochgelehrten Disput „Warum ich Christ/Atheist/Agnostiker bin"[253] liest, sieht, dass alle drei (Friedrich Heer, Joachim Kahl und er), unkonventionell oder nicht glaubend unter einem Feuerwerk von Argumenten, vom Christentum schwer affiziert sind. Die Vertreter der zweitausend Jahre alten Kirche können sich entspannt zurücklehnen. Wenn alle Positionen ausdiskutiert sind, wird die Kirche immer noch fest wie der Fels in der Brandung stehen, und die Glaubensunfähigen werden wie der in eine Sinnkrise geratene Ljewin in Tolstois

grandioser Ehebruchstragödie „Anna Karenina" mit dem Gedanken lie-
bäugeln, die Kirche als Objekt des Glaubens zu betrachten: „War es
nicht leichter, an diese lebendige Kirche zu glauben, als sich über den
fernen, geheimnisvollen Gott und die Rätsel seiner Schöpfung auf eigene
Hand den Kopf zu zerbrechen?"[254]

„In einem anderen Land" lässt Ernest Hemingway seinen Protagonisten, „der Gott immer geliebt hat und deshalb glücklich ist", über
den religiösen Lebensentwurf nachdenken: „Aber wieviel trägt Klugheit,
wieviel trägt Glück dazu bei, so geboren zu sein? Und was ist, wenn man
nicht so veranlagt ist." In „Fiesta" wird ein Frommer nach seinem einge-
standen gescheiterten Betversuch in der allen Jakobswegpilgern bekannten Kathedrale von Pamplona gefragt, ob er wirklich ein Katholik sei,
und er sagt: „Nur der Technik nach" und kann auch auf die erneute
Frage, was das bedeute, nur sagen: „Ich weiß nicht."[255]

Glaube, Klugheit, Wollen? Vom Glaubenwollen zum Glauben,
Glaube als ethische Entscheidung für die glaubensbewusste Mitgliedschaft in der monarchisch regierten Kirche als „einzige Rettung vor
Willkür, Auflösung und Untergang": das war der Glaubensweg des Kardinals und Philosophen Nikolaus von Kues. Er hegte die Hoffnung, die
Entfaltung der menschlichen Vernunft könne in der Zukunft zu einer
übernational-friedensstiftenden Religion führen. Der immer auf Trennung bedachte Verstand müsse durch die Religion besiegt werden. Glauben gehörte für den Cusaner in das Gebiet des Willens: „Die vernünftige
Seele kann glauben oder nicht glauben, je nachdem sie will oder nicht
will."[256] Aber auch das Können ist ja nicht unproblematisch.

Der Ungläubige ein Dummkopf? Oder ein willensschwacher Tor,
der sich seiner Verstandeskraft nicht zu bedienen weiß, schuldig an seinem Nichtglauben durch geistige Trägheit? Auch der Humanist Eras-
mus von Rotterdam war davon überzeugt, der Mensch könne sich durch
Bildung und Tugend das Heil erwerben. Aber er hat wohl selbst geahnt,
dass er mit seiner voluntaristischen Frömmigkeit, seinem Glauben als
Velleität, gegen Luther Unrecht behalten würde, der ja darauf pochte,

Gott könne nach seinem Belieben Menschen zum Heil erwählen oder nicht, ohne alle Schuld, ohne Verdienst, und dass Vernunft und humanes Pathos wenig gegen Gottes Gnadenkompetenz auszurichten vermögen.

Lieselotte von der Pfalz, die alles in ihrer klug-kräftigen Sprache auf den Punkt des praktischen Menschenverstandes bringt, schreibt am 2. August 1696 aus dem Port Royal an ihre Tante in Hannover, die Kurfürstin Sophie: „Die Gnade Gottes, deucht mir, kann allein die Seele unsterblich glauben machen, denn natürlicherweise kommt es einem eben nicht in kopf." Sie sieht sich selbst nicht stark im Glauben, fühlt sich am Hof ihres Schwagers, des Sonnenkönigs, von der pompösen zeremoniellen Frömmigkeit in ihrer „hannöverischen manier" gelangweilt. Ohne „persuadiert" zu sein, entfaltet sie einen ungebrochen praktischen Glaubenssinn: „Gott den Allmächtigen, den admiriere ich, ohne ihn zu begreifen." Im Übrigen hält sie es mit einer schlichten Werkfrömmigkeit: Christus habe darüber geklagt, dass man ihn nicht gekleidet, getränkt, gespeist habe, aber nirgendwo habe er gesagt: ‚Ihr habt nicht an mich geglaubt, wie ihr tun solltet.'[257]

Jenseits der paulinischen Frage nach der Heilskonkurrenz von Glauben und Werken, über die unsere Konfessionen so unfruchtbar gestritten haben, gibt es auch für die guten Tüttelchen-Christen in ihrer Werkfrömmigkeit keine Selbstberufungs-Kompetenz. Denn nur in der „Ausdrücklichkeit" des Christentums, im gläubigen Christsein, wisse man, dass die „heilende Nächstenliebe nicht Leistung, sondern geschenkte Fähigkeit" [258] sei. Selbst der Almosen, der dem Bettler vor der Kirchentür in den Hut füllt, ist vorher von Gott geschenkt.

Glaube als Geschenk: das ist Generalthema aller, die sich Sorgen um die Gläubigkeit ihrer Mitmenschen machen. Müssen wir, wie die Kinder, ein bisschen zudringlicher das Geschenk, das uns zusteht, anmahnen oder es beim Schenkenden in Erinnerung rufen, wie der Hamburger Hauptpastor Lutz Mohaupt in einem Kantatengottesdienst in St. Jacobi sagte: „Gott schenkt den Glauben, wenn wir ihn darum bitten."[259] Dabei dachte er wohl an das Rezitativ einer Bach-Kantate

„Gib mir nur aus Barmherzigkeit den wahren Christenglauben." Das Bittenkönnen ist schon ein Teil des Geschenks. Der protestantische Theologe Gerhard Ebeling sieht den Menschen im Glaubensakt als einen Glaubens-Empfänger gegenüber dem allein aktiven Gott: „wahrhaft" nach Gott fragen und ihn suchen könne nur, wer ihn gefunden habe.[260] Wir müssen sehr kindlich sein, um ein Geschenk zu erwarten, oder sehr ökonomistisch, um es als eine Gegenleistung für ein Bemühen einzufordern. „Mein Leben und mein Glauben können nicht alleine stehen, sie gehören nicht einmal mir allein", sagt die katholische Diplom-Theologin Angela Feder, die, aus der Glaubenslosigkeit des protestantisch-säkularisierten Elternhauses kommend, als Erwachsene einen „Fall von Taufgnade" erlebt hat, „sie sind mir geschenkt worden."[261] Die Jüdin Edith Stein, als Karmelitin in Auschwitz ermordet, war in den Begegnungen mit dem zum Katholizismus konvertierten Soziologen Max Scheler schon auf dem Weg des Findens, als sie in der „zufälligen" Lektüre des „Lebens der heiligen Theresia von Avila" die „Wahrheit" sieht und sich taufen lässt, aber sie sagt: „Was nicht in meinem Plan lag, das hat in Gottes Plan gelegen."[262] Der Barde Wolf Biermann, dessen Kommunismus sehr christlich ist („Wir stammeln hier alle im Jargon Gottes"), bringt ein paradoxes Zeugnis des Unglaubens und Glaubens zugleich: „Ich bin ja und bleibe hoffentlich – so Gott will! – ein Gottloser."[263]

Glaube als Gnade: macht es sich der Ungläubige vielleicht zu leicht, wenn er sich nicht beschenkt, nicht zum Glauben begnadet sieht? Haben wir nicht schon einmal versäumt, „danke" zu sagen, weil wir gar nicht bemerkt haben, beschenkt worden zu sein, nicht sensibel genug waren, Gnade zu erkennen? Oder ist die Passivität schuld? Oder das Gefühlspaar Stolz und Hochmut, das sich von niemand beschenken lassen will? Wer solchen Fragen nachhängt, kann natürlich auch die Schwelle des Glaubens so weit herabsenken, dass er sie leichtfüßig überschreiten kann – als Barrierefreiheit für einen Behinderten. Wie es Pitt einmal im Pfarrbrief der Saarbrücker Gemeinde St. Michael und

St. Thomas gelesen hat: „Ich glaube an das zarte, gebrechliche Geheimnis des Lebens, das wir Gott nennen." Für diese zauberhafte Anakreontik ist Pitt zu haben, denn es gibt nicht nur den Gott der Philosophen (Spinoza lässt grüßen), sondern auch den Gott der Lyriker; er hat aber doch das Gefühl, hier werde die schmale Pforte zum Glauben mit Presslufthammern verbreitert.

Das „graubärtige Problem des Glaubens"[264] (John Updike) scheint von den protestantischen Theologen etwas anders gesehen zu werden als von den katholischen. Jene sehen die Berufungskompetenz ganz und gar bei Gott und steigern den Gedanken einer Gnadenwahl zu einer das irdische Leben auf schier unfassbare Weise bestimmenden Prädestination. Diese – mehr in der philosophisch-naturrechtlichen Tradition stehend – trauen dem menschlichen Verstand neben seiner Glaubenskraft die Fähigkeit zu, Gott durch Willen und Erkenntnis zu finden.

Es gehe darum, sagt der katholische Theologe Harald Wagner, gleichermaßen der intellektuellen Verantwortung des Menschen wie der Souveränität der göttlichen Zuwendung zum Menschen die Ehre zu geben. „Glaube ist ganz Tun Gottes und ganz Tun des Menschen." Auch wenn der Glaube ein „Werk der übernatürlichen Gnade" sei, solle er doch „Glaubwürdigkeit" haben.[265]

In einem Gespräch mit der Frankfurter Allgemeinen[266] an der Jahrtausendwende hat Josef Kardinal Ratzinger, Glaubenslehrer einer Kirche, die den Anteil der Vernunftentscheidung an der Erweckung zum Glauben und den rationalen Kern des Glaubens immer betont hat, vom „Geheimnis von Freiheit und Führung" gesprochen. Die Wahrheit liegt für diese Kirche sowohl im Glauben als auch in der rationalen Erkenntnis, und ihre Quellen sind Gott wie die Vernunft. Wer „Wahrheit" suche, sei „objektiv auf dem Weg zu Christus". Was der Hemingway'sche Held als „Technik" bezeichnet, sind bei Ratzinger „Riten und Gebete", die eine „Vorbereitung auf das Evangelium" sein können. Es gebe eine göttliche Führung („paedagiae"), die das Herz für Gottes Willen, der auch den Glauben wolle, öffne: „Wahrheitssuche, Hören auf das Gewissen,

Reinigung des inneren Gehörs" – das seien schon Heilsbedingungen für das Gelingen eines Tuns mit dem Glaubensziel.

Doch den Ungläubigen geht es gar nicht um dieses Ziel. Wenn der spätere Papst im Disput der Kirchen über das Dokument „Dominus Jesus" für beide Konfessionen die große „agnostische Herausforderung" sieht, könnte man meinen, die Welt sei in die Lager der Gläubigen und der Ungläubigen geteilt, die beide ihre missionarischen Teams zusammenstellen und mit ihren geistigen Kampfmitteln ausrüsten müssen. Pitt ist schon auf dem schulischen Sportplatz immer als letzter in die Mannschaften gewählt worden, denn alle wussten: dem fehlt der Kampfgeist.

Die Kirche sieht sich auch als Glaubensvermittlerin: Sie lässt sich in ihrer institutionellen Lehrautorität nicht ausschalten aus dem zweiseitigen Glaubensdialog zwischen Gott und den Gläubigen, sie will sich nicht auf die Zufälligkeit der unmittelbaren, unvermittelten Glaubensbeziehung zwischen Mensch und Gott verlassen. Der Glaube soll „lehrbar" bleiben, auch wenn er nur durch die Gnade erfüllt werden kann. Michelangelo lässt den geistigen Schöpfungsfunken zwischen dem Finger Gottes und dem Finger Adams überspringen. Beim Überspringen des Glaubensfunkens soll es ein „technisches" Medium als dritten Pol geben, den Faden, der das Licht erzeugt, das den Völkern leuchten soll. Von Kurt Flasch, dem geistvollen Philosophen und Historiker der frühen Glaubenswelt, der in einem Buch erklärte, warum er kein Christ sei, erfuhr Pitt in einem Kolloquium über die Anfänge des Christentums, dass Augustinus von Hippo bekannt habe, er würde den Evangelien ohne die Autorität der Kirche nicht glauben.[267]

In dieser Auffassung liegt für den unberufenen – den unbegnadeten – Christen ein Angebot, an seine Glaubenslosigkeit ein institutionelles Gerüst zu legen, das ihn ohne den Glaubensakt stützen und tragen könnte. Gott hat den unberufenen Christen nicht wählen wollen – auch Augustinus bestand auf dem Gnadenschlüssel —, sondern die Institution hat ihn als ihr Mitglied zugelassen, um einer allerhöchsten Entscheidung nicht vorzugreifen. Der ungläubige Christ ist Gottes

zweite Wahl. Gott beruft die einen und lässt den anderen eine Berufungschance nach Musterung eines Befähigungs- und Gnadenprofils,
über das der menschliche Verstand nicht zu grübeln braucht. Aber: Pitt
ist nicht der „Horcher auf eine mögliche Offenbarung Gottes“, er ist
nicht einer, der „nie gleichgültig sein (kann) gegen eine möglicherweise
ergehende Offenbarung des lebendigen Gottes.“[268] Für die Kirche
bliebe es aber wichtig, dass der unberufene Christ als Mitglied ihrer
Gemeinschaft das dort verkündete „Wort“ lauter, deutlicher, verständ-
licher als außerhalb der Kirche hörte. Außerhalb der Kirche wäre er
nur, wenn er neugierig wäre, ein Horcher an der Wand.

Der in allem harsch lakonische Thomas Bernhard sagte in seinem
letzten öffentlichen Gespräch: „Entweder man hat einen Glauben oder
nicht.“[269] Der Schriftsteller und Verleger Hans F. Erb schrieb in seinen
Tagebuchnotizen nach einem Besuch des Krankenhauspastors, dem er
„seine“ Kirchengeschichte erzählt hatte: „Was bin ich – ein Atheist, ein
Agnostiker, ein zum Glauben Unfähiger? Ein sehr heiteres Gespräch.“[270]
Es sind wohl Horchende, die so gelassen sprechen. Sie wundern sich
selbst, warum sie an ihren eigenen Fragen interessiert sind. Übrigens:
nach Heinrich Albertz, dem von Pitt bewunderten Mitglied der Bekennenden Kirche, „Flüchtlingspastor“, Chef der Arbeiterwohlfahrt und tra-
gisch gescheiterten Berliner Bürgermeister, gibt es auch „überzeugte
Agnostiker“[271] – ein merkwürdig Ding.

Es ist eben doch ein „für Religion qualifizierter Geist“ nötig, um
dieses „eigene persönliche innere Überführtsein“ erleben zu können, sagt
Rudolf Otto in seinem geheimnisvollen Buch über das „Heilige“, das
Numinose, über die „berufenen Heiligen“, von denen Paulus in seinem
ersten Brief an die Korinther schreibt (1.1,1). Er warnt seine Leser, nicht
weiterzulesen, wenn sie sich nicht auf einen „Moment starker und möglichst einseitiger religiöser Erregtheit“ besinnen könnten. Pitt hat weiter-
gelesen und von Seite zu Seite mehr erfahren, dass ihm alles fehle, um je
jenen Zustand zu erreichen, von dem Luther gesagt habe, dass er „den
Menschen mit Gott, ‚ein Kuche‘ mache“.[272]

Punkt. Pitt sollte aufhören, nach Schuld oder Unschuld in der Glaubenslosigkeit zu fahnden. Die Welt des Glaubens ist voller Geheimnisse, und spannend sind diese „absoluten Paradoxa göttlichen Weltregiments"[273] (Barth) allemal. Für sie ein gewisses Frageorgan zu haben, kann nicht als Glaubensneigung interpretiert werden. Ein Kunsthistoriker muss keine Bilder malen können, und sogar ein Theologe muss nicht glauben müssen.

Wenn Karl Barth die Unterschiede zwischen der „Christengemeinde" und der „Bürgergemeinde" herausarbeitet, geht er mit den Nicht-Christen, mit denen der Christ im politischen Leben ja zusammenwirken müsse, sehr vorsichtig um. Er vermutet unter ihnen „zweifelhafte Christen", die niemand als solche erkennen könne, und sogar am Abendmahl habe einer davon teilgenommen.[274] Ein zweifelhafter Christ will Pitt in keinem Fall sein: er ist ein getaufter Christ ohne Glauben. Er nimmt nicht, wie Judas, am Abendmahl teil.

Der König der Philosophen regierte in Pitts Heimatstadt. Alle Philosophen erzählen kluge Märchen, aber Gottfried August Leibniz hat auch ein schönes erzählt in seiner „Theodizee von der Güte Gottes, der Freiheit des Menschen und dem Ursprung des Übels". Der heitere optimistische Schöpfer einer aufs Feinste durchdachten Welt, der auch ein Universalingenieur war, hat auch für den unberufenen Christen eine attraktive Nebenrolle in Gottes Weltszenario gefunden. Um der Vollkommenheit der geschaffenen Welt willen müsse es auch Unvollkommenheiten geben, also auch das Böse, das Gott zulasse, also auch die bedauerliche Tatsache, dass er heikel sei in der Zuteilung seiner Gunst. Nicht jedoch „in dem guten oder schlechten Naturell der Menschen"[275] suche der Schöpfer den Grund für sein Urteil. Der Philosoph zitiert den Römerbrief: „So erbarmt er sich nun, wessen er will, und verstockt, welchen er will" (9, 18); und auch dies kann, wie alles göttliche Tun, nicht „besser gemacht werden". Nicht gemäß ihrer Vorzüglichkeit wähle Gott seine Favoriten, sondern gemäß ihrer Tauglichkeit für seinen Plan. Er verfahre wie jeder Baumeister: er benutze auch einen weniger guten

Stein für seinen Bau, wenn sich herausstelle, dass gerade er eine gewisse Lücke ausfülle. Als 1943 in Hannover das Leibniz-Haus, ein schönes Renaissance-Bürgerhaus, in Schutt und Asche versank, waren vielleicht alle Steine vom großen Baumeister als untauglich verworfen worden.

18

Auf der untersten Stufe

Wie behandelt die Kirche ihre ungläubigen Mitglieder, die Tauf-schein-Christen und Randsiedler oder Dateinummern? Im Grunde ist sie hilflos wie ein Arzt, der kein Verhältnis zum Patienten hat, weil der nicht in seine Praxis kommt. Was würde Pitt sagen, wenn er nach den substantiellen Kriterien seiner Mitgliedschaft gefragt wäre? – vielleicht: „Herr Pastor, das ist Ihr Problem." Wenn er genötigt würde, im Wege einer Selbstauskunft die inhaltliche Basis seiner Mitgliedschaft zu charakterisieren, würde er sagen: Ich bin ein glaubensloses Mitglied der christlichen Gemeinschaft und will es gern bleiben, weil ich ein Freund der Kirche bin, ja, manchmal sogar, wenn ein wie immer gearteter shit-storm über die Kirche hereinbricht – und solche Phasen gibt es immer wieder – ihr Parteigänger. Soll man von Amts wegen eine Ehe scheiden, in der einer bekennt, er liebe nicht?

Sören Kierkegaard, der ja eine Neigung zum radikalen Fragen hat, geht über Pitts Frage weit hinaus. „Ein Hurenwirt ist ein ‚christlicher' Hurenwirt, er ist genau so Christ, wie wir anderen: ihn von den Gnaden-mitteln auszuschließen, ‚nein, Gott behüte', wird der Pfarrer sagen, ‚wohin kommen wir, wenn wir erst anfingen, ein einziges zahlendes Mit-glied auszuschließen'?"[276] Er meint nicht die glaubenslosen Christen, sondern die „christlichen Betrüger", die fromm sind, aber unchristlich leben und handeln. Er meint die „Fassadenchristen", die sich auch heute von Georg Betz befragen lassen müssen: „Glauben Christen gottlos?" Er diagnostiziert einen „epidemisch christlichen Atheismus", doch er sieht

„Atheismus" bei Gläubigen, denen in ihrer Glaubensbeteuerung die Tiefe des Gottesglaubens fehlt.[277]

Für diese Christen gibt es keine Befragungsraster, die es ermöglichten, die wahre „Gemeinschaft der Heiligen" abzugrenzen. Als Walter Rathenau, AEG-Großindustrieller, 1922 von Antisemiten ermordeter deutscher Außenminister, 1912 gegen die perverse Praxis protestierte, von den Juden als Eintrittskarte in die Gesellschaft die Taufe zu verlangen, schrieb er: „Ich weiß nicht, wie viele erwachsene evangelische Christen im Schoße ihrer Kirchen verbleiben würden, wenn ihnen heut ein Modernisteneid im Sinne unbedingter Anerkennung des offiziellen Glaubensbekenntnisses zugeschoben würde."[278] Allerdings: Papst Pius X. hatte 1910 den „Antimodernisten-Eid" nicht von den Gläubigen verlangt, sondern nur von den in der Seelsorge und Lehre tätigen Geistlichen, ein Glaubensbekenntnis über das traditionelle tridentinische Credo hinaus, um kirchliche Mauern gegen die Überbetonung individueller oder „fortschrittlicher" Religiosität vor institutionell abgesicherten Dogmen zu errichten.[279] Müsste das, was ein Konzil schon 1870 verlangt hatte, nicht heute noch gelten: „Wenn jemand den einen wahren Gott, den Schöpfer und Herrn der sichtbaren und unsichtbaren Dinge leugnet: er sei ausgeschlossen."[280]

Pitt kann die Frage nach den Kriterien der Kirchenzugehörigkeit, die gewiss unter einem Berg kirchenrechtlicher Literatur begraben ist, nicht beantworten. Er will sich auf eine Aussage des protestantischen Theologen Ulrich Mann berufen. Um der Selbstbehauptung der Kirche willen lasse sich das Kriterium nur dogmatisch bestimmen. Zu den Dogmen gehört nach Mann das „objektiv gültig angesehene Bekenntnis, wie es im Evangelium des Johannes (6,69) abgelegt wird: ‚Wir haben geglaubt und erkannt, dass du bist Christus, der Sohn des lebendigen Gottes'". Dieses Bekenntnis habe auch eine legitim-juridische Seite, weil es über die Gemeindezugehörigkeit Aufschluss gebe. Bekenntnisse dieser Art seien in der ganzen Kirchengeschichte bedeutsam gewesen, angefangen vom Nicäischen Bekenntnis des Jahres 325. Es sei das „Element des Bekennens", das über die Kirchenzugehörigkeit entscheide. Dabei fehlt dieser Aussage nicht der typisch theologische Zusatz: „in gewisser Hinsicht." Offenbar hängt diese Relativierung mit der unaufhebbaren Spannung zwischen der sichtbaren Organisationskirche und der unsichtbaren Berufungskirche zusammen.

An die strengen Bedingungen der Kirchenmitgliedschaft hat der brasilianische Befreiungstheologe Leonardo Boff erinnert, der von seiner Kirche nicht eben wohlwollend behandelt worden ist. Er ruft als Zeugen für die katholische Stringenz, die auch er erfahren musste, den Kardinal Roberto Bellarmin auf, der 1591 die Kurie im Prozess gegen Giordano Bruno und Galileo Galilei vertreten hat (sie hat sich erst im 20. Jahrhundert für diese Verfahren entschuldigt).[281] Der Grundsatz war klar: Bejahung des katholischen Glaubensbekenntnisses, Gemeinschaft in allen Sakramenten und vor allem Unterordnung unter die gesetzte kirchliche Autorität. So satzungsstreng wird die Kirche heute ihre Bannwerkzeuge gegen Revolutionäre der Erkenntnis nicht einsetzen können, und erst recht nicht gegen die harmlos häretischen Mitglieder, denen der Glaube fehlt. Es gibt keine das Gottesbild in Frage stellenden Forschungsergebnisse mehr, die verdammt werden könnten, höchstens die moralische Verurteilung ihrer Anwendung. Und eine Inquisition des Alltags, die in die Herzen der Menschen schaut, kann es nicht geben.

Der gegen die Aufrührer im Denken so unerbittliche Kardinal war natürlich auch lässig im Umgang mit den Kirchenmitgliedern, die nicht so vollkommen waren wie die, die sowohl zum „Leib" als auch zur „Seele" der Kirche gehörten. Sie konnten nicht ausgeschlossen werden, wenn sie ohne Glauben bekannt, ohne Glauben an den Sakramenten teilgenommen haben[282]. Die stummen Ungläubigen bleiben unsichtbar und in ihrem Status nicht angreifbar.

Oder hat die Kirche die Gedanken Bellarmins klug-pragmatisch aufgegriffen und im Unglauben eines loyalen Mitglieds nur die niedrigste Stufe auf der Leiter der mitgliedschaftlichen Vollkommenheit gesehen? Ist der Unglaube ein Grenzfall des Glaubens, und ist eine loyale Mitgliedschaft auf der untersten Sprosse gerade noch akzeptabel? Unterscheidet sich der unvollkommene Glaube unter dem Gesichtspunkt der Mitgliedschaft dadurch vom Unglauben, dass er loyal zur Kirche steht – als kirchenloyaler Glaube. Oder bleibt Unglaube das qualifiziert Andere zum Glauben und darf in der Kirche nicht geduldet werden? Und sei es aus Furcht vor Ansteckungsgefahren. Kann Loyalität – die von der Kirche oft mit „guter Wille" übersetzt wird – den Glauben substituieren?

Pitt erinnerte sich an ein Kolloquium mit dem liberalen Soziologen Lord Ralf Dahrendorf über das gemeinwohlorientierte Wirken seines Vaters Gustav Dahrendorf, der sozialdemokratischer Reichstagsabgeordneter, Widerstandskämpfer und Genossenschaftsleiter gewesen ist. Der Liberale verriet, dass er im Disput mit seinem Vater – dessen Vater noch ein Hamburger Hafenarbeiter gewesen ist – die These vertreten habe, eine Genossenschaft, getragen von Mitgliedern, sei nur ein Grenzfall der Aktiengesellschaft. Der Veranstalter des Kolloquiums, der Genossenschaftsleiter und -historiker Burchard Bösche, hielt ein Büchlein hoch und sagte: „Herr Professor Dahrendorf, es gibt hier ein Liederbuch der Genossenschaften. Kennen Sie ein Liederbuch der Aktiengesellschaften?" Aus welchem Liederbuch soll ein ungläubiges Kirchenmitglied singen?

Vierhundert Jahre nach Bellarmin hat Pitt einen Kardinal gefragt, ob er sich für seine Kirche eine „abgestufte" Mitgliedschaft vorstellen könne. Karl Kardinal Lehmann hatte 2006 im Rahmen des Kolloquiums „Säkularisierung und die Weltreligionen" einen Vortrag über das katholische Christentum gehalten (der geeignet gewesen wäre, Pitt zum Kirchenwechsel zu inspirieren, seine Glaubensbereitschaft vorausgesetzt). Er hatte das „siebenfache Band" des Epheser-Briefs beschrieben: „Ein Leib und ein Geist, wie euch durch eure Berufung auch eine gemeinsame Hoffnung gegeben ist; ein Herr, ein Glaube, eine Taufe, ein Gott und Vater aller". Auch verwies er auf die Erklärung des Zweiten Vatikanischen Konzils („Lumen Gentium", 1962): dort sei das dreifache Band der Mitgliedschaft beschrieben, nämlich das Glaubensbekenntnis, die Sakramente, die Anerkennung der kirchlichen Leitung.

Pitt hatte schon lange mit dem Gedanken experimentiert, seine Glaubenslosigkeit als eigenartigen Grenzfall eines Christen als (reichlich verwegen definierte) spezifische „Gabe" in die Kirche einbringen zu können, und er hörte nun den Kardinal von dem „dornenreichen Problem" sprechen, dass die Kirche einerseits eine „höchstmögliche Integration aller Gaben in die eine katholische Kirche" anstrebe, andererseits „nicht alles Beliebige in sich auf nehmen kann".[283] Überall sei eine „Unterscheidung der Geister" unverzichtbar. Doch die Kirche habe sich immer wieder auch „gegen rigoristische Strömungen gewandt, die jetzt schon eine Kirche der ‚Reinen' aufrichten wollten." „Reinheit" steht im Kontrast zur „Sünde", und vielleicht gehört der Glaubenslose in der Kirche in einem weiten Sinne unter das Begriffsdach der „sündigen Kirche".

Nun hatte Kardinal Lehmann ein paar Tage vor seinem Vortrag im „Forum für Verantwortung" in der Europäischen Akademie Otzenhausen dem "Spiegel" ein langes Interview u. a. über den Zustand seiner Kirche im ersten Jahr des Pontifikats Benedikts XVI. gegeben.[284] Angesprochen auf die Kirchenaustritte und auf Umfragedaten, nach denen selbst unter Katholiken und Protestanten weniger als die Hälfte an einen persönlichen Gott glaubt, hatte der Kardinal geantwortet: „Wenn ich nicht an einen persönlichen Gott glaube, dann brauche ich auch nicht in den Gottesdienst zu gehen. Die so reden, gehören nicht zum kirchlichen Kern. Aber es gibt sehr wohl ein unterschiedliches Zugehörigkeitsgefühl zur Kirche, und das gab es schon immer. Im Übrigen bin ich bei einem so tiefen und vielschichtigen Thema wie der Gottesfrage nicht so sicher, ob rasche, kurze Antworten immer treffsicher sind."

Eine andere Antwort hat der Kardinal Lehmann auch dem kecken Pitt nicht gegeben, der nach der Möglichkeit einer „abgestuften Mitgliedschaft" unterhalb des „Kerns" und nach „Zugehörigkeits"kriterien gefragt hatte. Unterschiedlich intensive Beziehungen zur Kirche, beschied ihn der Kardinal, ließen sich nicht in der Kategorie des

Managements und der Organisation lösen (er sprach zu einem Publikum, das überwiegend aus Managern in einer nachberuflichen Lebensphase bestand). Ohne die Schuld des Kardinals fühlte sich Pitt beschämt: was sollte der Vorsitzende der deutschen Bischofskonferenz auch anderes sagen?

Die praktischen Probleme einer abgestuften Zugehörigkeit haben die christlichen Gemeinden schon im 3. Jahrhundert beschäftigt, und dabei trugen sie in institutioneller Klugheit dazu bei, das Überleben des Christentums, das ja in den Wirren der Zeit recht unwahrscheinlich war, überhaupt zu sichern. Über das antike, insbesondere östliche Christentum berichtet Christoph Markschies[285], dass sich um den Kern der Gemeinde Kreise unterschiedlicher Einbeziehung von Menschen, die von der Kirche angesprochen wurden, gebildet haben. In einem Vorhof der Kirche saßen die „Weinenden", die von den Besuchern des Gottesdienstes eine Fürbitte erwarteten, die „Hörenden" nahmen an einem Wortgottesdienst teil, die „Knieenden" empfingen eine Segnung des Bischofs und die „Mitstehenden" nahmen am eucharistischen Gottesdienst teil, ohne die Kommunion zu empfangen. Was den „Kern" der Gemeinde ausmacht, veranschaulicht eine Holztafel in der Möllner St. Nicolai-Kirche: die jährliche Zahl der Abendmahlsgäste seit dem 18. Jahrhundert, die sich zwischen zwei- und dreitausend bewegt. Eine „Abstufung der Mitglieder" sieht Ernst Troeltsch in den Volkskirchen, vor allem den protestantischen; unabhängig von der Ausgliederung der Glutkern-Christen in religiösen Gruppen, Sekten und mystisch-spirituellen Gemeinschaften gebe es auch in den großen Kirchen „Stufen der Reife und Verchristlichung", aber sie sind eingebaut in das volksreligiöse kirchliche Ganze. Doch schon vor dem ersten Weltkrieg erkennt er in den großen formellen Bekenntniskirchen eine „Bekenntnislosigkeit der ungeheuren Mehrzahl der Kirchenmitglieder".[286]

Auch Hans Küng beantwortete die Frage nach dem mitgliedschaftlichen Status der Ungläubigen nicht. Er meint aber, dass die

Kirche nicht nur „für die religiös-moralisch Einwandfreien, sondern auch für die moralischen Versager, die Unfrommen und die aus verschiedenen Gründen Gottlosen da" sei[287]. Da sein? Was heißt das für die Mitgliedschaft. Ist zu argwöhnen, dass das Problem des Ungläubigen in der christlichen Gemeinschaft auf eine moralische Plattform gehoben wird? „Ja, wenn die Glaubensgemeinschaft selbstgerecht auf die Versager, Unfrommen und Unmoralischen herabblickt, dann kann sie nicht gerechtfertigt in Gottes Reich eingehen." Die Toleranz gegenüber moralisch bewerteten Außenseitern als Pluspunkt fürs Himmelreich? Pitt gefällt es überhaupt nicht, sich in dieser Minus-Gesellschaft wiederzufinden, obwohl er sich von ihr gar nicht ausschließen will. Die kirchliche Moralfrage interessiert Pitt nur unter den zehn römischen Ziffern, die er zum Beispiel in der St. Johannis-Kirche in Bad Schandau auf einem ursprünglich für die Dresdner Kreuzkirche geschaffenen Altar neben dem Abendmahlsbild sah.

Im Interesse von Klarheit und „Wahrheit"(Off. 4,24) stehen aus der Sicht der mit einer Zumutung konfrontierten Gemeinde zwei Optionen: Ausschluss oder Glaubensbekehrung. Ein Drittes, das Sputum der Offenbarung des Johannes, ist auszuschließen, denn „lau" (Off. 3,16) ist der Ungläubige, der Mitglied einer christlichen Kirche bleiben will, gewiss nicht.

Es liegt im Wesen der Kirche, dass sie missionarisch ist und auch gegenüber glaubenslosen Christen den Weg der Bekehrung suchen muss, sie im katholischen Pastoral und in evangelischer praktischer Theologie durch kluge Führung und Anleitung versuchen wird, ihre so wesensfremden Mitchristen auf den Glaubensweg zu bringen. So hat die Katholische Glaubensinformation schon seit langem das Phänomen des Christen, der den Kontakt zur Kirche verloren hat, ja ablehnt, als Ausdruck einer „nachchristentümlichen" Gesellschaft umfassend analysiert und darin „neue Horizonte der Seelsorge" gefunden. Es wurden vielfältige Methoden eines Fernstehenden-Pastorals entwickelt. Die Erfahrungen mit den „Randchristen" wurden unter vielen Aspekten diskutiert und für die Re-Integration der Getauften in den Glaubensalltag der Kirchen operational gemacht[288].

Die Chancen für eine stärkere Bindung an die Kirche steigen mit einer klugen Mischung der primären und der sekundären Motive, die einer Mitgliedschaft zugrunde liegen. Primär ist die Religiosität, sekundär die Nutzung der kirchlichen Dienste und die Demonstration einer sozialen Integration, die für viele Menschen wichtig ist. Beide Motivationsbündel durchdringen einander. Aber bei allen pastoralen Bemühungen geht es immer darum, den religiösen Kern als Basis von Bindungen an die Glaubenskirche zu stärken. Die Fernstehenden in ihrer oft oberflächlichen „Leutereligion" sollen in die Kirche geführt werden, an „jenen gesellschaftlichen Ort, an dem den Menschen unausweichlich die Gottesfrage begegnet."

Die „vermutlich große Zahl von praktisch Ungläubigen", von denen doch auszugehen ist, dass sie ein Verhältnis zum Glauben haben, stehen im Fokus dieser seelsorgerlichen Arbeit. Von ihr wird eine große Behutsamkeit gefordert. Die Pastoren sollen für die Fernstehenden neue Kommunikationsformen entwickeln, die sie in der Gemeinde „mit einem hohen Maß an Diskretion, Vorbehalt und Distanz" am kirchlichen Gruppenleben teilnehmen lässt. Pitt wird ausdrücklich die Möglichkeit angeboten, in seiner Zaungastrolle „hinter der Säule" zu stehen und „unerkannt und unbekannt" zu sein, um in Ruhe und ohne Druck an der Klärung seines religiösen Bewusstseins zu arbeiten und dann auch den Weg über die Gemeindeschwelle zu finden.

Protestantisch gespiegelt werden alle diese Bemühungen u. a. durch eine große Glaubensreportage des evangelischen Magazins „chrismon".[289] 2014 bat es auf dem Titelblatt: „Lieber Gott, mach' mich fromm". Das Faktum auch hier: zwanzig Prozent der evangelischen Kirchenmitglieder glauben nicht an Gott, achtzehn wissen nicht, was sie glauben sollen. „Ich bin keine Sünderin", sagt eine Frau in einem Nürnberger Glaubenskurs, ein Gesicht in dieser statistisch großen Zahl. „Wie erreicht man die Unerreichbaren?" fragt das Magazin und zeichnet ein differenziertes Bild der Bemühungen, die Kirchenmitglieder an ihren Glauben zu erinnern. Auch hier regiert das Prinzip einer „taktvollen Zurückhaltung". Das Glaubensbekenntnis müsse von niemand gesprochen werden. „Manchmal aber ist es nur ein halber Satz – das darf dann so sein", sagt Thies Gundlach, der Vizepräsident des Kirchenamtes der Evangelischen Kirche Deutschlands. Den „kleinstmöglichen christlichen Glauben" definiert der Theologe, der auch Pastor gewesen ist, so: „Solange man noch Gott vermisst, solange man merkt, dass irgendetwas wehtut in einem Leben ohne Transzendenz. Viel strenger würde ich nicht sein". Ist dagegen dagegen der Online-Glaubenskurs der EKD strenger? „Wir glauben in Jesus an einen im wahrsten Sinne heruntergekommen Gott. Jesus ist nicht höher, sondern ganz tief unten, und er ist kein Wesen, sondern eine Person" – das klingt doch recht mehrdeutig glattgeschliffen. Der Glaube an ein „höheres Wesen", den Heinrich Böll in seiner Satire verspottet hat, ist im Kopf von vierzig Prozent der Kirchenmitglieder lebendig.

Aber Pitt ist nicht vom Stamme der nicht-praktizierenden Christen, der mit einem „halben Satz" seine Christenpflicht erfüllt sähe. Er ist einer der Ungläubigen in der großen Zahl der Nicht-Praktizierenden. Er will als solcher nicht „still und unerkannt" sein, sondern er will sich zu seiner Glaubenslosigkeit, die mit der Gemeindeloyalität verbunden ist, bekennen. Er will nicht angeschaut werden als einer, von dem gesagt wird: auch den Heiden wird Gott die Umkehr zum Leben schenken (Apg. 11,80). Pitt ist keine Zielperson für ein Pastoral der Kirchenfremden, denn von der Kirche will er, dass er ihr und sie ihm nicht fremd sei. Nicht die Distanz zwischen ihm und der Kirche ist zu überbücken, die Brücke zum Glauben wird von ihm nicht gesucht. Die Situation des ungläubigen Christen wird verkannt, wenn davon ausgegangen wird, wie es die Spezialisten für die Randchristen tun, dass der glaubenslose, dennoch nicht unkirchliche Mensch „nur selten" vorkomme und daher das „Fernstehenden-Pastoral" nicht mit dem „Ungläubigen-Pastoral", das eine geringere Bedeutung habe, verwechselt werden dürfe. Die getauften, ungläubigen Mitglieder einer christlichen Kirche stehen außerhalb jedes Versuchs geistlicher Führung und Anleitung.

Thomas von Aquin hat ein klares Wort zur Kirchenmitgliedschaft des Ungläubigen gesagt: man sei von Gewissens wegen verpflichtet, aus der christlichen Gemeinschaft auszuscheiden, wenn man an die Gottheit Christi nicht mehr glauben könne. Allerdings ging es ihm um den Papst selbst, der in keinem Fall ein Häretiker sein dürfe.[290] Das Gewissen soll Pitt morgen früh zu einer Behörde – welche ist eigentlich zuständig? – geleiten, wo er seinen Austritt aus der Kirche erklären soll. Aber so laut klingt die Forderung des Gewissen nicht, dass sie ein Kommando wäre. Das Gewissen schlägt Alarm, wenn es gezwungen wird, in der Lüge zu leben. Er lügt nicht. Er hat keinen Anlass dazu. Er kann seinen Nichtglauben bekennen. Der gesellschaftliche und kirchliche Druck der auf dem Denken, Fühlen, Bekenntnis liegt, ist zwar nicht ganz gewichen, kann aber ohne besondere Tapferkeit ignoriert werden. (Allerdings: noch Ende der hyperkritischen 1960er Jahre suchte eine Illustrierte für eine Story über den Kirchenaustritt nach Zeugen, fand sie aber kaum und kaufte Kirchenmitglieder, die gegen ein hübsches Honorar aus der Kirche austraten, um „authentisch" zu sein). Auch innerhalb der Kirchenmauern, sagt Karl Rahner, gebe es die „offene Gesellschaft".[291] Dass die Gemeinde für alle Denkweisen offen sein muss, ist klar, aber auch für alles? Für „Beliebiges"? Auch für den Unglauben, den nicht verschwiegenen? Es gibt keinen Druck mehr, für den der Austritt ein Ventil sein könnte. Wenn der Glaubenslose das Recht der Mitgliedschaft verliert, verliert er viel, wenn er Gründe hat, auf ihr zu bestehen, jedoch nichts Existentielles, das ihn bewegen könnte, sich zu verstecken.

In der praktischen und akademischen Theologie geht es um die Glaubensgemeinschaft der berufenen Christen, und der Unberufene in ihr ist nicht einmal eine Marginalie oder ein Apropos-Thema. Wenn Karl Barth ein Kapitel seines Buchs über den Römer-Brief mit „Ein Wort an die draußen" richtet, denkt er nur an die nicht- oder antiklerikalen gottesunmittelbaren Gläubigen mit ihrer Privatreligion. Immer wird das Imperative als Indikativ beschrieben. „Denn in der Kirche Christi gibt es keine passiven Mitglieder", schreibt der katholische Religionsphilosoph Eugen Biser, „alle, vom ersten bis zum letzten, tragen, wenngleich in abgestufter Form, das Siegel priesterlicher Würde; alle haben den Geist empfangen, der sie in die Wahrheit einführt und an alles erinnert, was Christus gesagt hat."[292]

Pitt suchte bei den priesterlichen Frauen Rat, von denen man sagt, sie stünden nah am Leben. Er ging in die Katharinenkirche, wo die Pröbstin von Frankfurt, Helga Trösken, die erste Frau, die einen Bischofsstuhl besetzt hat, im Sommer 1988 predigte. Sie sprach über die Vision der Kirche, die im 1. Korinther-Brief leuchtet: „Ihr aber seid der Leib Christi und jeder von euch ein Glied." Alle seien wir, sagte sie, getauft zu einem Leib, und in der langen Aufzählung aller Glieder – der Amtsträger und Gemeindemitglieder, der Asylsuchenden und Prostituierten, der Bankdirektoren und der Mitglieder des Stadtparlaments – fehlten auch die getauften, mit der Fußnote „Scheinchrist" versehenen Kirchensteuerzahler und die Ausgetretenen nicht. Die Pröbstin hat in der oft ja drastischen Bibelsprache alle Gliedmaßen und Sinnesorgane und die dazugehörigen Funktionen in der Gemeinde genannt. Die Taufe allein und alles aus ihr Folgende begründe noch keine Zugehörigkeit zum „Leib". Hinzukommen müsse „vielleicht eine richtige Bekehrung und das Zahlen von Steuern, natürlich". Vielleicht? Statt über dieses „Vielleicht" zu sprechen, blieb sie weiter im Bild von Kopf, Fuß, Hand und Herz, Blutkreislauf und Nervensystem und kam darüber zur kapitalistischen Ausbeutung von Christinnen in Südkorea durch die für niedrige Preise berühmte Textilhandelsfirma Adler (die zu Pitts Unternehmen gehörte). Zum Schluss sprach sie über den Geruchssinn und den Stallgeruch der Gemeinde Christi. Da ist Pitt ins Freie geflohen und hat gedacht: du bist der Wurmfortsatz, du wirst hoffentlich nur herausgeschnitten, wenn du dem Leib Schmerzen verursachst.

19

Des Glaubens Genossen

„Lässt sich Christ-sein definieren?" fragte Hans Urs von Balthasar.[293] Eine Grenze ziehen zu wollen zwischen Christ und Nicht-Christ erweise sich als unmöglich. Als einziges Kriterium dürfe gelten, ob einer sich selbst als Christ verstehe oder sich persönlich klar vom Christentum distanziere. „Was ist mit den Unzähligen, die ‚gültig' getauft sind, sich aber später entweder nicht um den Glauben kümmern oder bewusst ihren Austritt aus der Kirche erklären?" Sind zwei Ergänzungen der Frage erlaubt? Was ist mit den Gelehrten aus Theologie und Philosophie, die trotz eines im institutionellen Sinne fragwürdigen Christseins als geistliche Leuchtfeuer gelten? Was ist mit den ungläubigen Christen, die sich sehr wohl kümmernden?

Trotz aller Unbestimmtheit des Christ-Begriffs zwischen subjektivem christlichen Bekenntnis und institutionellem Kirche-Christentum steht für Balthasar fest: der Ausdruck „ungläubige Christen" existiere nicht, „und wir wollen ihn auch nicht einführen." Gemeint ist wohl: Christsein mag ohne Auferstehung, ohne Sohnschaft, ohne Kirchenregel möglich sein, Christsein ganz ohne Glauben ist nicht vorstellbar. Helmut Thielicke immerhin hält fruchtbare theologische Fragenstellungen von außerhalb der Theologie für denkbar, aus denen sich Polarität ergibt, „die Funken erzeugt."[294]

Gegen alle definitorische Willkür und liberale Interpretation gilt die Wahrheit der christlichen Tischgemeinschaft, aus der sich die Gemeinde formt: in der Möglichkeit der Teilnahme an der eucharistischen Feier erweist sich Christsein. Nach der Confessio Augustana, die sich als zentrale Bekenntnisschrift der Reformation noch in Übereinstimmung mit der katholischen Lehre befand, ist die Kirche die Versammlung der Gläubigen, in der das Evangelium rein gepredigt und die Sakramente recht verwaltet werden. Es gibt keinen Raum für privates Christsein. Es gibt keine Gemeinde, die Ungläubige als Mitglieder hat. Punkt.

Gibt es die „gültig" getauften Christen, die sich nicht um den Glauben kümmern, wie Balthasar meinte? In den Genossenschaften, insbesondere denen mit Massenmitgliedschaft, gibt es das Phänomen der „vergessenen Mitgliedschaft". Die Mitglieder haben sogar vergessen, dass sie einmal einen Genossenschaftsanteil – der sich bei langer Mitgliedschaft oft inflatorisch verflüchtigt hat – eingelegt haben. Ein Kirchenmitglied kann seine Mitgliedschaft nicht vergessen. Es wird monatlich oder als Freiberufler periodisch durch die spürbare Kirchensteuerzahlung an sie erinnert, nachdrücklich, manchmal mit unangenehmen kostenpflichtigen Mahnungen. Pitt kann sich nicht vorstellen, dass es viele Gemeindemitglieder gibt, die sich um ihre Mitgliedschaft nicht „kümmern" (vielleicht ein paar Rentner, aber auch die müssen bald alle Steuern zahlen). Vielleicht sind ja in den Gemeinden bekümmerte Christen, die aus einer Bekümmerung diesen oder jenen Schluss ziehen, aber doch nicht im Zustand der Christenvergessenheit.

Pitt vermutet, dass die Kirchenpraktiker den „ungläubigen Christen" seit langem fest im Visier haben und auch die Kirchenjuristen längst ihre Konzepte, mit denen sie die unberufenen Christen aus der Verlegenheit des dubios ungeklärten Status helfen könnten, in der Schublade haben.

Manfred Stolpe hat als Konsistorialpräsident einer bedrängten und bedrohten „Kirche im Sozialismus", einer in ihrer minderheitlichen Verlorenheit dennoch mächtigen Kirche, einen kühn-konstruktiven Vorschlag gemacht. Er war mit dem erstaunlichen Phänomen konfrontiert, dass kirchen- und glaubensferne Gruppen die Kirche als politische Katakombe benutzten und sich unter ihr Schutzdach flüchteten, um aus dieser „festen Burg" dem atheistischen Leviathan Widerstand zu leisten und ihn schließlich sogar – gegen alle paulinischen Warnungen – zu bekämpfen. Politisch wagemutig hat Manfred Stolpe 1987 in einem Vortrag in der Leipziger Nicolaikirche – zwei Jahre später ein Zentrum der friedlichen Revolution – die Kirche zur Unbefangenheit gegenüber allem „Fremden und Neuen" aufgerufen: die Kirche werde „alle aufnehmen, die zu ihr kommen". Aufnahme, Aufnahme als Mitglied? Nein, denn für die Kirchenmitgliedschaft bleibe die Taufe unabdingbar. Er schlug vor, den Gaststatus kirchenrechtlich einzuführen.[295]

Auch von der Landesbischöfin der Evangelisch-Lutherischen Kirche in Norddeutschland, Kristina Kühnbaum-Schmidt, die in einem früheren Amt in Mitteldeutschland Verantwortung trug, war anlässlich ihrer Wahl in der Presse zu hören, sie halte das Nachdenken über neue Formen von Kirchenmitgliedschaft, die „niedrigschwelliger" sind als bisher, für notwendig.[296]

Die organisationspolitische Sorge gilt hier den ungetauften Fremden, Gästen aus fremdem geistigen Land. Die unberufenen Christen sind getauft, wenn auch oft im Wege der „billigen Gnade" (Bonhoeffer) „Fremde" in der Gemeinde sind sie nur im eigenen Empfinden, denn aus der Sicht der Gemeinde gehören sie zu ihr. Sie sind nicht Gast, sie haben das Gemeindebürgerrecht. Sie sind Rechtssubjekte, wenn auch nicht Träger des Gemeindelebens, nicht Träger der Glaubensgemeinschaft. Sollten sie nicht einen viel größeren Anspruch darauf haben, dass die Kirche für ihre Problemlage kirchenrechtliche Lösungen entwickelt? Ohne Glaube ist nur eine Gastrolle in der kirchlichen Gemeinschaft möglich.

Ein anderer Vorschlag, der Stolpes Anregung ergänzt, wurde 1988 in einem Arbeitskreis einer gemeinsamen Tagung des Zentralkomitees der deutschen Katholiken und der Deutschen Bischofskonferenz vorgetragen: „Müssen die Gemeinden nicht lernen, auch denen den Zugang zur Kirche offenzuhalten, die nicht am vollen sakramentalen Leben teilnehmen können?"[297] Aber eine Kirche muss das Innere und Äußere, das Unsichtbare und das Sichtbare in Übereinstimmung bringen. Dieses immer schwer herzustellende Gleichgewicht könnte durch den sperrigen Anspruch eines glaubenslosen Christen gestört werden.

Reiner Kunze berichtet über die Wirkung eines seiner Gedichte. Es war im Herbst 1978 von der Pastorin Annemarie Grosch an den Beginn der Morgenandacht der Synodentagung in Bethel gestellt worden; es wird hier in der lyrischen Schreibweise zitiert:

Pfarrhaus
(für pfarrer W.)

Wer da bedrängt ist findet
mauern, ein
dach und

muß nicht beten

Zwei Synodale, ein Professor der Theologie und ein Dekan, verließen unter Protest den Saal, und die Psychotherapeutin Christa Mewes sprach in einem Artikel „von der Ungeheuerlichkeit des Affronts". Wenn Rainer Kunze nicht „bedrängt" gesagt hätte, sondern „glaubenslos" (poetologische Bedenken beiseite), hätten dann nur zwei von 120 Synodalen den Saal verlassen?[298]

Es ist gewiss Ausdruck der Not und nicht des Hochmuts der Kirche, wenn manche in ihr einer Trennung von Volkskirche und freiwilliger Kirche das Wort reden: das ist konstruktive Resignation. Man kann die Problematik des glaubenslosen Christen für völlig belanglos erklären, wie es die Versammlung einer Kirchgemeinde Kappeln-Werdt in der reformierten Landeskirche Bern tat, die beschloss, die Namen der austretenden Mitglieder nicht mehr zu veröffentlichen, weil ein Kirchenaustritt überhaupt keine publizitätswürdige kirchliche Handlung, wie z. B. eine Konfirmation, sei.[299]

Der Ratsvorsitzende der Evangelischen Kirche in Deutschland, Landesbischof Eduard Lohse, sprach 1985 am Ende seiner Amtszeit über seine Beobachtung, dass in einer langsam kleiner werdenden Kirche – er sprach auch von der katholischen – bei den Mitgliedern, die der

Kirche die Treue halten, das Engagement wachse.[300] Auch der Kirchenpräsident der evangelischen Kirche in der Pfalz, Werner Schramm, sieht die Volkskirche, in die man hineingeboren wird und zu der man gehört, ob man sich um den Glauben „kümmert" oder nicht, in einem Gegensatz zur Gemeinschaft bekennender Christen. Er warnt vor der Abkapselung der Kerngemeinden. Er will den „großen Bau der Volkskirche erhalten und ihn durch eine freiwillige Kirche unterfangen."[301]

Das Problem war schon Luther bewusst; er sprach von einer „dreifachen Kirche, eine für die Einfältigen, Kinder und Bauern, eine für die werdenden Christen und eine für die vollendeten."[302] Auch ohne Säkularisierung gab es schon die Versuchung, die Christenheit zu segmentieren, als sei die Verkündigung des Wortes eine akademisch-didaktische Aufgabe, deren Lösung durch die Bildung handlicher Zielgruppen erleichtert wird.

Die einzige Segmentierung, von der die Gemeinschaft nicht zerstört wird, ist die Unterscheidung von Gemeinschaft und Gast. Das schöne Tischgebet bittet sogar den „Herrn Jesus" zu Gast. Ob in der Regel des Benedikt oder der Liturgie der altchristlichen Kopten: „Segne den Kranz des Jahres in Deiner Güte zum Wohl der Armen deines Volkes, der Witwen, der Waisen, der Fremden, der Gäste und zu unser aller Wohl, die wir auf dich hoffen."[303] Gastfreundschaft spielt im Neuen Testament eine große Rolle. Jesus hat mancher Tischgesellschaft, nicht nur beim Abendmahl, vorgesessen. Hat er nicht auch auf dem Ölberg den Jüngern gesagt, was er dereinst als König den Gesegneten seines Vaters sagen wird: „Ich bin ein Fremdling gewesen und ihr hab mich beherbergt" (Matth. 25, 35).

Wäre das Pittpaar in der morgendlichen Abendmahlsfeier in St. Gabriel Gast gewesen, dann hätte die Gemeinde es als Gast, nicht als zwei mutmaßlich gläubige Menschen empfangen. Es hätte an dem heiteren Mahl ohne Peinlichkeit, ohne Skrupel, in harmonischer Gemeinschaft teilnehmen können. Kein eifriges Gemeindemitglied hätte den beiden die Brotschale und den Kelch gereicht, dafür vielleicht ein Stück Kuchen, eine Tasse Kaffee oder einen Apfel. „Liebe Gemeinde, liebe Gäste", hätte der Pastor gesagt. Er hätte nicht in unwillkürlicher Nötigung erwartet, dass die Gäste beten, er hätte sie in sein Gebet eingeschlossen.

Gäste haben oft das Privileg der besonderen Rücksichtnahme, aber gute Gäste verzichten darauf. Sie haben auch Tugenden: sie sind höflich, taktvoll, aufmerksam, sie beachten die Regeln und respektieren Sitten und Bräuche, sie haben eine Witterung für Atmosphärisches und Intimes, passen sich an, nehmen Rücksicht, sie streiten nicht (schon gar nicht politisch), sie reden wenig über sich und fragen nach den anderen, sie sind gegenüber Eigenarten, Schrullen, Launen der Gastgeber geduldig, doch nie gleichgültig, sie plaudern mit den Langweilern, tanzen mit den alten Damen oder Herren, bieten Dienste an, bringen Geschenke, lassen Beziehungen spielen. Gäste sind, wenn sie nicht böswillig sind, verträgliche Menschen. Was soll die ganze Aufzählung? Gäste können eine große Bereicherung für jede Gemeinschaft sein. Und wenn sie es nicht sind, werden sie nicht wieder eingeladen. Die christliche Gemeinschaft muss nicht fürchten, ein ungläubiger Christ könne die „Liturgie als Schule der Manieren"[304] (Wolfgang Huber) stören.

Dietrich Bonhoeffer[305] betont, dass die christliche Gemeinde im eigentlichen Sinn Tauf- und Abendmahlsgemeinde sei und „erst von hier aus Predigtgemeinde". Die Gemeinde sei „um Wort und Sakrament versammelt": sie darf durch die Gegenwart der unberufenen Christen nicht geteilt werden. Wortgottesdienste werden in vielerlei Gestalt abgehalten, aber es wäre gewiss nicht gut, Sonder-Gottesdienste für ungläubige Christen zu „veranstalten". Ohnehin muss mancher Pastor bei Beerdigungen oder Trauungen vor einer „Gemeinde" sprechen, unter der nicht ein einziges Kirchenmitglied ist (manchmal sogar der Verstorbene selbst oder der Vater, der die Braut zum Altar führt).

„Sichtbare" Kirche oder Gemeinde heißt auch: man sieht das Wort, man sieht den in gläubigen Menschen verkörperten Glauben, man sieht die im Glauben versammelte Gemeinschaft. Der Ungläubige erlebt

in der Gemeinde den „lebendigen Kontakt mit offenbaren Wahrheiten"
(Walter Lippmann).[306] Er sieht die Wurzeln der gläubigen Menschen,
die bei ihm abgeschnitten sind. Er erlebt den Glauben und seine
menschliche und gemeinschaftliche Wirkung als eine hörbare und sichtbare Tatsache. Er erlebt eine ihm verschlossene Wirklichkeit, die ihn mit
Staunen, Bewunderung und – vielleicht – einem kleinen Neid erfüllt. Er
ist nicht Adressat, sondern Zeuge der Verkündigung.

Er ist nicht der „ungläubige" Thomas, von dem Glenn W. Most in
seiner spannenden Geschichte[307] sagt, er stehe den Christen für den endgültig überwundenen Zweifel, sei aber auch ein „Sinnbild für Nichtchris-
ten" oder Nichtglaubende (wie erschütternd realistisch die Darstellung
des Caravaggio in der Potsdamer Gemäldegalerie: er bohrt seinen Finger
geradezu in die klaffende Wunde unter der das Gewand raffenden Hand
Jesu, die Stirn in tiefe staunende Falten gelegt). Wir wissen ja, dass der
Skeptiker schließlich „zum Glauben überwunden wird" (Helmut Thielicke[308]), und die Thomasmessen, die in manchen Gemeinden für Zwei-
felnde angeboten werden, richten sich an Gläubige mit hoher religiöser
Selbsteinschätzung.[309] Pitt ist ein Hintersasse auf dem Boden der Kirche,
nicht hörig, sondern frei, jedoch tribut- und beitragspflichtig.

Sollten wir einen von der christlichen Gemeinde in seinem eigenen Status akzeptierten unberufenen Christen einen „Gastchristen"
oder einen „Wortchristen" nennen? Sollten wir ihn wie in akademischen oder ähnlichen Zirkeln mit ihren ordentlichen Mitgliedern als
„außerordentliches" Mitglied bezeichnen? Ist er, sofern er seine Kirchensteuer nicht ungern zahlt oder spendenfreudig ist, ein „förderndes
Mitglied"? Oder – wie in klösterlichen Gemeinschaften – ein „minde-
rer Bruder"? In einem Brief an seinen Freund Lavater (vom 29. Juli
1782) experimentiert der ungläubige Goethe geradezu mit seinen Sta-
tus-Begriffen: er sei weder ein „Widerkrist", noch ein „Unkrist" und
auch kein „dezidierter Nichtkrist". Für ihn war klar, dass sich nur ein
Glaubender Christ nennen könne. Er hat die Glaubenstreue anderer,
vor allem seiner vielen christlichen Freunde, bewundert, sich als

Dichter von ihr faszinieren lassen und auch als Politiker mussten ihn kirchliche Fragen beschäftigen.[310]

Pitt würde ihn einen Status-Christen nennen: ein Gemeindemitglied mit einem anderen Status als die unbestrittenen Gemeindemitglieder ihn haben. Er „steht", er gehört zu denen, die bei der (bildlichen) Feier des Abendmahls „stehen" müssen, hinter dem sitzenden Klerus, hinter den dicht am Tisch stehenden Laien, stehend in der äußersten Reihe, aber noch in der Aura des Tisches. Er wäre – falls akzeptiert – der Angehörige des „dritten Standes" in der Kirche. Oder er bleibt ohne Etikett: ein Zaungast, um den sich keiner kümmert, ja, vor dessen Neugier sich die Nasen krausen.

Einmal hat Pitt sich einen Sitzplatz anmaßen wollen, Weihnachten 1993 in der evangelischen Stadtkirche von Bad Tölz. In der Christvesper erspähte er in der überfüllten Kirche einen freien Platz in der ersten Reihe, den er für seine Frau, die in Tölz eine Reha-Kur zu absolvieren hatte, sichern wollte. Er kämpfte sich allein nach vorn und fragte eine Dame – irgendwie kam sie ihm bekannt vor –, ob der Stuhl neben ihr für seine Frau frei sei, und sie antwortete, dass sie ihn „eigentlich" für ihren Mann freigehalten habe. Als Pitt sich abwandte, stand er vor dem ersten Mann im Staat, dem Bundespräsidenten Richard von Weizsäcker, der ohne Bodyguards, nur im männlichen Schutz seines Sohnes, in der Kirche war.

Im weltlichen Bereich – bei der Entwicklung sozialethischer und politischer Forderungen und Problemlösungen, in der Friedenspolitik, der Erhaltung der Schöpfung, der Verteidigung der Menschenrechte u. ä. – wirken Gläubige und Nicht-Gläubige und Andersgläubige zusammen. Bei der Erarbeitung der innerkirchlichen Stellungnahmen könnten die Status-Christen nicht mitwirken, weil sie nicht aus dem genuinen Geist der Kirche argumentieren können. Man könnte sie in der Gemeinde als V-Leute des säkularen, ja atheistischen Geistes verdächtigen. Die Kooperationsregeln der rein zivilen Welt lassen sich nicht auf die christliche Gemeinde übertragen, weil die aus eigenen

Wahrheitsquellen lebt und auf Grenzen der Kompromissfähigkeit stößt, die für die demokratische Willensbildung wichtig ist. Dennoch ist das Zusammenarbeiten und Zusammenwirken von Glauben und Unglauben in der Kirche möglich.

Dass Pitt als getauftes und beitragendes Mitglied seine Rechte aus der Gemeindeverfassung wahrnimmt, ist nur teilweise selbstverständlich. Er wird zwar das aktive Wahlrecht ausüben, denn es geht um die äußere Ordnung der Kirche. Aber er muss auf das passive Wahlrecht verzichten. Er kann darauf achten, seine Stimme nur gläubigen Kandidaten für Gemeindeämter zu geben, denn auch das ist – wie alles im Menschlich-Allzumenschlichen – nicht selbstverständlich. Als der „Spiegel" 2019 erneut die Glaubensfrage stellte[311]) und mehr glaubenslose Christen als vor dreizehn Jahren fand, führte er in der weiten Welt sogar weibliche Pastoren vor, die sich zu ihrem Atheismus bekennen.

Der unberufene Christ will ja, dass der Glaube in der Welt nicht nur seine Kraft, sondern auch seine institutionelle Basis bewahre. Er ist kein Glaubensgenosse, aber er ist des „Glaubens Genosse" (Gal. 6, 2) in Luthers etwas zweideutiger Sprache. Er weiß ja, dass Paulus sich in seinem Brief an die Galater für die hilfreiche Solidarität der Christen einsetzt („einer trage des anderen Last"). Neben der Genossenschaft der Gläubigen (denn die ist gemeint) kann es für den Ungläubigen eine Genossenschaft mit Gläubigen in der Koalition des guten Willens geben. Pitt würde sich gern von einer Gemeinschaft, die aus dem Geist des Glaubens und der Nächstenliebe lebt, als Genosse ansprechen lassen, zumal ihm als weltlicher Genossenschafter das Wort vertraut klingt.

Der Ungläubige als Christ lebt in der Anwesenheit einer Wahrheitsquelle, aus der er nicht trinken kann, die aber unanfechtbar, unwiderlegbar neben der Erkenntnisquelle eines glaubensfernen Verstandes ihren Bestand und ihre große verpflichtende Wirkung hat. Oft fühlt er, dass sie der Einseitigkeit seines Denkens und der Schmalspurführung seiner Existenz überlegen ist. Das ist sogar mit einer gewissen Anmaßung verbunden, wie sie Pascal ausgedrückt hat: „Neid spüre ich auf die,

die ich so lässig im Glauben leben sehe und so schlecht eine Gabe nützen, die ich völlig verschieden gebrauchen würde."[312] Vielleicht sind manchmal die nur „hörenden" Christen die gehorsamsten? Oft sind die Gasthörer, die nicht der akademischen Gemeinschaft angehören, die eifrigsten und aufmerksamsten Studierenden. Vielleicht sind die Status-Christen die verträglichsten, weil sie den politischen Ehrgeiz, den es auch in der christlichen Gemeinde gibt, nicht haben.

Der Evangelist Markus (15,43) erzählt, es seien nicht die Jünger gewesen, die nach der schändlichen Hinrichtung für ein anständiges Begräbnis Jesu sorgten, sondern der Ratsherr Joseph von Arimathia, der dem Verscharren Jesu zuvorkam, Pontius Pilatus den Leichnam abhandelte und ihm ein würdiges Begräbnis schenkte, wie er es als „Reicher" gewohnt war: Wickelung in Leinen, Bestattung im Felsengrab. Der Joseph habe auf die „Königsherrschaft Gottes" gewartet, sagt Markus, und für Matthäus (27,57) ist er ein „Jünger", was er nicht war, und Johannes (19,18) nennt ihn einen „heimlichen Jünger". Hans Küng weiß, dass Joseph später nicht ein Glied der Gemeinde gewesen ist.[313] Was wäre geschehen, wenn Jesus nach römischem Brauch am Kreuz verwest oder eine Beute von Raubtieren geworden wäre? Dieser Joseph muss ein Gefühl für den außergewöhnlichen Charakter des Hingerichteten gehabt haben. An seine Auferstehung wird er kaum geglaubt haben, vielleicht hat er den Kopf geschüttelt, als er hörte, dass sein Grabasylant plötzlich verschwunden war. Er hat Jesus Christus einen praktischen Dienst erwiesen. Vielleicht sollte man die unberufenen Christen zur Erinnerung an diesen Mann die arimatheischen Christen nennen (oder die nikodemischen, denn Nikodemos, der Pharisäer und Fürsprecher Jesu, hat dem Joseph bei der Bestattung assistiert und Myrrhe und Aloe gespendet (Joh. 19,39)).

Jesus Christus wollte, sagt Helmut Thielicke, dass „wir in seiner Schule den unendlichen Wert der Menschenseele verstehen lernen, und das Gewissen wecken." Aber das seien nur „Abfallprodukte der Hauptsache", des Himmels, in den er uns bringen wolle. Nichts von Moral, nichts von „Heilslehre ohne Heiland", nichts von „scheinchristlicher Programmatik", nichts von „christlich-abendländischer Tradition".[314] Will Pitt als Glaubensloser in der christlichen Gemeinschaft ein Bleiberecht verteidigen, weil die „Abfallprodukte" für ihn wichtig sind? Nein, er hat Respekt vor der Wahrheit des Predigers im Hamburger Michel, und er will den Glauben, den er sieht, nicht instrumentalisieren für Zwecke, die in all den aufgeregten Diskussionen der Zeit unklar sind. Das könnten nur die Gläubigen selber tun: sich einsetzen in all ihrer Glaubens- und Überzeugungskraft für das Gute und Gerechte in der weltlichen Ordnung (wie es der Pater von Nell-Breuning tat, der nach seiner Berufung in den Wirtschaftsrat der Bizone 1947 seinen Schülern erzählte, dort gebe es sieben Vertreter der Planwirtschaft und sieben Vertreter der Marktwirtschaft „und mich"[315]). Der Glaube lässt sich nicht mediatisieren. Er ist nur aus sich heraus mächtig und sendet seine Impulse wie Morsezeichen in eine Welt, die oft am Rande der Katastrophe manövriert.

Helmut Thielicke sagt nicht, die Nebenprodukte des Glaubens seien unwichtig. Er hätte auch Goethe zugestimmt, der in seinem letzten Gespräch mit Johann Peter Eckermann elf Tage vor seinem Tod von der Brücke zwischen dem „Christentum des Glaubens und des Wortes" und dem „Christentum der Gesinnung und der Tat" gesprochen hat. Die gläubig Tatkräftigen werden froh darüber sein, dass sich auf dieser Brücke auch die Ungläubigen zu ihnen gesellen, als Sympathisanten, Mitstreiter, Koalitionäre. Und wenn z. B. in Hamburg die Gewerkschaften auf dem Fischmarkt oder im Museum der Arbeit vor der „Trude", dem großen Tunnelbohrer, die Reden zum 1. Mai hörten, dann standen oft auch die evangelischen Bischöfinnen Jepsen und Fehrs und der katholische Weihbischof Jaschke aufmerksam in der ersten Reihe.

Der kirchlich engagierte Soziologe Hans Joas nähert sich der Frage, ob die Kirche eine „Moralagentur" („moralische Anstalt", sagt Ferdinand Tönnies) sein könne, mit einer sehr „skeptischen Antwort" Im Grundsätzlichen gelte das „großartige universalistische Liebesgebot des Evangeliums", doch es habe einen unpolitischen Charakter und begründe kein „alternatives moralisches Prinzip", das im Einzelnen zu Normen der Gerechtigkeit und des sozialen Miteinander führen könne. Liebe sei eine „supramoralische Dimension". Eine „moralische Höherwertigkeit" könne in der pluralistischen Gesellschaft aus ihr nicht abgeleitet werden. Joas hat den Verdacht, jede „Selbstdeutung der Kirche als zentral für den moralischen Zusammenhalt der Gesellschaft" diene nur dazu, die eigene Existenz zu rechtfertigen und eine staatliche Subventionierung zu erlangen. Darin liege eine „gefährliche Versuchung". [316] Als der Ratsvorsitzende der Evangelischen Kirche in Deutschland, Heinrich Bedford-Strohm, für das Amt des bayerischen Landesbischofs kandidierte, hat er bündig erklärt: „Die Kirche ist keine Bundesagentur für Werte". Das ist jedoch kein Entlastungsargument, denn es bleibt als Teil der christlichen Kernbotschaft das „moralische Handeln aus Freiheit".[317]

Pitt hat keinen Grund, seine Steuern für die Moralagentur zu zahlen. So einleuchtend er die Goldene Regel immer fand, über die Lukas (6,32) in seinem zentralen Kapitel berichtet hat, so fand er Immanuel Kants Kategorischen Imperativ überzeugender. Er hat sich immer gegen die Behauptung des wertebewussten Kanzlers Helmut Schmidt gewandt, die Goldene Regel des Alten und des Neuen Testaments sei identisch mit Kants kategorischen Imperativ. Nein, die ist „hypothetisch", wie Kant sagt, denn sie ist an Bedingungen geknüpft. Sie fordert aus Jesu Mund nur, dass ich das tue, was ich von anderen mir gegenüber erwarte. Der Kant-Jünger handelt als freier Selbstgesetzgeber, der das Interesse der Allgemeinheit im Blick hat; er hat sich das Recht erobert, wie Joas sagt, „in bewusster und öffentlich erkennbarer Weise nicht zu glauben." Um Kants „Kritik der praktischen Vernunft" (d. h. der moralischen Vernunft) in einem Satz zusammenfassen zu können, bedient sich Pitt eines der losen Blätter aus Kants Nachlass: „Moralität ist die Gesetzmäßigkeit der freien Bestimmung seiner selbst."[318]

Der Selbstdispens von den Tischsitten, die Taubheit gegenüber dem lenkenden, leitenden Wort der Tischgemeinschaft – eine schlechte

Moral? „Die Moral (auch die Sozialmoral)", sagt Helmut Thielicke, „als Endstation des Christentums ist der Tod."[319] Pater von Nell-Breuning sieht das anders. Er will nicht ausschließen, dass sich in seinem hundertjährigen Leben der Egoismus des Menschen verstärkt habe – und dafür spricht manches –, besteht aber darauf, dass sich jeder an Gottes Willen halte, vor allem in den Fragen der Sozialethik.[320] Wollte der ungläubige Christ von der christlichen Gemeinschaft die lebenspraktischen Antworten auf moralische Fragen und Fragwürdigkeiten hören oder sähe er in der Kirche den Ethik-Service für den Alltag, dann wäre die Kirche für ihn eine therapeutische Praxis, deren Honorare er mit der Kirchensteuer verrechnen könnte.

Glaubenslos in gläubiger Gemeinde: kein leichtes Los. Von der gemeinschaftlichen Wanderung der Gläubigen zu Gott, auf der alles ausgeräumt wird, „was zwischen Gott und uns steht" (Thielicke), ist er ausgeschlossen. Keiner kann an einer Bergwanderung teilnehmen, der unmotiviert und untrainiert ist. Er läuft zwar nicht Gefahr, vor dem Gipfel mit grauem Gesicht und blauen Lippen zu kollabieren, aber er wird auch nie Höhenglück und Fernsicht genießen. Von Ferne erlebt er die Bewegung des Volkes Gottes aus dem Glauben. Er ist der Ungläubige und Uneingeweihte in der Gerichtsszene der Gemeinde von Korinth (1. Kor., 14,24), in der sich sein Unglaube offenbart. Eine unangenehme, eine peinliche Situation. Er kann nicht den Glauben bekennen, aber er wird im angeschauten Glauben der Gipfelstürmer erkennen, „dass in Wahrheit Gott in eurer Mitte ist". Kann man an den Glauben glauben?

Für den ungläubigen Christen existiert Gott im Glauben der Gläubigen, lebt Jesus Christus in der Gemeinde, deren Zusammenwirken als Glieder eines Leibes er vom Rande her beobachten kann. Als Pitt am Ende eines recht anstrengenden Schreibturns diese Zeilen getippt hatte, schaltete er sich ein in das mitternächtliche „Käpt'ns Dinner" im NDR, wo der kluge, gewitzte, in der DDR atheistisch sozialisierte Gregor Gysi in einem U-Boot mit einem in einer russischen Uniform steckenden Witz-Leutnant sprach und auf die

Gretchenfrage antwortete: „Ich glaube nicht an Gott, aber ich fürchte eine Welt ohne Gott." [321]

Der Blick vom Rande er kann auch sehr kritisch sein, so kritisch, dass der ungläubige Christ die Kirche verlässt. Hellsichtiger als die Gläubigen selbst, sieht er die Feinde der Kirche, die „schlechten Christen, die sie innerlich zerstören" (Pascal[322]). Damit sind nicht die Unberufenen gemeint, auch nicht die Anhänger der Religion, „wie sie vom Himmel niederstieg im Gewande ihrer ursprünglichen Reinheit", sondern die einer Religion, die zu beschreiben nach Edward Gibbon die traurige Pflicht des Historikers ist: in ihrer „unvermeidlichen Mischung von Irrtum und Verderbtheit, welche sie während eines langen Aufenthalts auf Erden unter einer schwachen und entarteten Gattung von Wesen annahm."[323] Doch das ist das Thema von Karlheinz Deschner mit seiner unendlichen Kriminalgeschichte der Kirche.

Der Begriff „Glaubenszeuge" gewinnt mit dem Blick auf den unberufenen Christen eine neue Bedeutung. Der Ungläubige wird Zeuge eines Glaubensgeschehens und von Glaubenshandlungen. Er kann sich selbst und anderen Zeugnis von der Realität des Glauben geben, so wie ich Zeuge einer künstlerischen Leistung sein kann, ohne den Zugang zu ihrem kreativen Grund zu haben.

Den Zeugen mag die Glaubensnaivität der Votivtafeln mit ihren spannenden Unglücks-, Hilfs-, Heils- und Rettungsgeschichten (und auch des Votivschiffes „Dania" in der Flensburger Heiliggeistkirche[324]) verwundern, aber er nimmt das Zeugnis mit, dass Jesus zu einem Menschen gesagt hat: „Dein Glaube hat dich gerettet." (Markus 5,34). Joseph von Arimathia wird nicht geglaubt haben, dass „Jesus gestorben und auferstanden ist" (Römer 10,91), als er sein gestiftetes Grab offen gesehen hat, aber er hat die Frauen gesehen und gehört, die vor dem leeren Grab an die Auferstehung geglaubt haben.

Der Zeuge des Glaubens in einer Gemeinschaft sieht eine Kraftquelle der menschlichen Existenz. Ein Stück der stärksten Seinswurzel des Menschen wird sichtbar. Es ist ein guter Rat, das Bündnis und die Gemeinschaft mit Menschen zu suchen, die glauben. Der Gläubige hat immer eine starke Wurzel mehr als der Ungläubige.

Wenn der Glaubenslose die Glaubensäußerungen der Gemeinde erlebt, dann fühlt er ihren Schein auch auf seinen Weg fallen. Er sieht die Gemeinschaft der Gläubigen beim Abendmahl, und er weiß, dass sich jedes Mal aufs Neue eine Gemeinschaft jenseits von Zeit und Raum als Inbegriff von Gemeinschaft konstituiert. Pitt sitzt in der Krypta vor dem Kruzifix und sieht, dass einer „für alle" gestorben ist, einer, der ja nicht lebensmüde oder von Todessehnsucht oder Lebenssattheit wie Hiob erfüllt gewesen ist, sondern das Leben geliebt hat. Die christliche Glaubensgemeinschaft ist der Wahrheitsbeweis für eine metaphysische Gemeinschaft, die von Gleichheit und Gerechtigkeit geprägt ist – „liebende Gerechtigkeit", sagte der christliche Sozialist Eduard Heimann, an dessen profane Hamburger Predigten Pitt sich erinnert. Die unglaubliche Wahrheit der metaphysischen Gemeinschaft fasziniert den Ungläubigen vielleicht stärker als die Gläubigen. Nichts plagt unsere Neugier und quirlt unsere Phantasie stärker als der unerfüllbare Wunsch.

Der Ort der Ich-Werdung ist der Elternleib.[325] Nach der Ent-Bindung vom Elternleib gehört der Mensch zwar immer noch seiner Familie an, aber sie ist eine Erinnerungsgemeinschaft geworden, und ihre soziale Funktion geht partiell auf Zweckverbände über.

Die Kirche: der Inbegriff der Gemeinschaft, die dauert. Sie entlässt, sie ent-bindet den Menschen nicht. Sie erneuert sich in ihren Gliedern. Der (Eltern-)Leib dieser Gemeinschaft ist unsterblich, und es gibt keine Generationen, sondern nur die in Ewigkeit bestehende Geschwisterlichkeit. Die kirchliche Gemeinschaft macht Großväter und Enkel zu Brüdern. Ihr Geist kann im Gegensatz zum Leben frei in alle Richtungen auf dem Zeitstrahl tanzen. Das Abendmahl vereinigt Menschen, die vor zweitausend Jahren gelebt haben und in zweitausend Jahren leben werden. Die Tischflucht des Einzelnen zerbricht die überzeitliche Gemeinschaft nicht.

Der Charakter des Elternleibs lässt sich an vielen Plastiken Henry Moores oder in seinen Zeichnungen aus den Londoner U-Bahnschächten im zweiten Weltkrieg beobachten. Die Verwandtschaft der kirchlichen und familiären Gemeinschaft symbolisieren die Krippendarstellungen. Pitts Mutter war keine fromme Frau, aber die Krippe stand immer neben dem Tannenbaum. Vor der Krippe in der Kirche erkennen die Familien sich selbst, vor der im Haus ist die Kirche gegenwärtig. Die Krippensymbolik wurde vom II. Vatikanischen Konzils in Worten beschrieben: die Kirche sei die „Einheit", die „ewige Berufung zur Gemeinschaft", zu „Gemeinschaft und Dienstleistung". Die Glaubenden, sagt Heinrich Döring, bringen die Einheit des Volkes Gottes zur Darstellung, vor allem in den Sakramenten, der Eucharistie und in der Ehe.[326]

Im christlichen Friedens- und Liebesgebot liegt die Möglichkeit von Gemeinschaft überhaupt. Warum sollte es Gemeinschaft zwischen Menschen geben, die sich nicht als Kinder eines Vaters und einer Mutter in einer prinzipiell unauflösbaren Gemeinschaft sehen? Partnerschaften, Zweckbündnisse, Allianzen, Gesellungen, Vereine, joint ventures, ja, aber Gemeinschaften, die nicht von Interessen bestimmt werden?

Das 20. Jahrhundert war das Säkulum der großen wahnhaften Gemeinschaften, ihres Aufstiegs in rauschhaften Verzückungen, ihrer inneren Erstarrung hinter Zäunen, ihres Zusammenbruchs in Katerstimmung und Lynchjustiz an den „großen Brüdern" und Heroen des Personenkults, die von den Balkonen ihrer Paläste oder den Podien der Politarenen ihr „Ich liebe euch doch, meine Kinder" auf die Köpfe der jubelnden, Blumen und Fähnchen schwenkenden, in blaue, braune, rote, schwarze Hemden gekleideten Menschen hinunterriefen. Wenn man die jovialen Greise in der Menge der tanzenden, klatschenden, singenden „Kinder" wie in Jungbrunnen und Drachenblut gleichzeitig baden sah, erfuhr man, was Gemeinschaft nicht ist.

Gemeinschaft wird terroristisch grausam, wenn sie Zwangsgemeinschaft ist. Wo sind sie, die altgewordenen Brüder? Totgeschlagen, weggejagt, eingesperrt, vergessen. Am meisten haben sie sich vor Gott und seiner Kirche gefürchtet. In ihrem programmatischen Atheismus waren sie Gott-fürchtig, Gott war real, denn er war ein bedrohlicher Rivale. Wenn sie auf die Kirche und ihre Repräsentanten schauten, haben sie die Hohlheit und die Kurzlebigkeit ihrer nationalistisch umgatterten Pseudo-Gemeinschaften erkannt. Die Kirche ist der große, unversöhnliche Feind aller falschen Gemeinschaften. Da ist keine Gemeinschaft, die ihre zeitlose Lizenz nicht letztlich von der Kirche hat.

20

Hörer des Worts

Von einer „einladenden Kirche" spricht die Verfassung der Nordkirche in Artikel 13: Alle Menschen seien eingeladen, am Leben der evangelisch-lutherischen Kirche teilzunehmen, das Evangelium zu hören und christliche Gemeinschaft zu erfahren. „Die Kirche ist geöffnet" – ein einladendes Türschild; aber auch ein wagemutiges. Denn natürlich können Räuber oder Vandalen eindringen oder Wahnhafte können sich am Heiligen vergreifen, wie es im Jahr 1972 im Hammerattentat auf Michelangelos Pietà im Petersdom geschah. Das Jedermann-Billet ist kein Problem. Die christliche Gemeinschaft jedoch lebt in der Spannung zwischen der Bereitschaft sich zu öffnen und der Notwendigkeit sich abzuschließen, zaudert stets zwischen Tor und Mauer. Auch können dem Leib Christi neue Wunden zugefügt werden: von nicht-gutwilligen Fremden, von geistigen Unruhestiftern und Saboteuren, von Kritikern, die nur ihre eigene verquere Überzeugung im Kopf haben. Und skeptisch müsste auch ein imaginärer Türsteher die ungläubigen Christen mustern, die auf ihr Eintrittsrecht pochen, weil man ihnen vor langer, langer Zeit ein Billet auf den Weg gegeben hat, dessen Gültigkeit fragwürdig ist.

Und vielleicht ist auch zu fragen, bis zu welchem Grade ein Glaubensunfähiger auf dem Grund seiner Seele ein Gemeinschaftsunfähiger sei. Müsste die christliche Gemeinschaft, die aus dem Glauben lebt, zu ihm unter diesem Verdacht – den einer zu befürchtenden Asozialität – nicht Abstand halten?

Jede Gemeinschaft – ob zivil oder kirchlich –, sagte Rudolf Bultmann[327] mit dem Blick auf die „Polis Gottes", deren Gesetz der

Logos sei, müsse unterwegs sein zu einer „Kosmopolitie", einer „Gemeinschaft aller Menschen", die dem göttlichen und natürlichen Wollen entspreche. Sie müsse diese Aufbruchsstimmung trotz ihrer auf den eigenen Willen zentrierten Ausschließlichkeit haben. Die Menschen in der Gemeinschaft müssten sich ihres Charakters als Weltbürger bewusst sein. Der Kirche kommt dabei zugute, dass die universalen Mitglieder die „Muttersprache des Glaubens" sprechen, wie Erzbischof Werner Thissen einmal in seinem Hamburger Dom gesagt hat, in dem mehr als ein Drittel nicht deutsch sprachen (wobei er gewiss nicht an seine Kirchensprache gedacht hat).

Jede Gemeinschaft muss sich tendenziell öffnen und manchmal auch dulden, von außen aufgebrochen zu werden. Manche sehen in der Kirche auch ein ideologisches System, das ihnen eine stabile Orientierung und normative Sicherheit, auch mentale Geborgenheit, vermittelt. Wer dieses immer verführerische Angebot sehr attraktiv findet, hat die Augen vor der Universalität der Glaubensmacht geschlossen.

Auch die kirchliche Gemeinschaft unterliegt in soziologischer Betrachtung dem Gesetz, nach dem einer starken Binnenkohäsion eine manchmal forcierte Außenabgrenzung entspricht. Der Kultursoziologe Alexander Deichsel, ein Tönnies-Schüler, erinnert daran, dass Gemeinschaft nach Tönnies ein „ausschließliches Zusammenleben" ist, das bei starker Betonung eine „ethische Katastrophe" sein könne. Jeder Kreis von Menschen, die sich ihre Gesichter zuwenden, zeige eben allen anderen den Rücken. Das nennt Deichsel die „Erbsünde des Sozialen". Jeder Neuankommende in einer seit längerem etablierten Gruppe kennt den Jalousie-Effekt. In der Gefahr schwebend, misstrauisch gegenüber allen Fremden und Befremdenden zu sein, hat eine Gemeinschaft überdies besondere Gründe, einem, der dem Kern der Gemeinschaftsbildung fernsteht, mit großem Vorbehalt zu begegnen.

Nachdem sich die Kirche in einem langen und schwierigen Prozess aus der Rolle der universalen Gesetzgeberin im Sozialen auf die wesentliche Aufgabe der Seelsorge zurückgezogen hat, fällt ihr die

Öffnung der Gemeinschaft nicht schwer. Sie stützt sich auf ihr zeitloses, klug beschränktes und darum umso wirksameres Minimalkonzept: die zehn Gebote und das Gebot der Nächstenliebe, das den Fremden einbezieht. Es ist schwer einzusehen, wie ein Ungläubiger, der zudem ein Getaufter ist, dabei stören sollte.

Wenn der ungläubige Christ sein Anrecht auf Teilhabe an der Gemeinschaft behaupten will, hat es die Gemeinde ja nicht nur mit dem Ungläubigen zu tun, sondern der generellen Notwendigkeit, dass sich Individuen mit den Anderen arrangieren müssen. Das ist eine Grundfrage jeder Gemeinschaft: wie weit kann, wie weit muss sie das Individuum einschmelzen. Martin Buber, der individualistische Denker des „Ich und Du", hat in Anknüpfung an Traditionen des jüdischen Gemeinschaftslebens, angelehnt auch an frei-sozialistische Entwürfe, von den „neuen Gemeinschaften der sich berührenden Individuen" gesprochen.[328]

Wird das Individuum, ja der Individualist der Moderne, als Ungläubiger überhaupt den Weg in die christliche Gemeinschaft finden können? Dass der Mensch den unendlichen Umweg über Gott gehen müsse, um zur Gemeinschaft zu gelangen, sieht Carl Friedrich von Weizsäcker in seinen Überlegungen zur theologischen Entwicklung Dietrich Bonhoeffers. Den Nächsten könnten wir nur in Gott wirklich lieben und nur im Glauben kämen wir über die Liebe „wie uns selbst" hinaus. In der persönlichen Autonomie allein sei das Gebot „Liebe deinen Nächsten wie dich selbst" unerfüllbar. Wenn wir nicht glaubten, Gott wolle diese Liebe, die über die Selbstliebe hinausgeht – wie sollten wir erkennen, dass unsere Hinwendung zum Nächsten nicht unsere Selbstliebe ist.[329] Das autonome Ich als Gesetzgeber, das den allgemeinen Willen in sich aufnimmt: könnte das nicht ein Konstrukt jenes Vernunfthochmuts sein, der mit despotischen und notfalls mit terroristischen Mitteln das für objektiv vernünftig Gehaltene der Allgemeinheit als Gesetz aufzwingen will.

Als Individualist ist der Ungläubige gut beraten, in der Nachbarschaft des Glaubens zu leben. Eine Bedingung seiner Mitgliedschaft in der gläubigen Gemeinde ist eine als verbindlich akzeptierte Fiktion: handeln und sich verhalten, als ob Gott wäre. Auch: Das Fürwahrhalten des Glaubens, der für die Gemeinschaft wahr ist und gleichberechtigt neben jeder Vernunftwahrheit steht. Wir Ungläubigen könnten uns auf unser liebes autonomes Ich zurückziehen, wenn ...

... wenn es nicht diese schrecklichen moralischen Katastrophen gäbe, immer wieder, in uns, in der Welt; wenn wir nicht immer wieder die Abdankung des autonomen Ichs in den kleinen und großen Vorteils-kämpfen und den Räuschen kollektiver Gewalt, in Apathie, Anpassung, Feigheit erleben würden; wenn uns dieses letzte 20. Jahrhundert nicht gelehrt hätte, dass die Blüte aller idealistischen Philosophenträume in einer einzigen frostigen Nacht verwelkt, wenn es um Status, Pensionen und Karriere geht; wenn wir nicht gesehen hätten, wie Studenten Bücher verbrennen, Gelehrte den Geist exmatrikulieren, Kirchenmänner die elementaren Gebote verletzen, Offiziere auf Frauen und Kinder schießen lassen, Kapitäne als erste das sinkende Schiff verlassen[330], Ärzte töten.

Es scheint, Gott habe die Welt bis ins 20. Jahrhundert bestehen lassen, um zu beweisen, dass die Sünden-Theologie des Paulus die höhere Wahrheit sei. In der Mitte eines weitgehend werte-vergessenen Jahrhunderts in seiner moralisch-politischen Verderbtheit sagte der Moraltheologe Theodor Steinbüchel über die von Bischof Ketteler, dem Arbeiterbischof, vor hundert Jahren vertretene katholische Soziallehre: „Es ist die Tragik und die Gefährdung des Menschlichen und also auch des Politischen und Sozialen, wenn ihm die Heilkraft des Heiligen entzogen, wenn das Weltliche entheiligt, das Profane und Humane vom Religiösen und Göttlichen entleert wird."[331]

Was der Individualist in der Gemeinschaft lernt und der ungläubige Individualist in der christlichen Gemeinde doppelt lernt, sagt Paulus in seinem 1. Brief an die Korinther, die beim gemeinsamen Mahl ziemlich viel Zwietracht an den Tag gelegt haben müssen: „Darum, meine lieben Brüder, wenn ihr zusammenkommt zu essen, so wartet aufeinander." (1,33)

Christliche Gemeinschaft, sagt Karl Barth[332], sei weder Aggregat noch Organismus, sei nicht „Aufhebung, Beschränkung oder Verwischung der Andersheit der Einzelnen, sondern die gerade die Andersheit jedes Einzelnen fördernde, jeder Andersheit ihren Sinn gebende Einheit." Weil der Einzelne als Geschöpf Gottes „anders" und doch gleich ist, gibt es die Chance auf eine nicht bevormundende Gemeinschaft. Allerdings dürfe eine Gemeinschaft den Einzelnen auch ein bisschen „klein" machen, denn sie entlarve den „Titanismus" des Individuums oder – Pitt mag die ganz starken Wörter nicht – das aufgeblasene Ich.

Die „erste Kirche befindet sich im Kopf", sagt Arthur Miller, der Dramatiker der Kleineleute-Hybris. Wir haben sie im Kopf und stecken ihn doch nicht in die Kirche, weil es diesen Einspruch der Selbstliebe gibt: „dass ich Gemeinschaft und menschliche Solidarität forderte, während ich es als beinahe unmöglich empfand, in irgendeiner Versammlung zu sitzen und die dadurch implizierte Nivellierung zu akzeptieren." Viele dieser Schleiermach'schen „Gebildeten" haben nicht nur mit der Kirche dieses Problem, sondern auch mit dem von ihnen so genannten „Hinterzimmer-Mief" anderer bürgerlicher Vereinigungen, wie Parteien und Gewerkschaften. Eine Gegenoption finden wir bei John Updike, dem sein „Gemeinschaftserlebnis" in der kleinstädtischen Kirchengemeinde so intim vorkommt, auch im Physischen „unserer Körperwärme", dass er das Gefühl hat, in seiner Teilhabe an der einen der vollkommenen Gemeinschaften die andere zu verletzen und eine „Art Ehebruch" zu begehen.[333] Klaus Mann, auch er verliebt wie viele in eine „konzessionslose Unbedingtheit", hat sich von dem von Goethe und André Gide entwickelten Lebenskonzept eines „individualisme serviable" faszinieren lassen, ohne dass jedoch der „Individualismus, der sich einordnet", seine praktische Lebensmaxime sein konnte.[334]

Das Individuum in seiner Persönlichkeit wird reicher, wenn es aus den Impulsen verschiedener Sphären lebt und agiert. Lässt es sich in eine Blase einsperren, verliert es Freiheit und alle Entscheidungen werden eindimensional oder punktuell starr. Diese Sphären lassen sich als Gesetz,

Gewissen, Gemeinschaft und Glauben beschreiben (4-G-Formel). Empfängt die Persönlichkeit Signale aus allen vier Sphären, erreicht sie einen als harmonisch empfundenen Zustand der Lebensgewissheit.

Die 4-G-Formel bestimmt unseren Standort und ermöglicht eine Kursbestimmung. „Navigare necesse est" schrieben Bremens Seefahrer und Kaufleute über das Portal ihres „Hauses Seefahrt", in dem auch die uralte Schaffermahlzeit als eine Benefiz-Tischgemeinschaft ihre Wurzeln hat. Den zweiten Teil des antiken Satzes, der die Seefahrt für nötig hält, aber das Leben nicht, haben die Schaffer zeitgemäß eliminiert. Es kommt nur auf die seemännische Fähigkeit an, in der Weite des ortslosen Meeres, das oft von Stürmen bewegt und von Dunkelheit überwölbt ist, die Richtung aller Entscheidungen zu bestimmen.

Navigation ist die zentrale Kunst des Lebens. Heute schalten die Millionen ihre „Navis" ein. Sie entscheiden nicht über ihr Schicksal, jedoch darüber, ihre Ziele als Navigatoren des Selbst zu erreichen. Der moderne vieldimensionale Mensch hat klug gelernt, sich nicht allein auf sich gestellt durch die existentielle Weglosigkeit voran zu tasten, sondern sich kunstvollen Navigationssystemen anzuvertrauen, die mit Signalen arbeiten, die nicht aus uns kommen, sondern buchstäblich „von oben". Zur genauen Ortsbestimmung in den Längen, Breiten und Höhen des Raums braucht der Navigator seiner Selbst mindestens vier Signalquellen, die der Sicherheit halber aus einem halben oder einem ganzen Dutzend Satelliten – die buchstäblich, nicht nur metaphorisch – „ über uns in unermess'nen Höhen" (Schiller) kreisend schwirren. Im Schnittpunkt von drei bzw. vier Kugelflächen oder Sendekreisen, auf die Funksignale in genauer Zeitmessung auftreffen – man könnte sie mit in einander verschachtelten Schalen vergleichen – erkennen wir unseren Standort, den Punkt der Entscheidung in Raum und Zeit, vergewissern wir uns im Ungewissen. In der Sequenz von Millisekunden orientieren wir uns in Länge und Breite und Höhe unserer existentiellen Landschaft neu.

Die 4-G-Formel betrachtend, muss Pitt nicht mit vier Gleichungen mit vier Unbekannten operieren, wie das im Konzert der

Satellitenfunker geschehen muss. Er hat es mit einfachen Beziehungen substantiell einfacher Signale zu tun. Im Zusammenspiel zweier Signale entsteht kein klares Standort- und Orientierungsprofil, ein drittes und nach Möglichkeit ein viertes muss hinzukommen. Stellen wir uns vor, nur jeweils zwei Signale wirken zusammen oder zwei Signalquellen fließen ineinander, das dritte und vierte Signal fehlen.

Die vier Signalquellen sind diese: das Gesetz, das in einer demokratischen Verfassung beschlossen ist; das Gewissen, das seinen Ort in der vorstellbaren („intelligiblen") Person hat, die alle idealen Selbstnormen erfüllt; die weltliche Gemeinschaft unserer Herkunft aus Familien, Landschaft, Sprachräumen; der Glaube an die gemeinsame Gotteskindschaft. Wir betrachten die Wirkungen der Signale auf uns und unsere Entscheidungen, nicht auf die politische Gestaltung der Ordnungssphären.

Gesetz und Gewissen als Signalquellen allein: Wenn das Gesetz als wichtigste Signalquelle für alle mit dem Gewissen kooperiert, lebt der Empfänger des Signals in einer idealen, vielleicht etwas langweiligen staatlichen Ordnung; denn es gibt keine Gründe für einen Widerstand.

Gesetz und Glauben allein: Es herrscht eine Sehnsucht nach der Symbiose von „Thron" und „Altar", in der vor-moderne Mensch lebten, im Extrem die Neigung zur Etablierung mental-autoritärer Ordnungen auch in der Gegenwart.

Gewissen und Glauben allein: Wir schließen uns Gruppen außerhalb der zivilen Gesellschaft an, etwa den evangelikalen Asketen, den Mystikern, den „Narren in Christo", den Terroristen einer herrschsüchtigen Liebe und fühlen uns als Hätschelkind Gottes. Dieses Doppelsignal vermittelt aber auch die Kraft zu tapferen Entscheidungen gegen Strömungen der Zeit.

Gemeinschaft und Gesetz allein: Wir tendieren zu nationalistischem oder partikularistischem Denken, beschäftigen uns mit Ab- und Ausgrenzungen und bauen Mauern.

Gemeinschaft und Gewissen allein: Wir sehen auf die Herkunftsbande von Stämmen, imaginären Blutverwandtschaften und heimatlicher

Verwurzelung und können so stark gebunden werden, dass wir schlimmstes kollektives Unrecht begehen ohne das Gefühl, einen Verlust von Anständigkeit zu erleben (der Himmler-Effekt, abgeleitet aus seiner berüchtigten Rede zum Mord am jüdischen Volk).

Glaube und Gemeinschaft allein: Wir fügen uns der traditionellen Moralvorstellung, seufzen unter dem Joch der Sitte und genießen die Geborgenheit des Brauchtums, wir partizipieren an volkstümlicher Frömmigkeit in ihrem folkloristischen Dekor, wie Ferdinand Tönnies die christlich geprägte Gemeinschaft geschildert hat (ohne den Gegenpol „Gesellschaft"). Wir neigen dazu, jahrhundertealte Diskriminierungen, für die sich biblische Quellen finden, für gerechtfertigt zu halten. Oder wir rechtfertigen Privilegien, wie es der nationalreligiöse Publizist Uri Elitzur, ein Neo-Zionist, tat: „Ohne die biblische Erzählung sind wir nichts weiter als eine kolonialistische europäische Siedlungsbewegung."[335]

Jeder mag sich vorstellen, wie das jeweils dritte und vierte zusätzliche Signal, ergänzend oder ersetzend, auf die Orts- und Kursbestimmung des Empfängers wirken. Jeder mag sich vorstellen, was er mit einer bestimmten Signalquelle entbehrt. Jeder mag sich vorstellen, auf welches zusätzliche Signal er lauschen und spähen sollte, um seine existentielle Entscheidung sicherer und stabiler und – vielleicht – besser zu machen. Jeder mag sich vorstellen von welcher Signalkooperation ein ihn befriedigendes Lebens gerahmt werden könnte. Dabei kann auch eine wertende Reihenfolge der Signale betrachtet werden, was in der Nanosekundenschnelle im Orbit nicht möglich ist. Gewiss ist auch vorstellbar, einer lebe nur im engen Lichtkreis einer einzigen Signalquelle, doch das widerspräche der Fülle des Humanen.

Da ist Huckleberry Friend, den Audrey Hepburn in ihrem Film „Frühstück bei Tiffany", träumend am Fenster sitzend, in der hinreißenden Weise des „Moon River" besungen hat. Ein Vierzehnjähriger in der kleinen Stadt St. Petersburg am Mississippi. Huckleberry Finn, anarchisch pubertierend, empfängt die Signale, alle vier. Er hat in der Kirche viele Predigten gehört, „immer von Nächstenliebe und lauter so lang-weiliges Zeug". Er versteckt den entflohenen Sklaven Jim, und er weiß, dass er nach dem Gesetz und dem südstaatlichen Gemeinschaftsbrauch eine „Todsünde" begeht. Seine Reise auf dem Floß wird eine Reise durch sein Gewissen, das ihn „arg bedrängt". Er weiß sich unschuldig an Jims Flucht, meint aber, dem Gesetz folgen und ihn anzeigen zu müssen. Er beschließt, seiner Eigentümerin, die mit ihren Sklaven immer gebetet hat, in einem Brief zu sagen, wo sie ihn finden könne. Er will auch Gott in einem Gebet sagen, dass er seine Sünde bereue, ja, er will ihn fragen, ob er den Brief schreiben solle. Er entscheidet sich, erst den Brief zu schreiben und dann zu beten. Er erkennt, wie nah er doch der „hölli-schen Verdammnis" gewesen sei. Und dann sieht er Jim, der glückstrahlend vom Leben seiner Familie in Freiheit fabuliert. „Ich zitterte ordent-lich, weil ich fühlte, dass ich für immer zu wählen hatte zwischen Gut und Böse. Ich dachte 'ne Minute mit angehaltenem Atem nach und sagte dann zu mir: ,Nein, lieber will ich in die Hölle kommen.'" [336] Und Mark Twain lässt ihn den Brief zerreißen. Er hat die vier Signale fabelhaft und hintersinnig strahlen lassen.

Der Ratsherr Joseph von Arimathia, der auf Signale aus dem Königreich Gottes gewartet hatte, war ja ein Politiker. Politiker handeln eher aus Überzeugung als aus dem Glauben. Ein „Ratsherr" war der Senator und Bundeskanzler Helmut Schmidt auch. Er sei aus „fester Überzeugung" eines der Millionen Mitglieder „unserer Kirche". Von sei-nem Glauben spricht er Anfang Oktober 1987 in der Hamburger Niko-lai-Kirche. Er habe sich „sehr schwer getan" mit dem lutherischen Glau-bensbekenntnis, und „schwer fällt" ihm der Glaube an Auferstehung und Trinität. Glaube „tief im Grunde der Seele" komme wohl aus dem früh erlebten Gemeinschaftlichen. Der Mann, der Marc Aurel, Kant und Karl Popper schätzt, bekennt: „Ich brauche das Vaterunser und die Gebote". Braucht er Gott? Aber er hört das Signal der Hoffnung auf „sein Reich und die Kraft und die Herrlichkeit", auf seinen Willen, der „also auch auf Erden" geschehe. Soll nicht auch der Ratsherr von Arimathia auf eine solche weltliche Königsherrschaft Gottes gewartet haben? Helmut und Loki Schmidt haben sich im Krieg – was für sie nicht selbstverständlich gewesen sein mochte – kirchlich trauen lassen, durchaus im säkularen Sinn davon überzeugt, „dass die christliche Kirche den Kern werde bilden müssen, von dem aus die Übriggebliebenen ein anständiges Leben neu aufbauen mussten". Und der Sozialdemokrat zitiert den Wandsbeker Mitbürger Mathias Claudius, der im „Abendlied" seinen Gott nicht um den gesegneten Schlaf für sich allein bittet, sondern für „unsern kranken Nachbar auch".[337] Als Inhaber hoher politischer Ämter habe er „keinerlei Gewissenszweifel" empfunden, wenn er seinen Amtseid mit der religiösen Zusatzformel leistete, weil er Respekt davor hatte, dass die Mehrheit der Bürger an Gott glaube und die „Anrufung Gottes" erwarte. Trotz seiner „Distanz" zum Christentum, die begleitet sei von religiöser Toleranz, wolle er Mitglied seiner Kirche sein, obwohl er bezweifele, dass Martin Luther oder der Vatikan ihn als Christen anerkennen würden.[338]

Diese Position des distanzierten kirchentreuen Christen wird von Theodor Fontane ausgedrückt, der in seinen Plaudereien einen Protagonisten sagen lässt: „Die Zehn Gebote, zu denen ich mich freudig bekenne, mögen mir unbequem werden, und die Heilslehre kann mir, sei's durch meine Schuld oder mein Schicksal, ihren Dienst und ihren Segen versagen, aber ich kann nicht erschüttert werden in meinem Glauben an ihr Recht und ihre Größe."[339]

Hörer des Worts sind sie alle, die gläubigen wie die unberufenen Christen und Menschen außerhalb der Kirche. Auch die gläubigen Christen sind keine gehorsamen Hörer des Worts und tragen allein die Verantwortung für Entscheidungen. Es fällt ihnen vielleicht nicht so schwer wie anderen, den Rat und die Wegweisung durch die normative Autorität zu verstehen und als Hilfe zu akzeptieren. Dass Gläubige gehorchen, stellen sich die rationalistischen Kritiker kirchlicher Autorität gern vor, um ihr Angriffsziel nicht zu verdunkeln.

Alle Hörer des Worts wissen, dass auch das staatliche Leben ohne das Korrektiv einer anschaulich-hörbaren Bergpredigt kälter und dürftiger wäre. Auf der harten Hörerbank sitzen die ungläubigen Christen Rücken hinter Rücken. Aber sie hören und schauen, was sich am Altar im Kreis der sich stets erneuernden Gemeinschaft vollzieht, und dann spüren sie vielleicht die Licht- und Wärmequellen, die vom Abt Steinmetz ausgegangen sind. Dieser Hörertyp – wenn es ihn 1786 in St. Severini im Vierländer Kirchwerder schon gegeben hätte – brauchte nicht die Aufforderung des Pastors Georg Bernhard Grautoff, die „Kirchenstellen", also die Gestühlsplätze, von allerlei exklusiv aufwändig gestaltetem „Gitterwerk und anderen Augenlügen" zu befreien, damit die Sicht des hinteren Nachbarn auf Altar und Hirten nicht behindert werde und die Gemeindemitglieder nicht „während des Gottesdienstes plaudern und schlafen können".[340]

Brauchen die streitenden weltlichen Parteien nicht manchmal ein Schiedsgericht, das eine Autorität über den Streitparteien bezeugt? Und wenn sie sich in gemeinsamer Interessenlage einig sind, ist es gut, wenn die Gemeinschaft, die das Wort ihres Herrn bezeugt, wachsam ist. Wie schwer es ist, eine Gemeinschaft wach zu halten, selbst wenn Gefahr oder die Willkür der Unmenschlichkeit drohen, hat Jesus in der Nacht vor seiner Verhaftung erfahren. Als er die Jünger bat, mit ihm zu wachen, schliefen sie ein. Vielleicht hätte er nicht nur seine Anhänger – die sich im Grunde ihres Herzens auf göttlichen Schutz verlassen haben – um den Wachdienst bitten sollen.

Auch die Gottlosen folgen dem vernünftigen Gesetz, das in ihr Herz eingeschrieben ist, und ihre Tugenden sollen nicht, wie Augustinus es tat, als „glänzende Laster" abgetan werden. Alle Gemeinschaften der Welt sticken das Muster des „anständigen" Verhaltens in die Seelenhaut. Das gemeinschaftliche Muster, das selbstentworfene, das Muster des Zeitgeists und das außerweltlich-ewige Muster liegen auf transparenten Folien übereinander. Welches Muster zeigt die klarsten Konturen? Irrungen und Wirrungen gibt es überall. Auch die christliche Gemeinschaft kennt den friesischen Pastor, der um viele Schiffbrüche und kostbares Strandgut betet.

Und auch der große Selbstdenker Kant ist ein Theologe, so realistisch-skeptisch im Urteil über die menschliche Natur wie Moses, Paulus und Luther. Er leitet seine Religionslehre mit Betrachtungen über das „radikale Böse in der menschlichen Natur" ein. Die „Quelle alles Bösen" sieht er in der „Selbstliebe", nicht in unserer unschuldigen lebensfreundlichen Selbstverliebtheit und Eitelkeit, sondern einer Selbstliebe, die das „Prinzip aller unserer Maximen"[341] ist, der Ich-Sucht. Wir können ja die fortschreitende Individualisierung seit Adams Tagen, die in ewig neuen materiellen und intellektuellen Spielräumen forcierte Schübe erfährt, nicht rückgängig machen wollen. Wir können auch das Konkurrenzmodell der Selbstentfaltung nicht blinden zentralen Apparaten opfern. Und auch unsere Loslösung und unsere Tischflucht lassen sich durch Umkehr nicht ungeschehen machen. Aber wir brauchen die erlebbare, sichtbare, hörbare Gegenkraft der Tischgemeinschaft, die uns in ihrer taktvollen Aufdringlichkeit zwingt, unsere Ellbogen eng an den Körper zu legen. Wir sollten darüber nachdenken, wenn Bazon Brock, der originelle Ästhetiker, der sogar Kurse für „Diplom-Gläubige" anbietet, uns „Zuhören, Zusehen oder Betrachtung" lehrt und meint, die Selbstverwirklichung sei ein „Ideal der Vollidioten"[342].

Der Hörer braucht das Wort, aber wie traurig ist das Wort ohne den Hörer. Musiker, die in einem Orchester musizieren, mögen ihre Freude und ihr Genügen am gemeinsamen Spiel haben. Welch ein Schwung und welch Enthusiasmus ergreift aber alle, wenn sie vor einem Hörer spielen, der nicht spielt, sondern nur aufmerksam und dankbar hört. Die Gemeinde ist ja nie Publikum, sie ist Trägerin des Wortes und Gestalterin des gottesdienstlichen Geschehens. Das Publikum sind, wenn man es recht bedenkt, nur wir ungläubigen Christen oder Gäste von fern und nah. Natürlich braucht die Gemeinde kein Publikum, aber vergessen sollte sie nie, dass Jesus immer ein Publikum gehabt hat, sogar bei seinem grausamen Sterben. Nur beim letzten Abendmahl war die kleine Gemeinde unter sich. Zwar hatte sie einen Whistleblower in ihrer Mitte, aber auch als der ging, hatte er eine verzweifelte Liebe in seinem Herzen.

Wir ungläubigen Christen sind empfänglich für die Signale aus der Sphäre des Glaubens. Wir könnten sie empfangen, ja, sie für unsere Ortsbestimmung nutzen und müssten nicht Mitglieder der Kirche sein. Wir wollen nicht auf die Kirche hören, aber wir wollen sie hören.

In der Mittagsstunde sitzt das Pittpaar in Hamburgs Sankt Michael. Eine blendende Sonne scheint durch das klare Fenster über dem Altar auf die Gesichter. Wieder einmal wird die strahlende Hauptkirche für ein Weltrettungsforum der berühmten Wochenzeitung in guter Absicht profaniert, und oben auf der Empore, in der oft herrliche Chöre Oratorien darbieten, ist schon das Mittagsbüfett gerichtet. Die große Versammlung, angestiftet durch die prominenten Zeitgeister vor der Multimediawand, soll über „Klima, Markt und Werte" streiten. Will der Hauptpastor das kleine Sakrileg rechtfertigen? Paul Röder tritt an den weltlichen Ambo für ein Grußwort. Zehn Minuten spricht er über die Bewahrung der Schöpfung in einem so umfassend eindringlichen Tenor, dass sich die Zeitung die aufwändige Veranstaltung hätte sparen können.

Wir sind Hörer des Worts. Wir sitzen auf der Bank der Hörer, ohne Polster, gerade, ohne Rückenlehne. Wir reden nicht, wir singen nicht, wir essen und trinken nicht (es sei denn entgeltlich beim Kirchenbasar). Aber wir hören voller Neugier, voller Spannung, voller Irritation, voller Verwunderung auf das Wort, das in der Kirche „geschieht", wie es im „Wort und Bekenntnis Altonaer Pastoren in der Not und Verwirrung des öffentlichen Lebens" heißt, das Pastor Georg Sieveking in der Altonaer Kirche am 11. 1. 1933 verlas.[343]

Wir sitzen eine Stunde lang auf der Bank der Hörer und lauschen dem Signal der totalen "Andersartigkeit"[344], schauen durch ein paulinisches Schlüsselloch in eine uns fremde Gegenwelt voller Hoffnungen und Verpflichtungen, voller Freiheit und Zwänge, voller Barrieren und Durchblicke, in den Raum hoher Spiritualität und konkreter menschlicher und mitmenschlicher Praxis. Wir sitzen eine Stunde auf der Bank oder vor dem Radio und dem Bildschirm. „Die Philosophie hatte uns gelehrt, wie man eine Stunde verbringt", sagt Pascal[345], aber wir erfahren, dass eine Stunde eine zweitausendjährige Geschichte erzählen und eine Ewigkeitspanne umfassen kann.

Mitgliedschaft bedeutet immer Engagement, auch in einer passiven Form. Als Mitglied einer politischen Partei oder eines Verbandes treten wir heraus aus dem allgemeinen folgenlosen Gerede und der Internet-Klickerei und hinein in verantwortliche Mittäterschaft. Für den Kirchenbürger gilt das innerhalb der Grenzen des Glaubens. Was aus einer Organisation, der wir angehören, an unsere Ohren dringt, ist nicht einfach ein beliebiges Meinungspartikel im gewaltigen pluralistischen Konzert. Wir hören genauer hin, wir sind konzentrierter und disziplinierter im Hinhören. Denn das Wort ist wichtiger, es gewinnt das Gewicht der Tat. Auch wo die Mitgliedschaft bloß formell ist, ist sie immer in geistig-moralische Haftung getaucht. Wir sind einbezogen in das „Geschehen" des Wortes und können uns nicht in flatterhafter Unverbindlichkeit durch Lärmkulissen bewegen. Wir ungläubigen Christen unterwerfen uns in der Kirche einer gewissen Disziplin und Regelmäßigkeit des Hinhörens. Als Hörer des Worts im Raum der „Erziehungsmacht" Kirche, von der die Altonaer Pastoren in ihrem Bekenntnis sprachen, sind wir bereit, unser Hörergeld zu entrichten, wohl wissend, dass wir nie einen Grad erreichen. Im Signal aus dem Glauben öffnet sich uns eine Erfahrungswelt und eine Erlebnisquelle, von der wir wissen, dass sie die Family of Man in ein helleres Licht stellt.

21

Bittschrift an die Leitenden der Christenheit und alle Gemeinden

Hamburg-Wandsbek, Pfingstmontag 2019
Gestatten Sie Pitt, Ihnen eine Bittschrift zu überreichen, von der er annehmen darf, dass er in ihr nicht nur für sich, sondern für einen Kreis von Kirchenmitgliedern spricht, der nicht klein sein könnte.

Bitte, erlauben Sie den ungläubigen Christen, loyale Mitglieder Ihrer Kirche zu bleiben, auch wenn sie öffentlich bekennen, an Gott, Sohnschaft und Auferstehung nicht zu glauben. Sie achten alle Gläubigen. Die allein haben das Recht, über die Mitgliedschaft der getauften Ungläubigen zu entscheiden.

Die Bittschrift steht am Ende eines Essays, den Sie nicht in allen seinen Teilen lesen müssen. Er soll nur ein Nachweis dafür sein, dass sich der Bittsteller ernsthaft, verantwortungsvoll und gründlich mit allen Fragen, die für ihn wichtig sind, beschäftigt hat. Er ist Volkswirt mit autodidaktisch erworbenen Kenntnissen der biblischen und kirchlichen Lehre. Er hat sorgfältig alle seine Quellen notiert, und er bittet Sie um Nachsicht, wenn er von ihnen nicht den rechten Gebrauch gemacht hat; er ist ein alter Mann.

Die Problematik, in der sich ungläubige Mitglieder Ihrer Kirchen sehen, ist allen Leitenden der Kirchen bewusst, doch in ihren pastoralen, empirisch-analytischen und kirchenpolitischen Überlegungen wird sie an den Rand der Unsichtbarkeit oder in ein Feld der Undenkbarkeit gedrängt. Der von Pitt geschätzte Publizist Klaus Harpprecht, Sohn eines protestantischen Pastors in Leitungsfunktion, hat in einem Artikel in der Wochenzeitung „Die Zeit"[346] – einer von vielen gelesenen Zeitung – von einer „christlichen Lebenslüge" gesprochen, und nirgendwo haben wir von Ihnen ein Wort der Zurückweisung gelesen. Das Phänomen der Mitgliedschaft von Ungläubigen wird in die diffuse Beschreibung einer distanzierten Mitgliedschaft auf dem Boden des Glaubens gehüllt. Wie begegnen Sie den Christen, die sagen: ich glaube nicht und ich werde nicht glauben, aber ich will die Mitgliedschaft in meiner Kirche, die mir durch die Taufe gegeben wurde, bewahren und die Kirche nicht verlassen.

In Pitts Versuch sind manche Gründe für diese Haltung beschrieben. Aber hinter Gründen gibt es immer einen einzigen Grund, der unsere Entscheidung bestimmt. Pitt als einer von Millionen ungläubiger Christen will ihn in seiner persönlichen Sicht so beschreiben: Die Kirche als verfasster Glaube ist ein in seiner menschlichen Weisheit, seiner geistigen Ausstrahlung und institutionellen Dauer unermesslich kostbares Gut, das bis ans Ende der Welt erhalten bleiben soll.

Als Benedikt XVI. am 22. September 2011 als erster Papst im Deutschen Bundestag sprach, erinnerte er – auch in seiner Rolle als Inhaber des Heiligen Stuhls und Partner innerhalb der Staatengemeinschaft – die parlamentarischen Gesetzgeber an die im Buch der Könige ausgesprochene „salomonische Bitte". Der junge König, dem Gott im Traum eine Bitte gewährte, hatte sich gewünscht: „Verleih deinem Knecht ein hörendes Herz, damit er dein Volk regieren und das Gute vom Bösen zu unterscheiden versteht."[347] Die Luther-Bibel (1. Kön. 3, 9) spricht vom „gehorsamen" Herz, was dem Gemeinten wohl näher kommt, doch die päpstliche Fassung gefällt Pitt besser. Als ungläubiger Christ will er den Glauben hören, aber auf ihn hören kann er nicht, weil er ihm im Kern verschlossen ist. Hören mit Herz und Verstand kann er auch als ein in die Kirche verlaufener oder geladener Gast ohne den Status der Mitgliedschaft, aber ein Gasthörer ohne Matrikel will er nicht sein.

Pitt bittet die leitenden Geistlichen, für die ungläubigen oder unberufenen Christen einen Mitgliedschaftsstatus „auf der untersten

Stufe" (Kapitel 18) an der Peripherie der Zugehörigkeit, in einem eben noch institutionell fassbaren und rechtlich definierbaren Begriff, einen Haltegriff für „des Glaubens Genossen" (Kap. 19) zu entwickeln.

Wie ein Vermerk in einem Pass, der die Zugehörigkeit zu einer verfassten Gemeinschaft verbrieft, nicht wie ein Stirnsmal, soll das Attribut „ungläubig" oder „unberufen" oder „glaubenslos" („gottlos" hat diese biblisch-bedrohliche Konnotation) beglaubigt werden als die formelle, offene Erlaubnis, an den kirchlichen Vollzügen, die nicht das Sakramentale berühren, legitim teilnehmen zu dürfen. Pitt bevorzugt das Attribut „ungläubig", weil es an die Redensart vom „ungläubigen Staunen" erinnert, mit dem er Kirchliches betrachtet.

Entscheidend für ihn ist: er lebt nicht länger in der Unwahrhaftigkeit, nicht länger in dem peinlichen Zwang, seinen Unglauben verschleiernd dadurch zu offenbaren, dass er beim Glaubensbekenntnis stumm bleibt. Der schweigende Mund eines unentdeckt Ungläubigen, der Zeuge eines kultischen Vollzugs ist, kann eine Lüge sein, ein „falsch Zeugnis". Ein Visum, das dem Glaubenslosen in der Kirche ein Daueraufenthaltsrecht gewährt – ist es vorstellbar? Kann man aus einem Schein-Christen einen Visum-Christen machen? Erleben wir das Mitglied einer Kirche, das in seinem unvollkommenen Status sichtbar wird und in dieser Sichtbarkeit akzeptiert ist und nicht zur Verstellung gezwungen ist? Dabei ist die Gefahr, dass ein ungläubiges Kirchenmitglied „entdeckt" wird, offenbar gering, denn die fünfte EKD-Erhebung über Kirchenmitgliedschaft hat festgestellt, dass die Mehrzahl der Mitglieder protestantischer Kirchen sich dafür entschieden hat, die „Gründe und Konturen ihres Glaubens anderen gerade nicht mitzuteilen."[348]

Pitt will sich nicht darauf verlassen, dass die Kirchen einem glaubensunfähigen, ja glaubensunwilligen Mitglied ein Interdikt in seinen strengeren oder lässlichen, praktisch schier irrelevanten Formen nur folgenlos auferlegen kann. Aber auch das gehört zur Ehrlichkeit des Status': dass über ihn gesprochen wird und dass er definiert wird. Als ein

Asylrecht der Kirche gegenüber ihren Mitgliedern, die wesentlich nicht berechtigt sind, einer gläubigen Gemeinschaft anzugehören.

Dazu gehört auch die Frage, ob es den Begriff des ungläubigen Christen überhaupt geben dürfe. Von Kanzel und Katheder sollte festgestellt werden, dass er kein Oxymoron der Unmöglichkeit sei. Viele Menschen, die sich in ihrer außerkirchlichen Christlichkeit, ihrer atheistisch-humanistischen Verpflichtung oder in Gleichgültigkeit von der Kirche abgewandt haben, sind für den Bestand der Kirche hundertmal negativer zu beurteilen als die treuen Ungläubigen, die sich in der großen Kirchenmitgliedschaft verbergen.

Diese Ungläubigen stehen nicht im Fokus von Sekretariaten für die Ungläubigen oder von Strategien der inneren Mission oder pastoralen Bemühungen der Heimholung. Sie wollen dort nicht stehen. Für ihren Unglauben muss es ein Berührungsverbot geben, das auf der Toleranz vor dem Andersein im Milieu des Christlichen beruht.

In vielen Organisationen, in denen auch geistige Haltungen eine Rolle spielen, finden sich Teilgruppen zusammen, die kein Eigenleben führen wollen, aber in ihrer Eigenart als konstruktiver Teil der größeren Gemeinschaft gesehen werden möchten. Das ungläubige Kirchenmitglied kann am Gemeindeleben unbefangener, offener und den Gläubigen zugewandt teilnehmen, wenn es sich nicht verstellen muss, nicht darstellen muss, was es nicht ist. Aber auch nicht befürchten muss, einer inquisitorischen Neugier oder mentalen Befremdung zu begegnen. Ob eine Gemeinschaft von Gläubigen und Ungläubigen – „was für ein Teil hat der Gläubige mit den Ungläubigen" (2. Kor.6, 15) – für die Gemeinde eine Zumutung sein kann, muss in einem Diskurs betrachtet werden, an dem der Ungläubige nicht teilnehmen kann. Aber was sollte eine Gemeinde dagegen einzuwenden haben, dass ihre Gläubigkeit ihn umfängt? Ist ihre Behutsamkeit nicht meilenweit entfernt von jenem strahlenden Lächeln der Sektenmissionare, die den an der Haustür Heimgesuchten in der Karwoche mit einer überschwänglich vorgetragenen Einladung zum Abendmahl überfallen?

Und wen kann es stören, dass der ungläubige Christ nur ein Hörer des Worts ist und nicht mehr, dass er nicht mit allen betet und nicht kommuniziert, vielleicht sogar ein stummer Gast ist. Er steht nicht als Zaungast hinter dem Pfeiler, sondern hat einen Platz in der Gemeinschaft, der er vielleicht auch einen Dienst, der nicht vom wesentlichen Geist erfüllt sein muss, erweisen kann. Dass er den Glauben, den er nicht hat, erleben, er eine Dimension der Wahrheit, die ihm verschlossen ist, erfahren kann.

Alle Argumente, die der ungläubige Christ in schwankender Selbstreflexion für seine Kirchenmitgliedschaft ins Feld führt, werden ihm selber gerecht, nicht der Gemeinschaft, deren Mitgliedschaft er nicht verlieren will. Nur die Gemeinschaft kann einen Grund dafür nennen – und er wäre der Tropfen, der eine Tonne wiegt –, warum sie ihm die Mitgliedschaft erlaubt. Sie kann zu einem Mitglied, dem die substantielle Voraussetzung für die Mitgliedschaft fehlt, sagen: weil sie für dich aus welchen Gründen auch immer wichtig ist, wertvoll, vielleicht unverzichtbar, wollen wir dir das Privileg der unbegründeten Mitgliedschaft geben. Wir wissen ja, woran wir mit dir sind. Deine Mitgliedschaft ist fragwürdig, aber ehrlich. Und bei der Nennung des „Tropfens" denkt Pitt an seine Großväter, den evangelischen August Klostermeier und den katholischen August Peter, an den Pater Augustinus mit seinem Ewigkeitsanspruch und an den „Auditor" und autodidaktischen Philosophen Augustinus, der von seiner Mutter Monica in seinen „Bekenntnissen" sagte, sie habe an ihrem Mann, dem „Glaubensfernen"[349], manches ertragen: aber der saß an ihrer Seite in der Nähe des Glaubens.

Obwohl seit achtzig Jahren Mitglied seiner Kirche, hat Pitt nicht das Gefühl überwunden, in einer Teilnahme am Gottesdienst oder einer der rituellen Feiern, ja, schon beim Betreten von Kirchen, ein Eindringling zu sein, ein Unbefugter, vielleicht ein Lästerer. Das Gefühl der Unzugehörigkeit verwandelt sich leicht in das peinliche Empfinden einer Ungehörigkeit. Es reicht wohl nicht, ihm dieses Empfinden als eine Überempfindlichkeit mit vielen biblischen Zitaten, von denen auch er eine Sammlung hat, auszureden. Ihm fehlt das Sensorium für das Geheimnis. Wir sind zwar – um die Begriffe der Erklärung von „Dominus Jesus" zu übernehmen – keine „Fremden ohne Bürgerrecht", denn das haben wir durch die Taufe erworben, wir sind aber nicht „Mitbürger der Heiligen und Hausgenossen Gottes". Wir tragen durch unser Scherflein und unser positives Grundverständnis für alle kirchlichen Belange zum Gelingen einer Organisation des Heils und der Hoffnung bei, doch von den Benefizien, deren Schlüssel der Glaube ist, sind wir ausgeschlossen. Wir nehmen nur das uralte Brot des Worts, in dem jedoch, das wissen Sie besser als Pitt, die Anfangsenergie eines Urknalls steckt.

Wir hören das Wort der Kirche, in der wir keine Idealisten und Moralisten erleben, sondern Täter des Wortes und Mitglieder einer Gemeinschaft, die in der offenen Gesellschaft mit ihren konkurrierenden Normen die Kraft der Glaubenswahrheit, die eine unantastbare Quelle des Wissens ist, bezeugen. Wir unberufenen Christen haben – es bleibt erstaunlich – Zutritt zu dieser Gemeinschaft, wenn auch keinen Zugang. Wie können sich die konstitutionell Ungläubigen und die christliche Gemeinschaft wechselseitig das Angebot eines vertrauensvollen Zusammenwirkens innerhalb einer Kirche jenseits des Berufungsschicksals machen? Kann es eine praktische Gemeinschaft zwischen Gläubigen und Ungläubigen innerhalb der Gemeinschaft der „berufenen Heiligen" (Paulus) auf einem institutionellen, statutarischen Boden geben, eine flexible Förmlichkeit für das Zusammenleben von Gemeindemitgliedern, von denen die einen die Gabe ihrer Berufenheit und die anderen das Los des Unglaubens haben? Sind Ligaturen zwischen Gemeinschaften und losgelösten Einzelgängern möglich?

Die Kirche als die stabilste Organisation in der Zeit kann in kommenden Jahrhunderten in Zonen der Schwächung eintreten, in denen die verlässliche Partnerschaft eines Freundeskreises nützlich und förderlich sein kann. Er kann gar nicht eng genug mit Ihrer Kirche verbunden werden.

Vielleicht findet ja einmal ein Pfingstmahl statt, an dem alle Genossen unabhängig von ihrer Glaubenshaltung teilnehmen, an einem Tisch der Gemeinschaft, an dem das alte Brot frisch und knusprig wird und an dem Reden gehalten werden, die den Gast nicht als verlorenen Sohn, sondern als adoptiertes Familienglied oder Freund von einer noch namenlosen Insel der Glaubenslosen begrüßen.

Mit einem hochachtungsvollen, freundlichen Gruß

Ihr Pitt

Anmerkungen

Kap. 1

1 Gemeinschaft und Gesellschaft. Grundbegriffe der reinen Soziologie, Darmstadt 2010
2 Über die vierfache Wurzel des Satzes vom zureichenden Grunde, Großherzog Wilhelm Ernst Ausgabe, III. Band, Leipzig o. J., S. 19
3 Pitt, Vier erfinden ihren Vater, Roman-Essay, Kap. „Vaternamen", Norderstedt 2018
4 Theaterstück von Tennessee Williams; Film von Richard Brooks, 1958.

Kap. 2

5 Buch VIII, Kap. 10-11, 1160 a
6 Mancur Olson jr., Die Logik des kollektiven Handelns – Kollektivgüter und die Theorie der Gruppen, Tübingen 1968, Seite 30
7 Hans Küng, Strukturen der Kirche, München 1987, S. 357
8 Helmut Thielicke, Auf der Suche nach dem verlorenen Wort – Gedanken zur Zukunft des Christentums, Hamburg 1986, Zitate Seiten 14, 108, 45
9 „Drum prüfe, wer sich zahlend bindet" von Reinhard Bingener, Frankfurter Allgemeine vom 3. 5. 2019, S. 2
10 „Drastischer Anstieg der Kirchenaustritte vor allem bei Katholiken", Frankfurter Allgemeine vom 20. Juli 2019, S. 1
11 Fernando Pessoa, Das Buch der Unruhe des Hilfsbuchhalters Bernardo Soares, Zürich 2003, S. 13
12 Bernhard Schimmelpfennig, Das Papsttum – Grundzüge seiner Geschichte von der Antike bis zur Renaissance, Darmstadt 1988, S. 21
13 Sven Becker, Matthias Gebauer, Diamantenjäger, Der Spiegel vom 20. 1. 2019, Seite 25
14 Michael Walsh, Christen und Cäsaren – Die Geschichte des frühen Christentums, Würzburg 1988, S. 17

Kap. 3

15 Die Darstellung folgt Johann Christian Bosse, Hans Henry Lamotte, Der Dom zu Bremen, Große Baudenkmäler, Heft 340, München-Berlin 1986
16 Wilhelm Weischedel, Der Gott der Philosophen – Grundlegung einer philosophischen Theologie im Zeitalter des Nihilismus, Darmstadt 1983
17 Karl Jaspers, Die großen Philosophen, 1. Band, München 1959, Zitate S. 40, 46, 48

Kap. 4

18 Friedrich Nietzsche, Werke in drei Bänden, München 1960, 2. Band, Jenseits von Gut und Böse, Zweites Hauptstück, „Der freie Geist" und Drittes Hauptstück „Das religiöse Wesen", Ziffern 40 und 58

19 Ernst Cassirer, Philosophie der symbolischen Formen, Zweiter Teil: Das mythische Denken, Darmstadt 1994, S. 230

20 Max Weber, Wirtschaft und Gesellschaft – Grundriss der verstehenden Soziologie, Neu Isenburg 2005, S. 482

21 Immanuel Kant. Werke in sechs Bänden, hrsg. von Wilhelm Weischedel, Darmstadt 1964, Anthropologie in pragmatischer Absicht, Band 6, S. 664

22 Thomas Petersen, Institut für Demoskopie Allensbach, „Der lange Abschied vom Christentum", Frankfurter Allgemeine Zeitung vom 20. 12. 2017

23 Heinrich Bedford-Strohm, Volker Jung (Hg.) Vernetzte Vielfalt – Kirche angesichts von Individualisierung und Säkularisierung, Gütersloh 2015, S. 500 f.

24 Dietmar Pieper, „Der Himmel ist leer", Der Spiegel vom 20. 4. 2019, S. 41

25 Heiner Barz, Forschungsbericht „Jugend und Religion", Arbeitsgemeinschaft der evangelischen Jugend, Opladen 1992, Band 1 „Religion ohne Institution" S. 53, 69, 105 und Band 2 „Postmoderne Religion", S. 90

26 Thomas Petersen, a. a. O.

27 Renate Köcher, „Schwere Zeiten für die Kirchen", Frankfurter Allgemeine Zeitung vom 23. Juni 2010

28 Matthias Matussek, Das katholische Abenteuer – Eine Provokation, München 2011, S. 196

29 „Man muss von den Dächern herabreden" Fragen an Karl Lehmann von Marc Kayser, Die Zeit vom 1. 3. 2001

30 Wikipedia- Die freie Enzyklopädie, Art. „Mitgliederentwicklung in den Religionsgemeinschaften"

31 Frankfurter Rundschau vom 16. 2. 1987

32 Vernetzte Vielfalt, a. a. O., S. 455

33 Interview mit Bild am Sonntag vom 7.7. 1996

34 „Glauben – wie macht man das?" Die Welt vom 12. 9. 1985

35 „16 Euro Kirchensteuer im Monat" von Karl-Heinrich Melzer, Hamburger Abendblatt vom 16./17.8. 2014

Kap. 5

36 „Religion für Einsteiger – Kann die Kirche Strafen verhängen?" von Ingo Schütz, chrismon 02.2010, S. 19

37 Christian Geyer," Auch wer nicht zahlt, bleibt drin", Frankfurter Allgemeine vom 26. 9. 2018

38 Leo Wieland, „Nur ein bisschen ewige Ruhe – das ‚zweite Grab' für Scott und Zelda Fitzgerald in Washington", Frankfurter Allgemeine vom 13. Februar 1988

39 Von Walter Schürenberg , Blanvalet, Berlin 1953, übersetzt: „So regen wir die Ruder, stemmen uns gegen den Strom – und treiben doch stetig zurück, dem Vergangenen zu."

40 Catholica Unio (Hrsg.), Die heilige Liturgie der Koptischen Kirche, Würzburg 1973

41 Kant, Werke, a. a. O., Die Religion innerhalb der Grenzen der bloßen Vernunft, Band 4, S. 859

42 Hans Küng, Strukturen der Kirche, a. a. O., S. 346

43 Kant, a. a. O., S. 859

44 „Die Welt" vom 11. 2. 1988

45 Die erste Sünde des Menschen sei die Absonderung von Gott, sagte Ricarda Huch, als sie einem Freund Luthers Glaube erklärte, s. Luthers Glaube – Briefe an einen Freund, Frankfurt 1964, S. 16 f.

46 Die religiöse Lage in Europa, in: Hans Joas, Klaus Wiegandt (Hrsg.), Säkularisierung und die Weltreligionen, Frankfurt a. M. 2007, S. 322 ff.

47 Persönliche Auskunft an Pitt auf der Tagung des Forums für Verantwortung in der Europäischen Akademie Otzenhausen, 2006; auch Joachim Radkau, Max Weber – Die Leidenschaft des Denkens, München-Wien 2005, S. 807, über Webers Äußerungen gegenüber Ferdinand Tönnies: er sei weder „antireligiös" noch „irreligiös", aber eben „religiös absolut unmusikalisch" und ein wenig sehe er sich als einen „Krüppel, als einen verstümmelten Menschen".

48 zitiert von Casanova, Die religiöse Lage, a. a. O. Seite 329

49 Uta Ranke-Heinemann

50 a. a. O., Zitate S. 47, 46, 7

51 Helmut Thielicke, Zu Gast auf einem schönen Stern – Erinnerungen, Hamburg 1984, S. 306

52 Jean Cocteau, Versuche – essai de critique indirecte, Wien-München-Basel 1956, S. 17,

53 zitiert bei Thielicke, Auf der Suche, a. a. O., S. 7

Kap. 6

54 Andreas Kuhlmann, „Ohne Trost", Frankfurter Allgemeine vom 10. 2. 1988

55 „Ich kenne auch die leeren Momente", ZEIT-Gespräch mit Papst Franziskus, Giovanni di Lorenzo, vom 9. 3. 2017

56 Dr. Siegfried Sunnus, bis 2006 Gemeindepfarrer, 1998-2007 Schriftleiter des „Deutschen Pfarrblatt"

57 Der Römerbrief 1922, Zürich 1964, S. 8. Weitere Zitate S. 85, 91, 74, 90, 92, 327, 354, 8, 334, 396, 165, 19, 5

58 Vernetzte Vielfalt, a. a. O., S. 120

59 Hans Küng, Christ sein, München 1985, S. 78, 91.

60 Hans Küng, Existiert Gott? Antwort auf die Gottesfrage der Neuzeit, München 1985, S. 28, 30

61 Erklärung „Dominus Jesus" über die Einzigkeit und die Heilsuniversalität Jesu Christi und der Kirche, Ziffer 7, Rom 2000
62 Nachfolge, München 1985, S. 169
63 Erklärung, a. a. O., Ziffer 17
64 Nachfolge, a. a. O., Seite 105
65 Christ sein, a. a. O. S. 213
66 Nachfolge, a. a. O., S. 14, 206
67 Küng, Christ sein, S. 7
68 Vernetzte Vielfalt, a. a. O. , S. 121
69 „Christen, die keiner kennt", Neue Kirchen Zeitung vom 11. 3. 2015
70 Adolph Harnack, Entstehung und Entwicklung der Kirchverfassung und des Kirchenrechts in den zwei ersten Jahrhunderten. Urchristentum und Katholizismus, Darmstadt 1980, S. 140
71 Das Reich Gottes, Kindle Edition, Prolog
72 Hans Küng, Christ sein, a. a. O., S. 189, 412, 460
73 Nietzsche, Werke, a. a. O., Der Antichrist, Ziff. 39

Kap. 7

74 Der Römerbrief von 1922, a. a. O., Zitate S. 368, 50, 347, 345
75 Hans Küng, Christ sein, Existiert Gott?, a. a. O., S. 627
76 nach Paul Gerhardts Lied „Wie soll ich dich empfangen", Nr. 131 im Gesangbuch für die ev. Kirche Württembergs, Stuttgart 1912
77 ARD-Sendereihe „Gott und die Welt": „Die fröhlichen Geber – Kirchensteuer auf Heller und Pfennig", von Ulrich Fischer, Sendung am 15. 4. 1988
78 Pitt, Für den Redner schreiben – Ghostwriters' Guide für die redselige Gesellschaft, Düsseldorf 1984
79 Adolf Harnack, Kirchenverfassung, a. a. O., S. 99
80 Eusebius von Caesarea, Kirchengeschichte, V/28
81 Meyers Konversationslexikon, Leipzig-Wien 1890, Bd. 16, S. 841
82 Strukturen der Kirche, a. a. O., S. 354
83 Luthers Glaube, a. a. O., S. 120
84 Angelus Silesius, Sämtliche poetische Werke in 3 Bänden, München 1949, Bd. 1, S. 35 und 44
85 Erwin Hasselmann, Geschichte der deutschen Konsumgenossenschaften, Hamburg-Frankfurt 1971, S. 441
86 Prof. Dr. Brauer, Lic. theol. Grunz, Robert Schloesser, Die Konsumgenossenschaft als sittliche Kraft, Köln 1929
87 Ernst Troeltsch, Die Soziallehren der christlichen Kirchen und Gruppen, Teilband II (Neudruck der Ausgabe Tübingen 1912, UTB für Wissenschaft, Tübingen 1994, S. 824
88 Kant, Werke a. a. O., Bd. 6, Idee zu einer allgemeinen Geschichte in weltbürgerlicher Absicht, S. 38
89 Kant, a. a. O., Zum ewigen Frieden, S. 226

90 Karl Jaspers, a. a. O., S. 201
91 Die schöne Frau Seidemann, Zürich 1988, S. 128
92 Politische Ethik und politische Pädagogik, München 1920, S. 522

Kap. 8

93 Gemeinschaft und Gesellschaft, a. a. O., Zitate Seiten. 20, 24, 18, 4, 48, 141
94 zitiert von René König, Gemeinschaft, in: René König (Hrsg.) Fischer-Lexikon „Soziologie", Frankfurt 1959, S. 87
95 Georg Weippert, Jenseits von Individualismus und Kollektivismus, Düsseldorf 1964, S. 18
96 Alexander Deichsel, Von Tönnies her gedacht – Soziologische Skizzen, Hamburg 1987, S. 10

Kap. 9

97 Friedrich Nietzsche, Werke, a. a. O., Also sprach Zarathustra – Das Lied der Schwermut, 2
98 Über die Religion und über einige andere Gegenstände (Pensées), Fragment 194, Darmstadt 1978
99 Nietzsche, a. a. O., Die fröhliche Wissenschaft, 3.Buch, 125
100 Nietzsche, a. a. O., Genealogie der Moral, Ziff. 58
101 Ecce homo, Ziff. 2
102 Menschliches, Allzumenschliches, Vorrede von 1886
103 Sämtliche Briefe – Kritische Studienausgabe in 8 Bänden, dtv-Ausgabe 1986, Bd. 5., S. 292 und 331
104 Werke, Bd. 3, S. 469
105 „Morgen der Freiheit, Posse, konkrete Utopie", ZEIT-Essay, „Die Zeit" vom 14. 7. 1989
106 Nietzsche, Werke Bd. 3, S. 508 und 479
107 Nietzsche, Briefe, Band 8, Brief an Georg Brandes, Entwurf, Turin, Anfang Dezember 1888, in dem N. den „Vernichtungsschlag gegen das Christentum" im „Antichrist" darstellt.
108 ebda., S. 229
109 Zu Gast auf einem schönen Stern, a. a. O., S. 427
110 „Ein aufrechter Kirchenmann und unbequemer Mahner – Zum Tode des Hamburger Altbischofs Hans-Otto Wölber", Frankfurter Allgemeine vom 11. 8. 1989
111 Werke, Schriften und Briefe, Abt. II, Bd. 1 Wanderungen durch die Mark Brandenburg, München-Wien 1987, S. 534
112 „Abkühlung einer großen Idee – Ist der Herzschlag der Revolution zum Stillstand gekommen?", Frankfurter Rundschau vom 15. Juli 1989
113 a. a. O., S. 219
114 Die Epoche der säkularen Stadt, in: Heinz-Horst Schrey (Hrsg.), Säkularisierung, Darmstadt 1981, Seiten 239, 231

115   Der Zwang zur Häresie – Religion in der pluralistischen Gesellschaft, Freiburg i. Br. 1992, S. 24, 30
116   Die Vergeschichtlichung der menschlichen Existenz als Voraussetzung für den Prozess der Säkularisierung, in: Schrey, a.a. O. S 183, 192
117   Zitiert bei Heinz-Horst Schrey, Einführung, a. a. O., Seite 24
118   Paul M. Zulehner,"Spirituelle Dynamik in säkularen Kulturen?", in: Bertelsmann-Stiftung, Religionsmonitor 2008, Gütersloh 2007, S. 143
119   „Wie der Teufel fabulierte: Der streitlustige Andrzej Szcypiorski", Frankfurter Allgemeine/Magazin vom 30. 6. 1989
120   Forderungen der kommunistischen Partei in Deutschland (aus „Neue Rheinische Zeitung"), Fischer-Bücherei, Frankfurt-Hamburg 1956, S. 117
121   Ernst Cassirer, Kants Leben und Lehre, Darmstadt 1975 S. 287
122   Kant, Werke, a. a. O., Bd. 4 Die Metaphysik der Sitten, S. 389
123   Kommunistisches Manifest
124   Werke, a. a. O., Bd. 3, Aus dem Nachlass der 80er Jahre, S. 922
125   Charitas Jenny Ebeling, „Es könnte viel bedeuten – Zum Bilde des Kreuzes bei Ingeborg Bachmann", Neue Zürcher Zeitung; die Belegnotiz ist auf Reisen verloren gegangen.
126   Entweder/Oder, Erster Teil, Düsseldorf 1964, S. 36 und 160
127   Carl Schmitt, Glossarium. Aufzeichnungen der Jahre 1947-1951, Berlin 1991, S. 98 und 111

Kap. 10

128   Nachfolge, a. a. O., S. 74
129   Widerstand und Ergebung, Briefe und Aufzeichnungen aus der Haft, hrsg. von Eberhard Bethge, Gütersloh 1985, S. 79
130   Eberhard Bethge, Dietrich Bonhoeffer, rowohlts monographien, Bd. 236, Hamburg 1985, S. 47
131   Walter Kaufmann, Nietzsche – Philosoph Psychologe, Antichrist, Darmstadt 1962, S. 192
132   Ethik, München 1985, S. 22, 89, 57
133   Bethge, a. a. O., S. 118
134   Widerstand und Ergebung, a. . O., Brief an Bethge vom 5. 5. 1944
135   ebd. Brief vom 8. 6. 1944
136   ebd. Brief vom 8. 7. 1944
137   E. Bethge, Dietrich Bonhoeffer, a. a. O., S. 95; Widerstand und Ergebung Brief vom 21. 7. 1944
138   E. Bethge, Dietrich Bonhoeffer, a. a. O. S. 84
139   D. Bonhoeffer, Widerstand und Ergebung, a.a.O., S. 220,
140   Kant, Religion in den Grenzen etc., a. a. O. , S. 403
141   Ernst Bloch, Atheismus im Christentum, Frankfurt a. M. 1968, S. 24, 23
142   Harvey Cox, Warum das Christentum säkularisiert werden muss, in: Heinz-Horst Schrey, a. a. O. , S. 232 und 233

Kap. 11

143 Pitt hat das verschlüsselt geschildert in seinem Buch „Gemeinwirtschaft –
Der Roman vom Soll und Ist", hrsg. von der Heinrich-Kaufmann-Stiftung,
Norderstedt 2014

144 Abschied von Höllen und Himmeln – Vom Ende des religiösen Tertiärs,
Frankfurt a. M. – Berlin 1990, S. 56

145 Gerhard Wendland, „Worauf Christen warten: Utopie oder Hoffnung – Das
Reich der Menschlichkeit", Vortrag im Hessischen Rundfunk am 23. April
1989

146 Strukturen der Kirche, a. a. O., S. 363

147 Kirchenverfassung, a. a. O., S. 3, 14

148 Über Souveränität – Auf der Suche nach dem Gemeinwohl, Neuwied-Berlin
1963, S. 79

149 Deutsche Geschichte, 3. Band: Untergang des Römischen Reiches deutscher
Nation, Freiburg i. Br. 1963, S. 304

150 Hannes Meyer, 1889-1954, Architekt, Urbanist, Lehrer, Ausstellungskatalog
1989, S. 13, 314

151 Franz von Baaders Schriften zur Gesellschaftsphilosophie, hrsg. von Johannes
Sauter, Jena 1925, S. 370

152 Die Sache mit Gott – Die protestantische Theologie im 20. Jahrhundert,
München 1988, S. 111

153 Christ sein, a. a. O., S. 390

154 Kirchenverfassung, a. a. O., S. 39

155 Irgendwann wird Pitt die Quelle in den Romanen, den Briefen oder den
„Wanderungen" wiederfinden.

156 a. a. O., S. 428

157 Holyoakes Geschichte der Rochdaler Pioniere, bearbeitet von Robert
Schloesser, Köln 1928, S. 273, und Armin Peter, Rochdaler Prinzipien, in:
Handwörterbuch des Genossenschaftswesens, Wiesbaden 1980, Sp. 1425 ff.

158 am 26. 4. 1991

159 Vom Hauswesen (Della famiglia), Erstes Buch: Väter und Söhne, Zürich und
Stuttgart 1962, S. 72

Kap. 12

160 Gesellschaft und Demokratie in Deutschland, München 1966, S. 153

161 Gemeinschaft und Gesellschaft, a. a. O., S. 201

162 Michael de Ferdinandy, Philipp II. – Größe und Niedergang der spanischen
Weltmacht, Wiesbaden 1977, S. 155

163 Ricarda Huch, Im alten Reich – Lebensbilder deutscher Städte, Der Norden,
Kap. Xanten, Bremen 1927

164 ZEIT-Magazin vom 24. 7. 2008, Gespräch mit Stefan Klein

165 Der Kardinal, 1. Buch, 7. Kapitel und 3. Buch, 3. Kapitel; Unsere Vorfahren,
Der Baron auf den Bäumen, 1. Kapitel, Frankfurt 1991

166 Und wenn Gott wäre … – Reden über die Fragen nach Gott, Stuttgart 1971, S. 66

167 „Kulturkampf anders", Kommentar, Der Spiegel vom 13. 5. 1991

168 „Europa ist keine Wagenburg des Christentums" – Aus evangelischer Perspektive: Acht Thesen zum Prozess der Einigung, Frankfurter Rundschau vom 18. 6. 1991

169 „Wozu noch Theologie" – Über die spannende Einheit von Kritik und Gestaltung", Frankfurter Allgemeine vom 19. 8. 2000

170 „Das Böse ist überall", Matthias Rüb, Frankfurter Allgemeine vom 25. 2. 2019; „Päpstlicher Paukenschlag bleibt aus", Julia Emmrich, Hamburger Abendblatt vom 25. 2. 2019

171 „Große Worte, kleine Tröstungen" von Klausjakob Stehle, Die Zeit vom 1. 6. 1990; „Glaube als Quelle der Freiheit" von Werner Leich, Rheinischer Merkur/Christ und Welt vom 14. 9. 1990

Kap. 13

172 Religion und Kultur, in: Heinz-Horst Schrey (Hrsg.), Säkularisierung, S. 175

173 „Sein Satz macht Geschichte", Die Zeit vom 28. 2. 2019, S. 44; Martin Dieckmanns Facebook-Kommentar vom 2.3. 2019; auch Herbert Schnädelbach, Religion in der modernen Welt, Frankfurt a. M. 2009, S. 136

174 Christ sein, a. a. O., S. 24

175 Der Garten des Menschlichen – Beiträge zur geschichtlichen Anthropologie, Frankfurt a. M. 1981, S. 472, 504, 522, 545

176 David A. Yallop, Im Namen Gottes? Der mysteriöse Tod des 33-Tage-Papstes Johannes Paul I. , München 1984, S. 86

177 Weltgeschichtliche Betrachtungen, Leipzig 1935, S. 39, 57, 58

178 Falten und Fallen, Gedichte, Frankfurt a. M. 1994, S. 97

179 Die offene Gesellschaft und ihre Feinde, 2. Band, Tübingen 1980, Seiten 382, 376, 319

180 Gesammelte Schriften, Band 13, Nachgelassene Schriften 1949-1972, Frankfurt a. M. 1989, S. 79, 573

181 Deutsche Geschichte, 2. Band, Das Zeitalter der Glaubensspaltung, a. a. O., S. 7, 523

182 Faust, Prolog im Himmel

183 Weltgeschichtliche Betrachtungen, a. a. O. , S. 60

184 Henry Raynor, Kirchenmusik und Gelegenheitsmusik des Barock, in: Alec Robertson und Denis Stevens (Hrsg.), Geschichte der Musik, Band II: Renaissance und Barock, München 1964, S. 260 ff.

185 Verdi – Roman der Oper, Drittes Kapitel/V

186 Ludwig Fertig (Hrsg.), Bildungsgang und Lebensplan, Briefe über Erziehung von 1750 bis 1900,Darmstadt 1991, S. 331; Albrecht Dürer, Tagebücher und Briefe, München-Wien1969, S. 179

187 am 7. Januar 1954, Tagebücher 1953-1955, hrsg. v. Inge Jens, Frankfurt a. M. 1995

188 Zweiter Teil, 7. Buch
189 Albert Wucher, Von Petrus zu Paul. Eine Weltgeschichte der Päpste bis
     Johannes Paul II., Frankfurt a. M. 1989, S. 95
190 Deutsche Geschichte, Band 1: Römisches Reich deutscher Nation, a.a.O., S
     34, 44
191 Blumen im Schnee, München 1989, S. 265

Kap. 14

192 Frankfurter Allgemeine vom 27. Juni 1990
193 Die Sakralität der Person – Eine neue Genealogie der Menschenrechte,
     Frankfurt a. M. 2011, S. 272 f.
194 zitiert bei Hans Küng, Projekt Weltethos, München-Zürich 1990, S. 70
195 Die Gesellschaft freier Menschen, Bern 1945, S. 39
196 Gesammelte Schriften, Band 13, Nachgelassene Schriften 1949-1972,
     Frankfurt a. M. 1989, S. 573
197 Die offene Gesellschaft und ihre Feinde, Band 2, a. a. O., S. 336
198 Rechtssoziologie, Neuwied 1960, S. 238
199 Gegen Unmenschlichkeit in der Wirtschaft. Der Hirtenbrief der katholischen
     Bischöfe der USA „Wirtschaftliche Gerechtigkeit für alle", kommentiert von
     Friedhelm Hengsbach SJ, Freiburg-Basel-Wien 1987, S. 8, 11, 78
200 Die Gesellschaft freier Menschen, a. a. O. , S. 46
201 Edgar Jung, Die Herrschaft der Minderwertigen, ihr Zerfall und ihre
     Ablösung durch ein Neues Reich, Verlag Deutsche Rundschau 1930. Dazu
     Pitt, Der Tod des Kugelgießers, Lese-Drama (unveröff. Manuskript)
202 Christlicher Humanismus – Politische und geistige Fragen einer neuen
     Christenheit, Heidelberg 1950, S. 5
203 Werke, a. a. O., Band 4, Die Metaphysik der Sitten, II/1 Das Staatswesen, S.
     46, S. 432 f.
204 Ethik, a. a. O., S. 109, 152, 112
205 Ein Bewusstsein von dem, was fehlt, in: Michael Reder, Josef Schmidt
     (Hrsg.), Ein Bewusstsein von dem, was fehlt – Eine Diskussion mit Jürgen
     Habermas, Frankfurt a. M. 2008, S. 26, 30/31
206 Der Wendepunkt. Ein Lebensbericht, 7. Kapitel
207 Die Gesellschaft freier Menschen, a. a. O., S. 479,485
208 Tina Soliman, Diskriminierung im literarischen und autobiografischen Werk
     von Klaus Mann – Der Außenseiter Klaus Mann, unveröff. Magister-Arbeit,
     Joh.-Wolfg.-Goethe-Universität, Frankfurt 1990, S. 74

Kap. 15

209 Tu es Petrus, Bilder aus zwei Jahrtausenden (Ausstellung), Regensburg 2006
210 Joachim Staedtke, Demokratische Traditionen im westlichen Protestantismus,
     in: Theodor Strohm, Heinz-Dietrich Wendland (Hrsg.), Kirche und moderne
     Demokratie, Darmstadt 1973, S. 365, 362, 367

211 Karl Dietrich Erdmann, Die Erklärung der Menschenrechte und die
Privilegien der Staatsreligion, in: Kirche und Demokratie, a. a. O., S. 109 f

212 Hans-Rudolf Müller-Schwefe, Demokratie und Protestantismus, in: Kirche
und Demokratie a. a. O., S. 419

213 Demokratie, Säkularismus und Christentum, in: Kirche und Demokratie, a. a.
O., S. 132

214 Adolf Harnack, Urchristentum und Katholizismus, a. a. O., S. 144 f

215 a. a. O., S. 25

216 Über Souveränität, a. a. O., S. 259 f.

217 Ricarda Huch, Zeitalter der Glaubensspaltung, a. a. O., S. 146

218 zitiert bei Kenneth S. Lynn, Hemingway, Hamburg 1989, S. 23

219 4. Kapitel „Zwei Orden"

220 Krematorium, München 2008, S. 330

221 „Was ist den verwöhnten Menschen hierzulande überhaupt noch zumutbar
…" von Peter Bachér, Die Welt am Sonntag vom 19. 5. 1991 (Pfingsten)

222 Madame de Sévigné, Briefe, insel Taschenbuch 365, S. 368

223 Heinrich Breloer, Horst Königstein, Materialien zu einer deutschen
Geschichte, Köln 1982, S. 7

224 An meinen Sohn Johannes 1799, Worauf es ankommt, Ausgew. Werke,
Gerlingen 1995, S. 250

225 v. Weizsäcker, Garten, a.a.O. S. 481; Kant zit. bei Ernst Cassirer, Kants Leben,
a. a. O., S. 414; Maritain, Christlicher Humanismus, a. a. O., S. 109

226 Joachim Radkau, Max Weber – Die Leidenschaft des Denkens, München-
Wien 2005, S. 496

227 VII. Kapitel

228 Häresie der Formlosigkeit – Die römische Liturgie und ihr Feind, München
2007

229 Sämtliche poetische Werke, Bd. 2, CXCVII „Sie beschreibt die Schönheit
und Fürtrefflichkeit der christlichen Kirchen", a. a. O.

230 Der Römerbrief, a. a. O., S. 105, 317 f.

231 Der Augenblick – -Eine Zeitschrift, Nördlingen 1988, S. 81, 93, 105

232 Das Ende der Religion. Überlegungen zur Theologie Dietrich Bonhoeffers,
in: Peter H. A. Neumann (Hrsg), „Religionsloses Christentum" und „nicht-
religiöse Interpretation" bei Dietrich Bonhoeffer, Darmstadt 1990, S. 78

233 Flavius Josephus, Jüdische Altertümer, Wiesbaden 1983, XVIII, 3,3

234 Kirchenverfassung, a. a. O, S 138, 12, 70, 140, 150

235 Heinrich Döring, Grundriß der Ekklesiologie – Zentrale Aspekte des
katholischen Selbstverständnisses und ihre ökumenische Relevanz, Darmstadt
1986, S. 83, 81

236 Zu Gast auf einem schönen Stern, a. a. O., S. 205

237 Sorge. Der Roman vom Dienen, Norderstedt 2014

238 Peter Berglar, Walter Rathenau –Ein Leben zwischen Philosophie und
Politik, Köln 1987, S. 254

239 Christ sein, a. a. O., S. 275

240 Pitt, Vier erfinden ihren Vater – Roman-Essay, Norderstedt 2018
241 Tag- und Jahreshefte 1805 – als Ergänzung meiner sonstigen Bekenntnisse

Kap. 16

242 Martin Walser, ohne Titel, in: Martin Walser, Spätdienst – Bekenntnis und Stimmung, mit Arabesken von Alissa Walser, Copyright© 2018 by Rowohlt Verlag GmbH, Reinbek bei Hamburg – mit freundlicher Genehmigung des Verlags.
243 Wie sich Goethe in der höfisch-feudalen Ordnung als junger Mann in der Auseinandersetzung mit den „Mit- und Gegenmenschen" behauptet hat, hat Pitt dargestellt in „Goethe als Manager – Eine Führungslehre", Hamburg 1984/86.
244 Heinrich Döring, Grundriss , a. a. O., S. 109 f.
245 Gespräch mit Marion Gräfin Dönhoff und Theo Sommer anlässlich der Verleihung des Goethe-Preises 1985, Die Zeit vom 28. 8. 1985
246 Edward Gibbon, Verfall und Untergang des Römischen Reichs, Nördlingen 1987, S. 357
247 Vom Schuster Theodot, der aus der christlichen Gemeinschaft ausgeschlossen wurde, weil er als erster behauptet hatte, Christus sei ein bloßer Mensch gewesen, erzählt Eusebius, Kirchengeschichte 5. Buch, 28, a. a. O.
248 Bei Johannes Sauter, Franz von Baaders Schriften, a. a. O., S. 110; ders. Lebensbild Franz von Baaders, a. a. O., S. 737
249 „Der Aussiedler, ein Briefwechsel aus dem vorletzten Jahr der alten Bundesrepublik", Die Neue Gesellschaft/Frankfurter Hefte, Dezember 1990, S. 1109, Heftthema „Neue Macht der Kirche"
250 Das Zeitalter der Glaubensspaltung, a. a. O., S. 184 f.
251 Kirchenverfassung a. a. O., S. 42

Kap. 17

252 Rivarol, Werke Band 8/Essays IV, Stuttgart 1965, S. 593
253 Friedrich Heer/Joachim Kahl/Karlheinz Deschner, Warum ich Christ/ Atheist/Agnostiker bin", Köln 1977
254 Achter Teil, Kapitel VIII
255 Zitiert nach Kenneth S. Lynn, Hemingway – eine Biografie, Hamburg 1989, S. 395, 490
256 Ricarda Huch, Zeitalter der Glaubensspaltung, a. a. O., S. 30
257 Lieselotte von der Pfalz, Briefe, München 1984, Briefe vom 2. 8.1696, 30. 10. 1695, 16. 11. 1704
258 Heinrich Döring, Grundriss der Ekklesiologie, a. a. O., S 306
259 von Pitt am 9. 9. 1990 notiert
260 Wort und Glaube, Tübingen 1960, S. 367
261 „Ein Fall von Taufgnade", Rheinischer Merkur/Christ und Welt vom 18. 1. 1991

262 „Das Sachliche ist das Heilige – Die Philosophin und Märtyrerin Edith Stein", Die Welt vom 25. 4. 1987
263 „à la lanterne! à la lanterne!",Der Spiegel vom 21. 9. 1992
264 Das Gottesprogramm – Rogers Version, Hamburg 1998, 2. Kapitel
265 Harald Wagner, Einführung in die Fundamentaltheologie, Darmstadt 1981, S. 72
266 mit Christian Geyer, vom 22. 9. 2000
267 Das Kolloquium ist dokumentiert in Friedrich-Wilhelm Graf, Klaus Wiegandt, Die Anfänge des Christentums, Frankfurt a. M. 2009, darin u. a. Kurt Flasch, Die Alte Kirche als Geschichtspotenz Europas, auch: Kurt Flasch, Das Philosophische Denken im Mittelalter, 4. Auflage, Stuttgart 2013
268 zitiert bei Harald Wagner, Einführung, a. a. O., S. 34
269 Gespräch mit Hans Abich im Jahre 1984, gesendet anlässlich seines Todes von der ARD am 16. 7. 1991
270 Nicht veröffentlichtes Manuskript 1985
271 Heinrich Albertz, Am Ende des Weges – Nachdenken über das Alter, Knaur-Taschenbuch 4820, 1991, S. 49
272 Rudolf Otto, Das Heilige – Über das Irrationale in der Idee des Göttlichen und sein Verhältnis zum Rationalen, München 1979 S. 202, 203, 8, 139
273 Der Römerbrief 1922, a. a. O., S. 306
274 Karl Barth, Christengemeinde und Bürgergemeinde, in: Kirche und moderne Demokratie, a. a. O., S. 16
275 Philosophische Schriften a. a. O., Bd. II, Erster Teil, Ziff. 105

Kap. 18

276 Augenblick, a. a. O., S. 100,
277 Glauben Christen gottlos? – Einspruch gegen den alltäglichen Atheismus, Freiburg 1989, S. 52, 141
278 Peter Berglar, Walter Rathenau, a. a. O., S. 252
279 Hans-Georg Aschoff, Kirchenfürst im Kaiserreich – Georg Kardinal Kopp, Hildesheim o. J., S. 111
280 Ulrich Mann, Das Christentum als absolute Religion, Darmstadt 1970, S. 189, 199
281 L. Boff, Kirche: Charisma und Macht, a. a. O. , S. 209
282 Heinrich Döring, Grundriss, a. a. O., S. 70
283 Karl Kardinal Lehmann, Das katholische Christentum, in: Säkularisierung und die Weltreligionen, a. a. O., S. 62
284 „Dialog kennt auch Kritik", Der Spiegel Nr. 11/2006 vom 13. 3. 2006 (Martin Doerry, Peter Wensierski, Ulrich Schwarz)
285 Das antike Christentum, Frömmigkeit, Lebensform, Institutionen, München 2006, S. 182
286 Ernst Troeltsch, a. a. O., S. 980
287 Christ sein, a. a. O., S. 627 und 620

288   Erfahrungen mit Randchristen – Neue Horizonte für die Seelsorge, Freiburg im Breisgau 1985, zitiert die Beiträge von Paul M. Zulehner, Ludwig Bertsch SJ und Rolf Zerfaß

289   Christine Holch, chrismon 02/2014

290   H. Küng, Strukturen der Kirche, a. a. O., S. 346

291   Karl Rahner, Theologische Reflexionen zum Problem der Säkularisation, in: Säkularisierung, a. a. O., S. 263

292   Eugen Biser, „Mehr Einheit durch das freie Wort", Rheinischer Merkur/ Christ und Welt vom 1. 2. 1991

Kap. 19

293   Frankfurter Allgemeine vom 25. 10. 1985

294   Auf der Suche nach dem verlorenen Wort, a. a. O., S. 46

295   „Nur die Mitglieder haben sich von der Kirche getrennt", Karl Heinz Baum, Frankfurter Rundschau vom 20. 3. 1987

296   „Liberal-lutherisch", Reinhard Bingener, Frankfurter Allgemeine v. 2. 10. 2018

297   „Maier: Die Kirche zieht sich zunehmend zurück", Gernot Facius, Die Welt vom 19. 11. 1988

298   „Konsequenz des Lebens – Schriftsteller sein im geteilten Deutschland", Reiner Kunze, Süddeutsche Zeitung vom 29./30. 7. 1989; das hier in diesem Artikel zitierte Gedicht auch in: Reiner Kunze, Die wunderbaren Jahre – Lyrik, Prosa, Dokumente, hrsg. von Karl Corino, Gütersloh o. J., S. 171

299   „Warum verlieren die Kirchen immer mehr an Bedeutung?", Martin Kreuz, Bieler Tageblatt/Seeländer Bote vom 23. 11. 1991

300   „Die Kirche wird kleiner, aber das Engagement der Treuen wächst", Gespräch mit Gernt Facius und Michael Jach, Die Welt vom 4. 11. 1985

301   „Volkskirche und freiwillige Kirche", Karl-Alfred Odin, Frankfurter Allgemeine vom 24. 5. 1988

302   Ricarda Huch, Zeitalter der Glaubensspaltung, a. a. O., Seite 277

303   Die heilige Liturgie der Koptischen Kirche, Würzburg 1973, S. 35

304   Manieren als Thema evangelischer Verständigung, in: EKD, Die Manieren und der Protestantismus , EKD-Texte Nr. 79, S. 13

305   Nachfolge, a. a. O., S. 224

306   Die Gesellschaft freier Menschen, a. a. O., S. 473

307   Der Finger in der Wunde – Die Geschichte des ungläubigen Thomas, München 2007, S. 271

308   Und wenn Gott wäre …, a. a. O., S. 118

309   Heinrich Bedford-Strohm, Volker Jung (Hg.) Vernetzte Vielfalt – Kirche angesichts von Individualisierung und Säkularisierung, V. EKD-Erhebung über Kirchenmitgliedschaft, Gütersloh 2015, S. 102

310   Pitt, Goethe als Manager, a. a. O.

311   Dietmar Pieper, a. a. O. , S. 41

312   Fragment 229

313 Christ sein, a. a. O., S. 411

314 Und wenn Gott wäre …, a. a. O., S. 65 f.

315 „Zum Tode von Oswald von Nell-Breuning – Die Gerechtigkeit lieben – über die Barmherzigkeit staunen", Ludwig Bertsch SJ, Frankfurter Rundschau vom 23. 8. 1991

316 Hans Joas, Kirche als Moralagentur, E-Book, München 2016, Positionen in der Folge der Zitate 49, 482, 485, 381, 554, 157

317 „Macht Glauben glücklich", Gespräch mit Evelyn Finger, Die Zeit vom 31. 3. 2011; er spricht allerdings von „Grundorientierungen". Und: „Auf ein Wort: Moral ist eine Zumutung", Chrismon – Das evangelische Magazin 04.2019

318 Sabina Laetitia Kowalewski/Werner Stark (Hg.), Königsberger Kantiana, Hamburg 2000, S. 20

319 Auf der Suche nach dem verlorenen Wort, a. a. O., S. 109

320 „Warum muss sich die Kirche in die Politik einmischen, Pater von Nell-Breuning?", Heribert Klein, Frankfurter Allgemeine vom 2. 3. 1990. Vgl. auch Stephan H. Pfürtner, Werner Heierle, Einführung in die katholische Soziallehre, Darmstadt 1980, die den großen Einfluss des Priesters und Professors auf die Soziallehre belegen. Nach Pitts Eindruck ist die evangelische Soziallehre schwächer entwickelt als die katholische, vgl. aber Heinz-Horst Schrey, Einführung in die evangelische Soziallehre, Darmstadt 1973, S. 84; Oswald von Nell-Breuning, Hans Lutz, Katholische und evangelische Soziallehre – Ein Vergleich, Recklinghausen 1967

321 Talk mit Michel Abdollahi am 15. 3. 2019

322 Fragment 840

323 Der Verfall und Untergang des Römischen Reiches, a. a. O., S. 237

324 Das Rettungsboot Nr. 2 des Segelschulschiffes „Pamir" in der Lübecker Jakobikirche erinnert nicht an die Rettung, sondern an den Seemannstod von 80 meist sehr jungen Menschen, über den Pitt den Roman „Die Pamir, der Kapitän und der Kadett" geschrieben hat. Die dortige Pamir-Kapelle ist die nationale Gedenkstätte für die zivile Seefahrt; sie erinnert auch an die seemännischen Rettungstaten zu allen Zeiten und auf allen Meeren, so wie sie 1957 der „Pamir" gegolten haben.

325 Pitt, Vier erfinden ihren Vater, Roman-Essay, Norderstedt 2018, S. 175 ff

326 Grundriss der Ekklesiologie, a. a. O., S. 111

Kap. 20

327 Rudolf Bultmann, Das Urchristentum im Rahmen der antiken Religionen, Darmstadt 1986, S. 14

328 Siegbert Wolf, „‚Ich Denkender bin ein Jude …'‟ – Gustav Landauers Judentum und seine Freundschaft mit Martin Buber", Tribüne, Zeitschrift zum Verständnis des Judentums, Heft 114, S. 184 ff.

329 Im Garten des Menschlichen, a. a. O., S. 478

330 So geschehen bei der Havarie des griechischen Kreuzfahrtschiffes „Oceanos" im August 1991; der Kapitän war Jannis Arranas.

331 Sozialismus, Tübingen 1950, S. 271

332 Römerbrief, a. a. O., S. 428, 433

333 Miller, Zeitkurven – Ein Leben, 4. Kapitel; Updike, Selbst-Bewusstsein – Erinnerungen, Kap. VI – Zum Tod von John Updike schrieb Patrick Bahners, Frankfurter Allgemeine vom 29. 1. 2009, sein Werk sei „ein gewaltiger , in überirdischem Detailrealismus ausgeführter Altaraufsatz, der auch Ungläubige zur Betrachtung der Heilsgeschichte verführt".

334 Wendepunkt, Siebentes Kapitel: Auf der Suche nach einem Weg 1928-30

335 Joseph Croitoru, „Ohne die Bibel sind wir nichts weiter als Kolonialisten", Frankfurter Allgemeine v. 5. 6. 2019, S. N 3

336 Die Abenteuer des Huckleberry Finn, übersetzt von Marie Schloss, Kap. 1, 18, 30

337 Die Zeit vom 2. 10. 1987; die Seite illustriert mit Ernst Barlachs Holzschnitt „Der barmherzige Samariter" (1919). Das „Abendlied" wurde im August 2019 in der Kapelle 13 des Hamburger Friedhofs Ohlsdorf in der bewusst nicht-religiös und ohne jede Rede gestalteten Trauerfeier für Peter Lesser gesungen; er war für Pitt und viele, viele andere ein wunderbarer Coach. Die Kapelle 13 wurde nach dem Entwurf des Hamburger Stadtbaudirektors Fritz Schumacher gebaut, der 1900 im „Abschlussakt einer großen Geistestragödie" in einem kleinen Kreis am offenen Sarg Abschied von Friedrich Nietzsche genommen hat (Fritz Schumacher, Stufen des Lebens, Stuttgart 1935, S. 201).

338 Außer Dienst – Eine Bilanz, Berlin 2008, S. 295 ff.

339 Von, vor und nach der Reise/Im Coupé, Werke, Schriften und Briefe I/7, München 1984, S. 34

340 Ulrich Bauche, Ohne Gitterwerk und anderen Augenlügen, in: Jürgen Bönig, Rolf Bornholdt, Wolfgang Widey (Hrsg), Ulrich Bauche, Genau hinsehen – Beiträge zur Gesellschaftsgeschichte Hamburgs, Hamburg 2019, S. 46

341 Kant-Werke, a. a. O., Bd. IV, Die Religion innerhalb der Grenzen der bloßen Vernunft, S. 655, 695

342 Gespräch mit Sara Rogenhofer und Florian Rötzer, „Selbstverwirklichung ist das Ideal von Vollidioten", Frankfurter Rundschau vom 16. 1. 1988

343 Breloer, Königstein, Blutgeld, a. a. O., S. 42

344 Heinrich Döring, Ekklesiologie, a. a. O., S. 4

345 Fragment 219

Kap. 21

346 „Wer glaubt schon an Auferstehung?", Die Zeit v. 4. 4. 2012, S. 66

347 Die vom Presseamt des Heiligen Stuhls veröffentlichte Fassung der Rede, Frankfurter Allgemeine vom 23. 9. 2011, S. 8

348 Heinrich Bedford-Strohm, Volker Jung (Hg.), Vernetzte Vielfalt – Kirche angesichts von Individualisierung und Säkularisierung, Gütersloh 2015, S. 441

349 9,9